国家社科基金特别委托课题"全国生态文明先行示范区建设理论与实践研究：以湖州市为例"（编号：16@ZH005）

湖州市"三农"发展报告

——乡村振兴战略选择及实践探索

曹永峰 等◎著

2018

中国社会科学出版社

图书在版编目（CIP）数据

湖州市"三农"发展报告.2018：乡村振兴战略选择及实践探索/曹永峰等著.—北京：中国社会科学出版社，2018.11
ISBN 978-7-5203-3702-1

Ⅰ.①湖… Ⅱ.①曹… Ⅲ.①三农问题—研究报告—湖州 Ⅳ.①F327.553

中国版本图书馆CIP数据核字(2018)第274516号

出 版 人	赵剑英
责任编辑	刘晓红
责任校对	周晓东
责任印制	戴 宽

出　　版	中国社会科学出版社
社　　址	北京鼓楼西大街甲158号
邮　　编	100720
网　　址	http：//www.csspw.cn
发 行 部	010-84083685
门 市 部	010-84029450
经　　销	新华书店及其他书店
印刷装订	北京君升印刷有限公司
版　　次	2018年11月第1版
印　　次	2018年11月第1次印刷
开　　本	710×1000　1/16
印　　张	18.5
插　　页	2
字　　数	241千字
定　　价	86.00元

凡购买中国社会科学出版社图书，如有质量问题请与本社营销中心联系调换
电话：010-84083683
版权所有　侵权必究

编 委 会

主 任：姚红健

副主任：曹永峰　徐海圣　叶　主　毛毓良　朱建友
　　　　　臧新昌

成　员：(按姓氏笔画)

王文龙　王炜郎　王柱国　何国华　何新荣　陆　萍
沈国忠　沈　毅　杨国庆　邵　梅　周　克　钱伟茂
曾建露　蔡颖萍

目 录

导 论 …………………………………………………………… 1

 一 湖州市坚定不移地实施乡村振兴战略 ……………… 1

 二 用习近平"三农"思想指导湖州市实施乡村振兴
  战略 ……………………………………………………… 7

第一章 湖州市打造实施乡村振兴战略示范区的战略选择 ……… 26

 第一节 湖州市打造实施乡村振兴战略示范区的
    现实基础 ……………………………………………… 26

  一 湖州市打造实施乡村振兴战略示范区的
   基础优势 ……………………………………………… 26

  二 湖州市打造实施乡村振兴战略示范区存在的
   主要"短板" ………………………………………… 29

 第二节 湖州市实施乡村振兴战略的顶层设计 …………… 40

  一 湖州市打造实施乡村振兴战略示范区的
   主要目标 ……………………………………………… 40

  二 湖州市打造实施乡村振兴战略示范区的
   六大行动 ……………………………………………… 42

 第三节 打造实施乡村振兴战略示范区的着力点 ………… 44

  一 坚持农业农村优先发展,破解城乡二元结构 …… 44

  二 走质量兴农之路,高水平实现农业现代化发展 … 45

三　高水平建设全域绿色美丽乡村，打造安居乐业的美丽家园 ……………………………………………… 47

　　四　着力提升乡村治理水平和治理能力，构建乡村治理现代化体系 ……………………………………… 49

　　五　持续深化农村改革，不断完善体制机制和政策体系 …………………………………………………… 50

　　六　强化要素保障，全面打造实施乡村振兴战略示范区 …………………………………………………… 51

第二章　农业现代化建设的进展、问题与策略 …………… 54
　第一节　农业产业现代化发展的实践与探索 ……………… 54
　　一　农业产业现代化发展取得的成效 …………………… 54
　　二　农业产业现代化发展存在的"短板" ………………… 66
　　三　走质量兴农之路，高水平实现农业现代化 ………… 68
　第二节　林业现代化发展的实践与探索 …………………… 70
　　一　林业现代化进展情况 ………………………………… 70
　　二　林业现代化建设中存在的问题 ……………………… 79
　　三　林业现代化建设的对策建议 ………………………… 82
　第三节　休闲农业与乡村旅游发展的实践与探索 ………… 86
　　一　休闲农业与乡村旅游发展现状 ……………………… 86
　　二　休闲农业与乡村旅游发展的成效 …………………… 93
　　三　休闲农业与乡村旅游发展存在的问题 ……………… 95
　　四　提升休闲农业与乡村旅游发展的对策建议 ………… 97
　第四节　农业社会化服务的实践与探索 …………………… 102
　　一　农业社会化服务概述 ………………………………… 102
　　二　农业社会化服务试点的主要举措 …………………… 103
　　三　农业社会化服务试点取得的阶段性成效 …………… 107
　　四　农业社会化服务改革的思考 ………………………… 108

目 录

　　五　提升农业社会化服务水平的对策建议 …………… 109

第三章　新时代美丽乡村建设的实践探索与政策建议 ……… 111

　第一节　美丽乡村建设的现状与成效 ………………………… 111
　　一　以"两山"理念为指引，总体谋划美丽乡村
　　　　建设 ……………………………………………………… 111
　　二　不同区域美丽乡村创建亮点纷呈 …………………… 115
　　三　村庄景区化建设的进展与成效 ……………………… 120
　　四　美丽乡村生态宜居建设 ……………………………… 123
　　五　美丽乡村建设经验总结 ……………………………… 126

　第二节　新时代美丽乡村建设存在的问题及制约
　　　　　因素分析 ……………………………………………… 130
　　一　新时代美丽乡村建设存在的问题 …………………… 130
　　二　制约因素分析 ………………………………………… 135

　第三节　新时代美丽乡村建设的对策建议 …………………… 136
　　一　全面把握美丽乡村总体内涵和新要求 ……………… 136
　　二　全域提升美丽乡村规划水平和建设水平 …………… 138
　　三　不断提升美丽乡村生态环境 ………………………… 141
　　四　优化体制机制和政策保障 …………………………… 142
　　五　全面推进村庄景区化建设 …………………………… 145

第四章　人文乡村建设的实践与探索 ……………………………… 148

　第一节　乡风文明建设的实践与思考 ………………………… 148
　　一　乡村社会主义精神文明建设 ………………………… 148
　　二　生态文明建设提升乡风文明 ………………………… 151
　　三　乡风文明建设存在的"短板" ……………………… 153
　　四　深入推进乡风文明建设的对策建议 ………………… 154

　第二节　乡村文化建设的实践与探索 ………………………… 158

一　"文化礼堂·幸福八有"的实践与探索…………158
　　二　传承创新优秀传统文化…………………………162
　　三　"文化走亲"带动乡村文化兴盛繁荣……………164
　　四　乡村文化建设存在的问题及原因分析……………166
　　五　进一步繁荣乡村文化的对策建议…………………169
　第三节　湖州市乡村人才集聚与培育……………………173
　　一　创新乡村人才培育，形成"湖州模式"……………174
　　二　湖州乡村人才振兴面临的五个"短板"……………174
　　三　加快乡村人才振兴的对策建议……………………180

第五章　乡村有效治理的实践与探索…………………………189
　第一节　乡村治理"三治融合"的现状与思考……………189
　　一　乡村治理概述………………………………………189
　　二　乡村治理"三治融合"的实践与探索………………190
　　三　乡村治理"三治融合"存在的问题…………………199
　　四　提升乡村治理"三治融合"的对策建议……………200
　第二节　乡村民主管理实践与探索………………………201
　　一　从形聚到心聚——既要依法办事，更要齐心
　　　　干事……………………………………………………202
　　二　从塑型到铸魂——既要环境面貌大改变，更要构筑
　　　　共同的精神家园………………………………………205
　　三　从做好人到当主人——既要典型示范，更要制度
　　　　管事管人………………………………………………207
　第三节　创新乡贤文化探索民主协商制度………………211
　　一　乡贤文化与现代乡村治理…………………………212
　　二　以乡贤文化推进现代乡村治理的实践探索………216
　　三　对进一步弘扬乡贤文化推进现代乡村治理的
　　　　若干思考………………………………………………219

目 录

第六章　乡村居民生活富裕多元实现的实践 …………… 223

　　第一节　农民持续增收存在的问题与对策 …………… 223
　　　　一　农民增收取得的进展 ………………………… 223
　　　　二　农民增收存在的主要问题 …………………… 227
　　　　三　促进农民增收的对策建议 …………………… 231
　　第二节　村集体经济发展的实践与思考 ……………… 234
　　　　一　村级集体经济发展的实践与探索 …………… 234
　　　　二　村级集体经济存在的主要问题及原因分析 … 239
　　　　三　发展壮大村级集体经济的对策建议 ………… 241
　　第三节　农民返乡创业的实践与探索 ………………… 246
　　　　一　农民返乡创业概述 …………………………… 246
　　　　二　德清县莫干山镇农民返乡创业的实践及经验 … 247
　　　　三　农民返乡创业存在的问题 …………………… 254
　　　　四　促进农民返乡创业的对策建议 ……………… 256
　　第四节　小农户融入现代农业的对策研究 …………… 258
　　　　一　小农户与现代农业有机衔接的意义 ………… 258
　　　　二　小农户融入现代农业的实践与探索 ………… 258
　　　　三　促进小农户融入现代农业的对策建议 ……… 262

附　录 …………………………………………………………… 263

导　论

一　湖州市坚定不移地实施乡村振兴战略

（一）党的十九大提出实施乡村振兴战略

党的十九大提出实施乡村振兴战略，将它列为决胜全面建成小康社会需要坚定实施的七大战略之一，并写入党章，这是重大战略安排。当前，农村还是全面建成小康社会的"短板"。决胜全面建成小康社会，重点是补齐农村这块"短板"。广大农村居民能否同步实现小康，事关全面建成小康社会的全局。实施乡村振兴战略，促进农村全面发展和繁荣，是决胜全面建成小康社会的重中之重。实施乡村振兴战略，开启了加快我国农业农村现代化的新征程。

党的十九大报告对实施乡村振兴战略进行了具体阐述：农业、农村、农民问题是关系国计民生的根本性问题，必须始终把解决好"三农"问题作为全党工作重中之重。要坚持农业农村优先发展，按照产业兴旺、生态宜居、乡风文明、治理有效、生活富裕的总要求，建立健全城乡融合发展体制机制和政策体系，加快推进农业农村现代化。巩固和完善农村基本经营制度，深化农村土地制度改革，完善承包地"三权"分置制度。保持土地承包关系稳定并长久不变，第二轮土地承包到期后再延长30年。深化农村集体产权制度改革，保障农民财产权益，壮大集体经济。确保国家粮食安全，把中国人的饭碗牢牢端在自己手中。构建现代农业产业体系、生产体系、经营体系，完善农业支持保护制度，发展多种形式适度规模经营，培育新型农业经营主体，健全农业社会化服务体系，实现小农户和现代农业发展有机衔接。促进农村第一、第二、第三产业融合发展，支持和鼓励农民就业创业，拓宽增收渠道。加强农村基层基础工作，健全自治、法治、德治相结合的乡村治理体系。培养造就一支懂农业、爱农村、爱农民的"三农"工作队伍。①

(二)《中共中央国务院关于实施乡村振兴战略的意见》

2018年中央一号文件《中共中央国务院关于实施乡村振兴战略的意见》明确提出实施乡村振兴治理的指导思想：全面贯彻党的十九大精神，以习近平新时代中国特色社会主义思想为指导，加强党对"三农"工作的领导，坚持稳中求进工作总基调，牢固树立新发展理念，落实高质量发展的要求，紧紧围绕统筹推进"五位一体"总体布局和协调推进"四个全面"战略布局，坚持把解决好"三农"问题作为全党工作重中之重，坚持农业农村优先发展，按照产业兴旺、生态宜居、乡风文明、治理有效、生活富裕的总要求，建立健全城乡融合发展体制机制和政策体系，统筹推进农村经济建设、政治建设、文化建设、社会建设、生态文明建设和党的建设，加快推进乡村治理体系和治理能力现代化，加快推进农业农村现代化，走中国特色社会主义乡村振兴道路，让农业成为有奔头的产业，让农民成为有吸引力的职业，让农村成为安居乐业的美丽家园。按照党的十九大提出的决胜全面建成小康社会、分两个阶段实现第二个百年奋斗目标的战略安排，实施乡村振兴战略的目标任务是：到2020年，乡村振兴取得重要进展，制度框架和政策体系基本形成。到2035年，乡村振兴取得决定性进展，农业农村现代化基本实现。到2050年，乡村全面振兴，农业强、农村美、农民富全面实现。为此，提出九项任务：提升农业发展质量，培育乡村发展新动能；推进乡村绿色发展，打造人与自然和谐共生发展新格局；繁荣

---

① 习近平：《决胜全面建成小康社会夺取新时代中国特色社会主义伟大胜利——在中国共产党第十九次全国代表大会上的报告》，《人民日报》2017年10月28日第1版。

导 论

兴盛农村文化，焕发乡风文明新气象；加强农村基层基础工作，构建乡村治理新体系；提高农村民生保障水平，塑造美丽乡村新风貌；打好精准脱贫攻坚战，增强贫困群众获得感；推进体制机制创新，强化乡村振兴制度性供给；汇聚全社会力量，强化乡村振兴人才支撑；开拓投融资渠道，强化乡村振兴投入保障；坚持和完善党对"三农"工作的领导。[①]

2018年中央一号文件向我们描绘了加快推进农业农村现代化，走中国特色社会主义乡村振兴道路的宏伟政策蓝图、中国特色社会主义乡村振兴道路的"七个之路"和政策体系的"四梁八柱"。[②]

1. 中央一号文件描绘了乡村振兴道路的宏伟政策蓝图

2018年中央一号文件围绕实施乡村振兴战略定方向、定思路、定任务、定政策，坚持问题导向，对统筹推进农村经济建设、政治建设、文化建设、社会建设、生态文明建设和党的建设做出全面部署。具体而言是"三个明确"：一是明确了实施乡村振兴战略的总体要求和主要任务，即以产业兴旺为重点，提升农业发展质量，培育乡村发展新动能；以生态宜居为关键，推进乡村绿色发展，打造人与自然和谐共生发展新格局；以乡风文明为保障，繁荣兴盛农村文化，焕发乡风文明新气象；以治理有效为基础，加强农村基层基础工作，构建乡村治理新体系；以生活富裕为根本，提高农村民生保障水平，塑造美丽乡村新风貌；以摆脱贫困为前提，打好精准脱贫攻坚战，增强贫困群众获得感。二是明确了实施乡村振兴战略的重大政策举措，即以完善农村产权制度和要素市场化配置为重点，

---

① 参见《中共中央国务院关于实施乡村振兴战略的意见》，中央人民政府网站，2018-02-04（http://www.gov.cn/zhengce/2018-02/04/content_5263807.htm）。
② 参见国务院新闻办公室《〈关于实施乡村振兴战略的意见〉政策解读》，国新网，2018-02-06（http://www.scio.gov.cn/m/34473/34515/Document/1623029/1623029.htm）。

强化制度性供给；畅通智力、技术、管理下乡通道，造就更多乡土人才，强化人才支撑；健全投入保障制度，开拓投融资渠道，强化投入保障；制定国家乡村战略规划，强化规划引领作用。三是要求把党管农村工作落到实处，即要发挥党的领导的政治优势，压实责任，完善机制，强化考核，把实施乡村振兴战略作为全党的共同意志、共同行动，做到认识统一、步调一致，把农业农村优先发展原则体现到各个方面，在干部配备上优先考虑，在要素配置上优先满足，在资金投入上优先保障，在公共服务上优先安排，确保党在农村工作中始终总揽全局、协调各方，为乡村振兴提供坚强有力的政治保障。

2. 中央一号文件提出了走中国特色社会主义乡村振兴道路的"七个之路"

"七个之路"即重塑城乡关系，走城乡融合发展之路；巩固和完善农村的基本经营制度，走共同富裕之路；深化农业供给侧结构性改革，走质量兴农之路；坚持人与自然和谐共生，走乡村绿色发展之路；传承发展提升农耕文明，走乡村文化兴盛之路；创新乡村治理体系，走乡村善治之路；打好精准脱贫攻坚战，走中国特色减贫之路。

3. 中央一号文件包含了"四梁八柱"的政策体系

"四梁八柱"可以概括为"八个有"，即有国家战略规划引领、有党内法规保障、有日益健全的法制保障、有领导责任制保障、有一系列重要战略重大行动重大工程作支撑、有对农民关心的关键小事的部署安排、有全方位的制度性供给、也有对解决"钱从哪里来"问题的全面谋划。

(三)《乡村振兴战略规划（2018—2022年）》

2018年9月26日，《乡村振兴战略规划（2018—2022年）》①

---

① 中共中央国务院印发《乡村振兴战略规划（2018—2022年）》，新华网（http://www.xinhuanet.com//2018-09/26/c_1123487123.htm）。

◆ 导　论

发布，除前言外，共 11 篇 37 章 107 节，设置 1 个指标专栏和 15 个任务专栏，是实施乡村振兴战略的第一个五年规划。《规划》按照产业兴旺、生态宜居、乡风文明、治理有效、生活富裕的总要求，围绕推动乡村产业、人才、文化、生态和组织振兴，抓重点、补"短板"、强弱项，对加快农业现代化步伐、发展壮大乡村产业、建设生态宜居的美丽乡村、繁荣发展乡村文化、健全现代乡村治理体系、保障和改善农村民生等作了明确安排，明确了今后五年的重点任务，提出了 22 项具体指标，其中约束性指标 3 项、预期性指标 19 项，首次建立了乡村振兴指标体系，围绕乡村振兴"人、地、钱"等要素供给，提出了推动城乡融合发展、加快城乡基础设施互联互通、推进城乡基本公共服务均等化的政策举措，是推进实施乡村振兴战略的总蓝图、总路线图。

从本质上讲，实施乡村振兴战略就是要解决我国经济社会发展中最大的结构性问题，通过补"短板"、强"底板"，使我国发展能够持续健康、行稳致远、全面进步；就是要解决快速推进现代化进程中的"三农"问题，使农业农村同步现代化，防止出现农业衰落、农村凋敝；就是要贯彻以人民为中心的发展思想，使亿万农民共享现代化建设成果，使中国梦成为每个人的梦。[①]

（四）湖州市坚定不移贯彻落实中央精神，打造实施现场振兴战略示范区

湖州市作为"两山"理念诞生地、美丽乡村发源地，始终践行"两山"理念，立足市情，创新思路，统筹谋划，大胆实践，在全国全省率先开展美丽乡村创建，率先实施市校合作共建新农村模式，率先制定出台美丽乡村建设地方标准，走出了一条以"美丽乡村"为品牌特色的新农村建设"湖州之路"，为实施乡村振兴战略

---

① 韩长赋：《用习近平总书记"三农"思想指导乡村振兴》，《学习时报》2018 年 3 月 28 日。

奠定了坚实的基础。湖州市坚持由内而外、由表及里，从"千村示范、万村整治"起步，到全域创建美丽乡村，全面推进环境整治，全力发展美丽经济，农村全域美特色逐步彰显，美丽乡村建设成为湖州最亮丽的名片之一；坚持推动农业转型升级，着力发展绿色农业，农业现代化发展水平综合评价连续四年位居全省第一，成为全国第二个基本实现农业现代化的地级市；坚持融合发展、均衡发展，多措并举抓好农民增收和村集体经济壮大，城乡一体化发展水平不断提高，农民幸福指数不断提高；坚持把改革创新作为美丽乡村建设的根本动力，加强顶层设计和改革落地，不断释放改革红利，乡村振兴动力持续激发。

打造实施乡村振兴战略示范区，是湖州贯彻落实中央和省委决策部署、推进乡村振兴的实际行动，是推动湖州高质量赶超发展、奋力当好践行"两山"理念样板地、模范生的题中之义，是湖州"三农"工作补齐"短板"、继续走在前列的现实需要。2018年3月9日，湖州市委召开农村工作会议，认真贯彻落实中央和省委农村工作会议精神，动员全市上下以更大的决心、更高的目标、更强的力度，全力抓好"三农"工作，全面打造实施乡村振兴战略示范区，奋力谱写新时代湖州农业农村现代化的崭新篇章。①

实施乡村振兴战略，是一项重大使命、重大责任、重大机遇。湖州既有条件也有信心在实施乡村振兴战略、建设农业农村现代化的新的历史征程中，强化组织领导，强化人才支撑，强化共建共享，着力汇聚起打造实施乡村振兴战略示范区的强大合力，努力探索走出一条具有时代特征、彰显湖州特色的乡村振兴之路，努力成为高水平实施乡村振兴战略和高质量建设农业农村现代化的模范生、样板地，为全省、全国实施乡村振兴战略提供更多的湖州经

---

① 参见《市委召开农村工作会议　打造乡村振兴战略示范区》，湖州在线（http://www.hz66.com/2018/0310/286151.shtml）。

验、湖州样本、湖州方案。

二 用习近平"三农"思想指导湖州市实施乡村振兴战略

（一）习近平"三农"思想的形成与实践①

1969—1975年，年轻的习近平在陕西省延川县文安驿公社梁家河大队度过七年艰苦的上山下乡知青生活。梁家河是习近平"三农"思想的思想起点、实践起点和情感起点。习近平曾经讲道："七年上山下乡的艰苦生活对我的锻炼很大。最大的收获有两点：一是让我懂得了什么叫实际，什么叫实事求是，什么叫群众。这是我获益终生的东西。二是培养了我的自信心。"1982—2012年，是习近平"三农"思想的成长时期。1982年3月至1985年5月，习近平同志在正定工作，期间的"三农"思想和实践，是其"三农"思想形成的实践源头。1985年，习近平到福建工作，先后在特区厦门、山区宁德、省会福州和省委省政府工作了17年半。2002年，习近平同志到浙江工作，并担任省委书记。2007—2012年，习近平担任中央政治局常委、中央书记处书记等职。这段时期对"三农"发展的重大问题，如城乡一体化、新农村建设、转变农村经济发展方式、新型城镇化、现代农业建设、农业科技及食品安全等问题深入研究，提出战略方向性指示，为"三农"战略思想的形成奠定深厚基础。2012年至今，是习近平"三农"实现的成熟期。党的十八大习近平担任总书记以来，对关于转变农业发展方式、发展现代农业、全面深化农村改革、加快新农村建设、促进农民增收致富等"三农"发展的重大战略问题做出了一系列重要论述，习近平"三农"思想基本成熟。党的十九大明确指出，中国特色社会主义进入

---

① 中央农村工作领导小组办公室、浙江省农业和农村工作办公室：《习近平总书记"三农"思想在浙江的形成与实践》，《人民日报》2018年1月21日第1版。中央农村工作领导小组办公室、福建省委农村工作领导小组办公室：《习近平总书记"三农"思想在福建的形成与实践》，《人民日报》2018年1月19日第1版。中央农村工作领导小组办公室、浙江省农业和农村工作办公室：《习近平总书记"三农"思想在正定的形成与实践》，《人民日报》2018年1月18日第1版。

了新时代,并提出乡村振兴战略。2017年12月中央农村工作会议,习近平总书记就做好"三农"工作作出的一系列重要论述,提出的一系列新理念新思想新战略,这些新理念、新思想、新战略是我们党"三农"理论创新的最新成果,是习近平新时代中国特色社会主义思想的重要组成部分,是指导过去5年我国农业农村发展取得历史性成就、发生历史性变革的科学理论,也是实施乡村振兴战略、做好新时代"三农"工作的行动指南。

1."三农"发展战略思想

"三农"问题作为事关能否顺利实现全面建成小康社会宏伟目标的根本性问题、难点问题,始终是习近平总书记关注的重点。

早在1984年,习近平同志就提出"搞经济,搞大农业,都需要多一些战略眼光,从时间上看得远一些,从空间上看得宽一些"。[①]

在福建工作期间,习近平反复强调"三农"工作的战略地位,高度重视农业的基础作用,他指出"农业兴、百业兴;农业衰、百业衰;农业萎缩、全局动摇"。[②]他十分重视城乡协调发展和新农村建设,提出"在发展现代农业过程中必须重视农村城镇化的同步推进,尤其要重视探索多渠道就业门路,合理引导农村劳动力转移,把发展现代农业与推进城乡一体化进程有机地结合起来的途径"[③],将农业发展、农村繁荣、农民增收通盘谋划、同步推进,强调"如果在农业和农村经济发展中农民不能增收入、集体不能增实力,这种经济增长就是无效益的和虚假的"。[④]

主政浙江期间,习近平同志站在全局和战略的高度,按照统筹

[①] 1984年3月2日《习近平同志在正定县传达省委召开的地市县委书记会议精神会议上的讲话》。

[②] 1996年8月20日《习近平同志在全省农办(农委)主任会议上的讲话》。

[③] 习近平:《加快福建现代农业发展步伐(代序)》,载习近平主编《现代农业理论与实践》,福建教育出版社1998年版。

[④] 1998年8月18日《习近平在全省农村"双增"工作会议上的讲话》。

城乡经济社会发展的战略思想，以城乡关系认识"三农"问题，提出"农业兴才能百业兴、农民富才能全省富、农村稳才能全局稳"①，做出"浙江已全面进入以工促农、以城带乡的新阶段"的重要判断，强调"要切实做到执政为民重'三农'、以人为本谋'三农'、统筹城乡兴'三农'、改革开放促'三农'、求真务实抓'三农'"。②

党的十八大以来，习近平总书记高度重视"三农"问题，对关于转变农业发展方式、发展现代农业、全面深化农村改革、加快新农村建设、促进农民增收致富等"三农"发展的重大战略问题做出了一系列重要论述，具有全局性、方向性和战略性意义，形成系统的习近平新时代中国特色社会主义"三农"思想。2013年12月23日，习近平在中央农村工作会上发表重要讲话时强调，"中国要强，农业必须强；中国要美，农村必须美；中国要富，农民必须富"。③"三个必须"的重要论述，通过强调农业强、农村美、农民富与国家强、美、富之间的关系，对"三农"工作的极端重要性进行了高度概括。2015年7月，习近平总书记在吉林调研时指出：任何时候都不能忽视农业、不能忘记农民、不能淡漠农村。"三个不能"明确了我们党坚持不忽视农业、不忘记农民、不淡漠农村的宗旨使命。

2. 现代农业建设

农业作为关乎国家安定的基础性、战略性产业其重要性不言而喻。面对农业发展的新情况，必须以深化农业改革为着力点、激活发展新引擎。正如习近平总书记所言，"解决好'三农'问题，根本在于深化改革，走中国特色的现代化农业道路"。

习近平同志在正定工作期间，强调"农业和农村经济健康发展

---

① 2003年4月15日《习近平同志在杭州市余杭区"三农"工作座谈会上的讲话》。
② 2005年1月7日《习近平同志在全省农村工作会议上的讲话》。
③ 参见《中央农村工作会议在北京举行》，《人民日报》2013年12月15日。

必须走农林牧副渔全面发展和农工商综合经营的道路",指出"从单一的种植业的小农业,到农林牧副渔全面发展的立体化大农业,这是认识上的一个飞跃,也是一个突破性的战略转变""农业不再是自给自足的小农经济,也不再是仅仅提供原料的传统农业,而已升华为商品化生产的现代农业。从发展趋势看,乡村工业和商业将在农村经济孕育中迅速发展起来,使农业生产资料供应——农业生产——农产品加工、储藏、运输、销售连成一体,形成中国式的农工商一体化"。①

习近平在福建工作期间,针对福建人多地少、农业多样性资源丰富的特点,提出福建要发展特色农业、大农业,搞好农业多种功能开发。他指出"大农业是朝着多功能、开放式、综合性方向发展的立体农业。它区别于传统的、主要集中在耕地经营的、单一的、平面的小农业"。②"要根据市场需要,紧紧依靠科技,调整种养业结构,大力发展名特优新产品和绿色食品,提高农业的综合效益"。③他指出,"要积极探索一条适合国情、省情、县情,依靠科技进步和提高农民素质,花钱省、多办事和集中力量办大事的现代农业发展路子",同时强调要发挥各类市场主体的作用,"发展现代农业仅靠国有经济、集体经济是发展不起来的,只有充分调动和发挥国有、集体、个体、私营、外资等不同所有制市场主体的积极性、主动性和创造性,才能形成推动现代农业发展的强大合力"。④要"两手抓","必须懂得市场,特别是要懂得市场经济条件下的农产品市场。各级政府和农村基层组织不能只抓生产、不抓市场"。⑤

---

① 1984年3月2日《习近平同志在全县传达省委召开的地市县委书记会议精神会议上的讲话》。
② 习近平:《摆脱贫困》,福建人民出版社1992年版。
③ 2001年2月7日,《福建省九届人大四次会议政府工作报告》。
④ 习近平:《加快福建现代农业发展步伐(代序)》,载习近平主编《现代农业理论与实践》,福建教育出版社1998年版。
⑤ 1998年2月10日习近平同志在全省农村工作会议上的总结讲话。

◆ 导　论

他始终关注并高度重视农产品质量安全，在全省开展"治理餐桌污染、建设食品放心工程"，并在2002年中央电视台"经济半小时"栏目《整顿市场经济秩序，我们在行动》节目上，对福建和全国观众承诺，"用三年时间在全省23座城市基本消除主要食品的'餐桌污染'、五年在全省范围基本实现治理'餐桌污染'的目标。"

习近平在浙江工作期间，抓住新世纪初农业市场化国际化进程加快的机遇，顺应传统农业向现代农业转变的趋势和经济社会可持续发展的要求，审时度势地作出了大力发展高效生态农业的重大决策，强调"以绿色消费需求为导向，以农业工业化和经济生态化理念为指导，以提高农业市场竞争力和可持续发展能力为核心，深入推进农业结构的战略性调整"①，提出"大幅度提高农业的土地产出率、劳动生产率和市场竞争力，推动农业全面走上新型农业现代化的路子"。②

党的十八大以来，习近平总书记强调以中国农业发展的现实情况为基础，探索出一条适合我国农业发展的现代化道路。2013年11月24日，习近平在山东考察时指出，要"给农业插上科技的翅膀"③，关键要实现农村科技进步和创新发展，以科技带农业，为农业现代化发展指明方向。

3. 推进农村建设

习近平同志高度关注社会主义新农村建设，从农村的物质文明建设到精神文明建设，从村容村貌整治到美丽乡村建设，提出了一系列精辟论述。

习近平同志在正定工作期间，针对农村长期以来的落后面貌，指出，"建设科学化生活的现代农村，逐步把农村建成高度精神文

---

① 2005年1月7日《习近平同志在全省农村工作会议上的讲话》。
② 2007年1月18日《习近平同志在全省农村工作会议上的讲话》。
③ 《认真贯彻党的十八届三中全会精神　汇聚起全面深化改革的强大正能量》，《人民日报》2013年11月29日。

明和高度物质文明的高水平的文明村,使农村成为优良传统、先进思想、现代文明的集合体,使千家万户成为小康之家"①,强调"教育关系着子孙后代,要做到全村最好的房子是学校""要舍得在精神文明建设上花点钱、投点资,实实在在地为群众办几件长精神、长志气的好事"。②

20世纪90年代,习近平同志在福建省工作期间,就提出"整治村容村貌、建设社会主义新农村,是农村经济社会发展水平的综合标志,也是彻底改变农村落后面貌的重要途径,也是农村小康建设成果的直接体现"③,强调农村建设是一个系统工程,要重视规划和建设,处理好四项关系:高起点规划与分阶段实施的关系,建新、改旧和整治的关系,硬件建设和软件建设的关系,政府引导和发动群众的关系。④针对农村建设中集体经济薄弱的问题,他要求:要大力组织推广群众创造的清产核资办实体、依靠积累办实体、围绕服务办实体、立足资源办实体、股份合作办实体等行之有效的办法,壮大集体经济。⑤

习近平同志针对新世纪初浙江省不断富足起来的农民群众对人居条件越来越不满意的状况,做出了大力实施"千村示范万村整治"工程的前瞻性重大决策,强调"要把'千村示范万村整治'工程作为推动农村全面小康建设的基础工程、统筹城乡发展的龙头工程、优化农村环境的生态工程、造福农民群众的民心工程"⑥,"有效促进城市基础设施向农村延伸、城市公共服务向农村覆盖、城市

---

① 1984年3月2日《习近平同志在全县传达省委召开的地市县委书记会议精神会议上的讲话》。
② 1982年12月27日《习近平同志在全县精神文明建设先进集体和先进个人代表会议上的讲话》。
③ 1997年11月27日《习近平同志在全省农村小康建设工作会议上的讲话》。
④ 同上。
⑤ 中央农村工作领导工程办公室、福建省委农村工作领导小组办公室:《习近平总书记"三农"思想在福建的形成与实践》,《人民日报》2018年1月19日第1版。
⑥ 2004年7月26日习近平同志在全省"千村示范万村整治"现场会上的讲话。

导 论

现代文明向农村辐射"。①

4. 促进农民增收和扶贫开发

习近平同志始终坚持以人为本,早在《摆脱贫困》中习近平同志就曾写道:脱贫道路上,决不能让一个地区掉队。"小康不小康,关键看老乡",充分体现了习近平总书记把老百姓的事放在心里的为民情怀。

习近平同志在正定工作期间,针对正定县"高产穷县"、农民收入低问题,提出"治国之道首先裕民,民富才能国强"(1984年2月),强调"绝不能光讲粮食生产、光讲高产粮,不讲经济效益""大搞农工商、农民变工人、离土不离乡"。②

习近平同志在福建工作期间,亲自探索实践扶贫开发的路子和途径,解决了"茅草房"和"连家船"问题,组织实施"造福工程",创新形成了一套行之有效的扶贫开发办法,福建成为他"精准扶贫、精准脱贫"扶贫思想的发源地。习近平强调"扶贫先扶志",人穷不能志短,更要振奋精神往前奔,"锲而不舍""久久为功",要有"滴水穿石"的精神;扶贫要找准路子,"要使弱鸟先飞,飞得快,飞得高,必须探讨一条因地制宜发展经济的路子"。③1996年4月,习近平同志到福建省委工作,指出"扶贫攻坚与奔小康,是实现共同富裕目标的两个并行不悖、互相促进的任务","要制定必要的经济政策措施,支持贫困县、贫困乡(包括已摘帽)的经济开发,以增强贫困县乡的自我发展能力"。他高度重视扶贫措施的落实和成效,他强调"贫困县、贫困乡要把扶贫攻坚的目标任

---

① 2004年7月26日《习近平同志在全省"千村示范万村整治"工作现场会上的讲话》。

② 1984年3月2日《习近平同志在全县传达省委召开的地市县委书记会议精神会议上的讲话》。

③ 习近平:《摆脱贫困》,福建人民出版社1992年版。

务落实到贫困村、贫困户","真正做到'真扶贫、扶真贫'"。①

习近平在浙江工作期间,针对当时欠发达地区发展滞后和仍有大量贫困人口的问题,强调"现代化建设不能留盲区死角,实现全面小康一个乡镇也不能掉队"②,指出"现在的贫困问题不是块状贫困,而是星星点点的点状贫困,这要求我们扶贫工作观念要明晰,定位要准确,要做到因地制宜'真扶贫,扶真贫'"。③习近平同志针对新世纪初城乡居民收入差距持续扩大的问题,强调"必须坚持富民为本、富民为先,切实把增加农民收入、提高农民生活质量作为新阶段'三农'工作的出发点和落脚点"④,提出"要充分挖掘农业内部增收潜力""继续加快发展农村第二、第三产业,拓宽农民外出务工经商的转移渠道""解决农民收入问题,既要鼓励农民走出去,又要引导农民留下来,还要支持出去的农民回乡创业"⑤,并全面建立科技特派员制度。

党的十八大以来,习近平总书记对精准扶贫做出重要阐述,形成精准扶贫精准脱贫战略思想。2013年11月,习近平到湖南湘西考察时首次做出了"实事求是、因地制宜、分类指导、精准扶贫"的重要指示。后又到陕西、贵州调研考察扶贫工作时,提出了"六个精准"。在中央扶贫开发工作会议上,习近平总书记系统阐述了"五个一批"的精准扶贫、精准脱贫的基本方略。

5. 深化农村改革

推动农业全面升级、农村全面进步、农民全面发展,根本还是

---

① 1996年11月14日《习近平同志在全省农村扶贫开发暨小康建设工作会议上的总结讲话》。

② 2003年1月13日《习近平同志在全省农村工作会议上的讲话》。

③ 2003年1月20日《习近平同志在浙江"两会"期间参加省人大温州代表团讨论时的讲话》。

④ 2003年1月13日《习近平同志在全省农村工作会议上的讲话》。

⑤ 2006年3月23日《习近平同志在省委建设社会主义新农村专题学习会上的讲话》。

◆ 导　论

要靠全面深化农村改革，不断为农业农村现代化释放新活力、注入新动能。

在正定工作期间，习近平同志强调"要把对待改革的态度如何、改革工作搞得好坏，作为检验和考核各级领导干部是否称职的一个重要标准"。① 他强调"重点扶持'两户一体'（专业户、重点户和经济联合体）经济""'两户一体'是解放生产力、发展生产力的好形式，是当前农村先进生产力的代表，是广大农民共同富裕起来的先行者"。② 针对农村服务流通体系落后问题，他强调"要搞好供销社体制改革，真正办成农民集体所有的合作商业，成为农村经济的综合服务中心"。③

在福建工作期间，习近平同志针对农业和农村发展中的体制机制问题，他提出"要推行股份合作制，深化农村产权制度改革，促进农村分散的生产要素优化组合，培育和构造各类市场主体"④，指出"建立国家、集体和农民及其合作组织相结合的服务体系，是深化农村改革的一个重点"。⑤ 他高度重视农村集体林权制度改革，率先推动开展试点，2002年6月在龙岩武平县调研农业农村工作时强调，"集体林权制度改革要像家庭联产承包责任制那样从山下转向山上"。他十分关注供销合作社发展，要求"把供销社体制改革放在深化农村改革的全局位置上统筹考虑，把它真正办成农民集体所有制的合作商业，以发挥其在农村商品流通中的特有作用"。⑥

在浙江工作期间，习近平同志着眼于构建城乡一体化制度体系，大力推进统筹城乡发展工程建设，着力改革城乡二元体制机制，指

---

① 1985年3月6日《习近平同志在全县乡镇党委书记、乡镇长会议上的讲话》。
② 1984年2月8日《习近平同志在县委工作会议上的讲话》。
③ 同上。
④ 1996年8月20日《习近平同志在全省农办（农委）主任会议上的讲话》。
⑤ 1999年1月22日《习近平同志在全省农村工作会议上的讲话》。
⑥ 中央农村工作领导小组办公室、福建省委农村工作领导小组办公室：《习近平总书记"三农"思想在福建的形成与实践》，《人民日报》2018年1月19日第1版。

出"改革是解决农业农村发展中各种矛盾和问题的根本出路"①,"深化改革是新农村建设的体制保障和动力源泉"②,强调"要致力于突破城乡二元结构,深化征地、户籍、就业、社保等城乡配套改革,消除影响'三农'发展的体制性和政策性障碍,给农民平等的发展机会"③,要求"建立健全有利于促进统筹城乡发展的体制,让一切劳动、知识、技术、管理和资本都能在农村迸发活力、创造财富"④,部署实施了县乡财政体制、乡镇机构、征地制度、农村金融、教育卫生等农村综合改革,探索实践了发展"三位一体"合作经济改革试点,并指出"统筹城乡发展最根本的是要消除城乡二元结构,形成以工促农、以城带乡,城乡互动、共同进步的发展格局"。⑤

2016年4月26日,习近平总书记在小岗村召开的农村改革座谈会上强调"三个坚定不移",在关键时期、标志性地点旗帜鲜明地宣誓了深化农村改革、加快农村发展、维护农村和谐稳定的政策目标。习近平强调,改革开放以来,农村改革的伟大实践,推动我国农业生产、农民生活、农村面貌发生了巨大变化,为我国改革开放和社会主义现代化建设做出了重大贡献。解决农业农村发展面临的各种矛盾和问题,根本靠深化改革。新形势下深化农村改革,主线仍然是处理好农民和土地的关系。最大的政策,就是必须坚持和完善农村基本经营制度,坚持农村土地集体所有,坚持家庭经营基础性地位,坚持稳定土地承包关系。要抓紧落实土地承包经营权登记制度,真正让农民吃上"定心丸"。⑥

---

① 2004年1月4日《习近平同志在全省农村工作会议上的讲话》。
② 2006年3月23日《习近平同志在省委建设社会主义新农村专题学习会上的讲话》。
③ 2004年1月4日《习近平同志在全省农村工作会议上的讲话》。
④ 2006年3月23日《习近平同志在省委建设社会主义新农村专题学习会上的讲话》。
⑤ 同上。
⑥ 习近平:《加大推进新形势下农村改革》,新华社(http://www.xinhuanet.com/politics/2016-04/28/c_1118763826.htm)。

6. 生态文明建设

"生态兴则文明兴、生态衰则文明衰"。习近平同志指出，建设生态文明是关系人民福祉、关乎民族未来的大计，生态环境保护是功在当代、利在千秋的事业；要像保护眼睛一样保护生态环境，像对待生命一样对待生态环境；绝不能以牺牲生态环境为代价换取经济的一时发展；我国生态环境矛盾有一个历史积累过程，不是一天变坏的，但不能在我们手里变得越来越坏，共产党人应该有这样的胸怀和意志。

习近平同志在正定工作期间，就合理利用自然资源、保持良好生态环境，指出"人类从水土流失、肥力下降、土壤沙化、环境污染、海洋毒化、气候变坏、灾害频繁的严重后果中，越来越认识到生态问题的重要，农业经济早已超出自为一体的范围，只有在生态系统协调的基础上，才有可能获得稳定而迅速的发展"，提出"把我县建设成为一个具有多种生产门类，能满足多种目标要求，物质循环和能量转化效率高，生态和经济都呈良性循环，商品经济占主导地位，开放式的农业生态——经济系统"。

习近平同志在福建工作期间，在全国率先谋划生态省建设，倡导经济社会在资源的永续利用中良性发展，强调"建设生态省，大力改善生态环境，是促进我省经济社会可持续发展的战略举措，是一项造福当代、惠及后世的宏大工程"[①]，提出要"通过以建设生态省为载体，转变经济增长方式，提高资源综合利用率，维护生态良性循环，保障生态安全，努力开创'生产发展、生活富裕、生态良好的文明发展道路'，把美好家园奉献给人民群众，把青山绿水留给子孙后代"[②]。

习近平同志在浙江工作期间，针对浙江先期遇到保护生态环境

[①] 2002年1月23日《福建省九届人大五次会议政府工作报告》。
[②] 2002年8月25日《习近平同志在〈福建生态省建设总体规划纲要〉论证会上的讲话》。

与加快经济发展的尖锐矛盾和激烈冲突，强调"过去讲既要绿水青山，也要金山银山，其实绿水青山就是金山银山""要坚定不移地走这条路"，指出"绿水青山可带来金山银山，但金山银山却买不到绿水青山""如果能够把这些生态环境优势转化为生态农业、生态工业、生态旅游等生态经济的优势，那么绿水青山也就变成了金山银山"①，做出了建设生态省、打造"绿色浙江"的战略决策。

党的十八大明确了生态文明建设的总体要求，党的十八届三中、四中、五中全会分别确立了生态文明体制改革、生态文明法治建设和绿色发展的任务，中央专门制定出台了《关于加快推进生态文明建设的意见》。习近平总书记在党的十九大报告中，首次将"树立和践行绿水青山就是金山银山的理念"写入了中国共产党的党代会报告，成为新时代中国特色社会主义生态文明建设的思想和基本方略。同时，党的十九大通过的《中国共产党章程（修正案）》，强化和凸显了"增强绿水青山就是金山银山的意识"的表述，表明党和国家在全面决胜小康社会的历史性时刻，对生态文明建设做出了根本性、全局性和历史性的战略部署。

7. 农村公共服务供给

习近平同志在浙江工作期间，针对农民公共服务需求日益增长而农村公共服务发展明显滞后的问题，强调"要加大公共财政向农村倾斜的力度，把基础设施建设和发展教科文卫体等社会事业的重点放到农村，全面改善农村的供水、供电、环保、交通、通信、广播电视、信息网络等公共服务的基础条件，继续大力实施城乡教育均衡工程、农民健康工程、农村文化建设工程、小康健身工程，全面提高农村社会事业发展水平；建立健全多层次、普惠性的农村社保体系，不断提高农村社保水平，逐步缩小城乡公共服务的差

---

① 习近平：《绿水青山也是金山银山》，《浙江日报》2005年8月24日第1版。

距"①，在2004年率先建立为民办实事长效机制，每年办好十方面民生实事。

8. 基层党建和乡村治理

解决乡村治理课题，首先要加强基层党组织建设。习近平同志针对农村基层干部队伍老化、工作能力差等问题，指出"搞好农村基层班子建设，充分发挥它的职能作用，是搞好农村各项工作的保证"，强调"一定要挑选那些拥护和执行党的路线、方针、政策，党性强、作风正派、秉公办事的人进班子，把好政治质量关。同时，要注意选拔那些有文化、有知识、懂经济、有工作能力的年轻人进班子，把德与才结合起来，综合考察，以利于实现班子的革命化、年轻化、知识化、专业化"。② 习近平指出，要"把加强村级组织建设作为农村小康建设的一项根本性措施来抓"，增强党的基层组织的战斗力和发展能力，"在指导思想上、组织保证上使党组织在农村的社会主义建设中真正能站到前台，真正能居于'第一线'，切实发挥党组织的核心作用"。③

习近平同志针对农村社会结构变动、价值观念多元、民主意识增强等新情况、新问题，指出"农村基层党组织是党在农村全部工作的基础""要把农村基层党组织建设成为带领农民建设社会主义新农村的坚强战斗堡垒，使农村基层党员和干部成为建设社会主义新农村的排头兵"④，强调"确保农村稳定，为农民群众营造良好的生产生活环境，是实现好、维护好、发展好最广大农民根本利益的

---

① 2006年3月23日《习近平同志在浙江省委建设社会主义新农村专题学习会上的讲话》。
② 1983年11月1日《习近平同志在全县安排今冬明春农村工作会议上的讲话》。
③ 中央农村工作领导小组办公室、福建省委农村工作领导小组办公室：《习近平总书记"三农"思想在福建的形成与实践》，《人民日报》2008年1月19日第1版。
④ 2006年3月23日《习近平同志在浙江省委建设社会主义新农村专题学习会上的讲话》。

必然要求，也是统筹城乡发展的必然要求"①，建立推行了农村工作指导员制度，总结提炼了"后陈经验"（建立村务监督委员会），创新发展了"枫桥经验"（矛盾不上交、问题不出村），提升实践了"新仓经验"（生产供销联合与合作）。

（二）用习近平"三农"思想指导乡村振兴②

习近平"三农"思想，系统全面、内涵丰富、博大精深、意义深远，为我们做好新时代"三农"工作提供了基本遵循，是实施乡村振兴战略、做好新时代"三农"工作的理论指引和思想武器。湖州市要以习近平总书记"三农"思想为指导，实现乡村振兴新目标。

1. 把握好实施乡村振兴战略的总体要求和方向道路

党的十九大在提出实施乡村振兴战略的同时，提出了实施这一战略的总要求，就是坚持农业农村优先发展，按照产业兴旺、生态宜居、乡风文明、治理有效、生活富裕的总要求，建立健全城乡融合发展的体制机制和政策体系，加快推进农业农村现代化。实施乡村振兴战略20字总要求，是"五位一体"总体布局在"三农"领域的具体体现，是新农村建设的升级版、宏观版，体现了时代的进步，回应了群众的期待。乡村振兴，落脚在实现农业农村现代化，这是一个新的重大提法，乡村振兴不仅农业要现代化，整个农村也要全面发展，不仅工农差别要缩小，城乡差别也要缩小，实现"四化同步"、工农互促、城乡共荣、一体化发展，实现乡村"五位一体"全面振兴。实施乡村振兴战略，是新时代"三农"工作的总抓手。

习近平总书记在中央农村工作会议上，对实施乡村振兴战略、走中国特色社会主义乡村振兴道路做了深刻系统阐述：推进乡村振

---

① 2004年1月4日《习近平同志在浙江省农村工作会议上的讲话》。
② 韩长赋：《用习近平总书记"三农"思想指导乡村振兴》，《学习时报》2018年3月28日。

◆ 导　论

兴，必须重塑城乡关系，走城乡融合发展之路；必须巩固和完善农村基本经营制度，走共同富裕之路；必须深化农业供给侧结构性改革，走质量兴农之路；必须坚持人与自然和谐共生，走乡村绿色发展之路；必须传承发展提升农耕文明，走乡村文化兴盛之路；必须创新乡村治理体系，走乡村善治之路；必须打好精准脱贫攻坚战，走中国特色减贫之路。这"七个之路"揭示了实施乡村振兴战略的重大任务和内在规律，指明了实施乡村振兴战略的目标路径和努力方向。

湖州市委、市政府深入贯彻党的十九大、《中共中央国务院关于实施乡村振兴战略的意见》和省、市党代会精神，明确提出打造实施乡村振兴战略示范市的号召，并发布《湖州市打造实施乡村振兴战略示范区行动方案》，提出湖州市乡村振兴的总体思路是：以习近平新时代中国特色社会主义思想为指导，坚持走"绿水青山就是金山银山"之路，坚持把解决好"三农"问题作为党委政府工作的重中之重，大力实施"六大行动"，即绿色引领、融合发展的乡村产业提升行动，全域覆盖、生态宜居的新时代美丽乡村建设行动，乡风文明、素质全面的人文乡村发展行动，"三治结合"、治理有效的善治乡村推进行动，共建共富、全民共享的乡村民生优化行动，城乡融合、活力迸发的制度完善行动，全力打造农业全面现代化、环境全域美丽、生活全民幸福、要素全效流动的乡村振兴示范区，继续走在全省全国前列。[①]

2. 把握好实施乡村振兴战略的基本原则

习近平总书记强调，有了好的决策、好的蓝图，关键在落实。实施乡村振兴战略，一方面，我们有过去许多成功经验，需要发扬光大；另一方面，这又是一项全新工作，需要适应新形势、解决新

---

① 中共湖州市委文件：《湖州市打造实施乡村振兴战略示范区行动方案》，湖委发〔2018〕1号。

问题，为此要把握正确原则，采用科学方法，扎扎实实地抓落实。

实施乡村振兴战略是一项系统工程，是一个长期任务，涉及方方面面的工作，不是哪个部门单独就能干得了的，不加强党的领导，不发挥党管农村工作的优良传统肯定不行。只有各级党委政府真正把乡村振兴作为"一把手"工程，五级书记齐抓共管，把乡村振兴摆到优先位置，才能把美好蓝图变为现实。另外，体现在"四个优先"上。中央农村工作会议明确提出，把农业农村优先发展落到实处，要做到在干部配备上优先考虑，在要素配置上优先满足，在资金投入上优先保障，在公共服务上优先安排，这些都要体现到制度机制上，体现到具体政策上。

湖州市打造实施乡村振兴战略示范区，要突出重点、狠抓落实，统筹推进打造实施乡村振兴战略示范区各项任务，全力创建农业全面现代化、环境全域美丽、生活全民幸福、要素全效流动的乡村振兴示范区。要把振兴乡村产业作为迫切任务，推进质量兴农、绿色兴农、科技兴农、融合兴农，加快推进农业高质量发展；把美丽乡村建设作为关键抓手，做精规划、全域治理，联动推进精品村、示范镇、示范带、示范县区创建，全面打造生态宜居的农村环境；把农民素质提升作为重要内容，加强农村思想道德建设，大力繁荣农村先进文化，深入开展农村移风易俗，不断提升乡风文明水平；把加强乡村治理作为重要环节，强化党建引领，推进自治、法治、德治"三治融合"，加快构建新型乡村治理体系，打造更加和谐的乡村生活；把促进农民增收作为根本目标，千方百计增加农民收入，不断提高公共服务水平，着力壮大村级集体经济，大力推动农民生活富裕；把农村改革创新作为强大动力，抓好"三位一体"改革、产权制度改革、农村金融改革，激发农村发展内生活力。

3."五个振兴"系统推进

2018年3月8日，习近平总书记在参加十三届全国人大一次会议山东代表团审议时指出，要深刻认识实施乡村振兴战略的重要性

◆ 导　论

和必要性，扎扎实实把乡村振兴战略实施好。习总书记在讲话中提出"五个振兴"的科学论断：即乡村产业振兴、乡村人才振兴、乡村文化振兴、乡村生态振兴、乡村组织振兴。2018年4月，习近平总书记在湖北视察时再次指出，实施乡村振兴战略是做好"三农"工作的总抓手，关键在于聚焦产业兴旺、生态宜居、乡风文明、治理有效和生活富裕的总要求，着力推进"五个振兴"，即乡村产业振兴、人才振兴、文化振兴、生态振兴和组织振兴。"五个振兴"侧重点不尽相同，但相互耦合并形成了一个互为关联、联系紧密、逻辑清晰的有机整体，是实施乡村振兴战略的行动指南。[①]

产业振兴是重点。习近平指出："要推动乡村产业振兴，紧紧围绕发展现代农业，围绕农村第一、第二、第三产业融合发展，构建乡村产业体系，实现产业兴旺，把产业发展落到促进农民增收上来，全力以赴消除农村贫困，推动乡村生活富裕。"湖州市认真贯彻落实党的十九大会议精神以及中央、省、市农村工作会议精神，紧紧把握推进农业供给侧结构性改革这一主线，加快转变农业发展方式，狠抓各项措施落实，保持了农业经济平稳增长。2016年浙江省农业现代化发展水平综合评价显示，湖州市以综合得分89.84分的成绩实现"四连冠"，高出全省平均得分6.73分。

人才振兴是关键。习近平指出："乡村振兴，人才是关键。要积极培养本土人才，鼓励外出能人返乡创业，鼓励大学生村干部扎根基层，为乡村振兴提供人才保障。"湖州市在市校合作机制的推动下，"1+1+N"农推联盟体系不断完善，依托湖州农民学院"七位一体"，建立了"定向培养+社会化职评"人才培养模式，全力推动机制模式大创新、农业技术大推广、农技队伍大提升，被农业部列入全国唯一的整市推进基层农技推广体系改革创新试点。

---

① 参见《习近平要求乡村实现"五个振兴"》，人民网（http://politics.people.com.cn/n1/2018/0716/c1001-30149097.html）。

文化振兴是灵魂。习近平指出："要推动乡村文化振兴,加强农村思想道德建设和公共文化建设,以社会主义核心价值观为引领,深入挖掘优秀传统农耕文化蕴含的思想观念、人文精神、道德规范,培育挖掘乡土文化人才,弘扬主旋律和社会正气,培育文明乡风、良好家风、淳朴民风,改善农民精神风貌,提高乡村社会文明程度,焕发乡村文明新气象。"近年来,湖州市以"有文化礼堂、有展览展示、有文体团队、有文化走亲、有礼仪传习、有素质培训、有村规民约、有长效机制"为核心,着力打造"文化礼堂·幸福八有"品牌,文化礼堂遍地开花,村民因礼堂而凝聚,乡村因凝聚而振兴。文化礼堂作为乡村文脉的承载者,早已成为湖州农村的文化地标和群众的精神家园,为乡村振兴凝神聚气。目前,全市累计建成文化礼堂471个,行政村覆盖率达47.4%。

生态振兴是根本。习近平指出："要推动乡村生态振兴,坚持绿色发展,加强农村突出环境问题综合治理,扎实实施农村人居环境整治三年行动计划,推进农村'厕所革命',完善农村生活设施,打造农民安居乐业的美丽家园,让良好生态成为乡村振兴支撑点。"习近平提出"两山"理念,包含尊重自然、谋求人与自然和谐发展的价值理念和发展理念。湖州始终牢记总书记的殷切嘱托,坚决贯彻省委决策部署,奋力扛起践行"两山"理念的责任担当,坚持不懈以"百村示范、千村整治"为先手,一鼓作气治污水、一抓到底治垃圾、一以贯之治农厕,全面改善农村人居环境;坚持生态优先、生态立市,确定了建设现代化生态型滨湖大城市的奋斗目标,在全国率先开展绿色GDP核算和综合考核体系,创建全国第一个生态文明建设示范区,争当绿色发展实践者。

组织振兴是保障。习近平指出："要推动乡村组织振兴,打造千千万万个坚强的农村基层党组织,培养千千万万名优秀的农村基层党组织书记,深化村民自治实践,发展农民合作经济组织,建立健全党委领导、政府负责、社会协同、公众参与、法治保障的现代

导 论

乡村社会治理体制,确保乡村社会充满活力、安定有序。"湖州市出台基层党建引领乡村振兴实施意见,将下阶段党建工作重点指向了推动乡村发展,通过在全市层面深入实施"红色堡垒行动""人才领航行动""兴业强村行动"和"善治乡村行动"四大行动,实现打造全面过硬的农村基层党组织、强化乡村振兴人才智力支撑、建设生态宜居的新时代美丽乡村和不断提升乡村治理现代化水平的目标任务,为乡村振兴发展注入红色动力。

第一章　湖州市打造实施乡村振兴战略示范区的战略选择

第一节　湖州市打造实施乡村振兴战略示范区的现实基础

一　湖州市打造实施乡村振兴战略示范区的基础优势

（一）农业现代化水平稳步提升

湖州市自古以来就是鱼米之乡。近年来，湖州市农业产业突出转型升级，2017年湖州市农林牧渔业总产值达到220.05亿元，自2005年以来年均增长6.27%；2017年农业增加值达到135亿元，自2005年以来年均增长6.57%。自2013年浙江省开展农业现代化发展水平综合评价以来，湖州市连续四年位居浙江省第一，成为全国第二个基本实现农业现代化的地级市。现代农业体系不断完善，现代农业基础保障体系逐步健全，永久基本农田示范区划定已经完成，粮食功能区建设和现代农业园区建设走在全省前列；现代农业经营体系逐步完善，农村土地承包经营权确权登记颁证工作基本完成，农业龙头企业、专业合作社、家庭农场、工业龙头企业发展良好，农业社会化服务网络初步构建；现代农业产业体系比较完善。农业生产布局日趋优化，特色优势产业集聚区群架构明朗，区域产业集聚优势凸显；现代农业科技创新体系逐步健全，建立产业技术体系综合试验站、主导产业研究院所等，在湖州市与浙江大学"市校合作"的基础上建立"1+1+N"农技推广模式，建立主导产业联盟，建立农民学院，培育新型职业农民；现代农业生态安全体系初步构建，全面落实畜禽禁限养区监管措施，率先在全省实施陆域渔民退捕转产转业，全面实施禁渔制度，建立农业投入品废弃包装物收集处置实现全覆盖，率先在全省实现省级"平安农机"示范县全覆盖；现代农业公共服务体系初步形成，建立了基层农业公共服务中心，培育科技示范户，推行政策性农业保险，推动农村土地承包经营权抵押贷款等农村产权融资，开发"农田通""农宅通""农股通"等系列金融产品。

（二）美丽乡村发源地打造农村全域美

2003年，时任浙江省委书记的习近平同志亲自谋划、部署"千村示范、万村整治"工程。2005年8月15日，习近平同志到湖州安吉余村考察时提出"绿水青山就是金山银山"的科学论断。湖州始终牢记总书记的殷切嘱托，坚定不移践行"两山"理念，全面推进乡村环境整治，全域打造美丽乡村，全力发展美丽经济，努力做建设美丽中国的引领者和实践者。截至2017年年底，湖州市已成功创建省级美丽乡村示范县2个、省级先进县1个，打造3A级景区村庄19个，市级美丽乡村创建率达89%，建成精品村56个、示范带19条，农村生活污水治理和农村生活垃圾处理实现"全覆盖"。坚持将"青山绿水"的生态优势转化为乡村旅游发展的产业优势，努力打造"乡村旅游第一市"，以"农家乐、洋家乐和美丽村庄经营"为重点的乡村旅游蓬勃发展，逐步形成了可复制、可推广的乡村旅游"湖州模式"。德清东衡村、安吉"田园鲁家"成为首批国家农村产业融合发展示范园区。2017年，湖州市接待乡村旅游游客4213.7万人次，同比增长24.3%；全市实现乡村旅游总收入82.3亿元，同比增长28.1%。

(三) 城乡统筹发展提升农民获得感

湖州市坚持城乡统筹发展，始终把发展壮大村级集体经济、巩固农村基层基础建设作为扎实推进社会主义新农村建设的重要抓手，城乡基本公共服务加快均等化，全市农村等级公路、城乡公交、有线电视、电信宽带通村率均达到100%。湖州市第三次农业普查数据显示，截至2016年12月31日，100%的农户拥有自己的住房，24.6%的农户拥有商品房；90.6%的农户饮用水为经过净化处理的自来水；97.3%的农户使用水冲式卫生厕所；平均每百户拥有小汽车63.4辆，电脑77.3台，手机290.3部；农民生活用的能源中，95.7%的农户主要使用煤气、天然气、液化石油气；55.3%的农户主要使用电。[①] 制定养老服务与管理规范地方标准，建成城乡社区居家养老服务照料中心1207个。市、县级医院新一轮建设项目顺利实施，"15分钟城乡居民医疗卫生服务圈"更加完善。2017年湖州市农村居民人均可支配收入达到28999元，自2005年以来年均增长12.2%。2017年湖州市城乡居民人均可支配收入之比为1.72∶1，低于全国的2.71∶1，也低于浙江省的2.05∶1。

(四) 农业农村改革持续释放改革红利

湖州市坚持把改革创新作为农业农村现代化建设的根本动力。2010—2016年，湖州市共承担15项国家级和20项省级农业农村改革试点。改革试点涉及科技服务创新、人才培育等要素支撑、土地承包经营权、宅基地使用权、经济合作社股权、农业生产经营体系等领域。湖州市建立全国首个地市级农民学院——湖州农民学院，成为整建制推进现代生态循环农业的试点市，农村集体经营性建设用地入市敲响全国"第一槌"，率先建立市县乡农合联组织体系等，创造了一批可总结、可推广的典型经验，为打造乡村振兴先行示范区奠定了良好基础。

[①] 湖州统计局：《湖州市第三次农业普查主要数据公报》，2018年4月9日。

第一章　湖州市打造实施乡村振兴战略示范区的战略选择

二　湖州市打造实施乡村振兴战略示范区存在的主要"短板"

（一）城乡二元结构仍然存在

1. 城乡居民收入差距拉大

湖州市发展最大的差距仍然是城乡差距。湖州市城镇和农村居民家庭人均可支配收入之比相对全省和全国水平而言较低，但从绝对值差距来看，农村和城镇的绝对值差距在扩大。2013年，湖州市城镇和农村居民家庭人均可支配收入之差为15493元。2017年，两者之差扩大到20935元（见表1-1）。2013年，农村居民家庭人均可支配收入增长率比城镇居民家庭人均可支配收入增长率快1.0%，2014年两者增长率之差扩大，但随后迅速收敛。这意味着农村与城镇的绝对值差距越来越大，农村居民收入有效增长乏力。

表1-1　2013—2017年湖州市城镇与农村居民家庭人均可支配收入情况

年份（年）	城镇居民家庭人均可支配收入（元）	±%	农村居民家庭人均可支配收入（元）	±%	城镇与农村居民家庭人均可支配收入之差（元）	城镇与农村居民家庭人均可支配收入增长率之差（%）
2013	35750	9.8	20257	10.8	15493	-1.0
2014	38959	9.0	22404	10.6	16555	-1.6
2015	42238	8.4	24410	9.0	17828	-0.6
2016	45794	8.4	26508	8.6	19286	-0.2
2017	49934	9.0	28999	9.4	20935	-0.4

资料来源：根据2013—2017年《湖州统计年鉴》和湖州统计信息网数据整理。

2. 城乡居民收入与消费结构存在较大偏差

从收入结构来看，2016年城镇居民工资性收入为25224元，而同期农村居民工资性收入为17376元，两者相差7848元。意味着农村转移劳动力就业的岗位是以低层次水平劳动岗位为主。2016年城镇居民经营净收入为9310元，同期农村居民经营净收入为6848元，两者相差2462元；城镇居民财产性收入和转移性收入是农村居民的4.9倍，同时，城镇居民财产性收入和转移性收入的增长速度明显要比农村居民的增长速度快（见图1-1），意味着农村居民收入来源存在明显的"短板"。

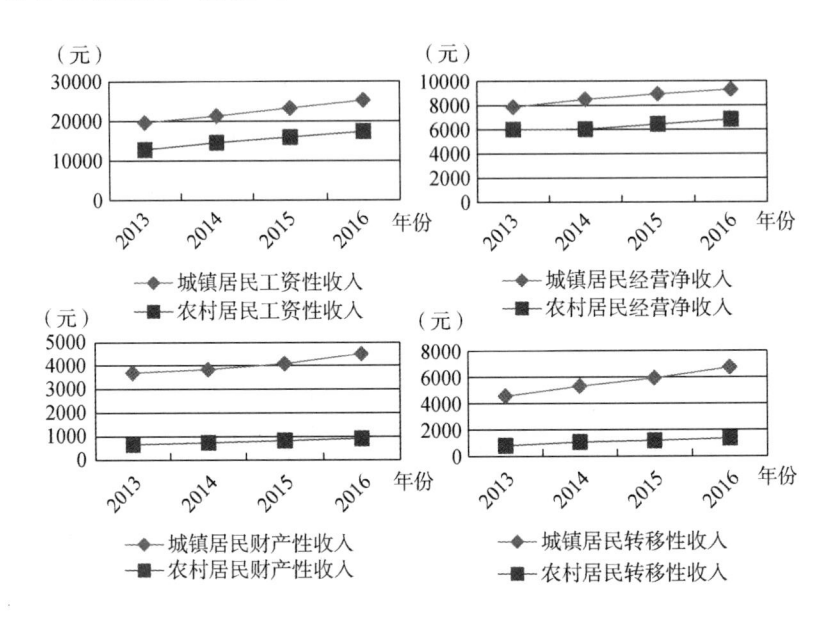

图1-1 2013—2016年湖州市城镇居民与农村居民可支配收入结构情况

资料来源：根据2013—2017年《湖州统计年鉴》和湖州统计信息网数据整理。

从消费结构来看，2016年城镇居民医疗保健支出1210元/人，占其消费性支出的4.4%；同期农村居民医疗保健支出1096元/人，占其消费性支出的6.2%，这意味着农村居民的相对负担高于城镇居民。2016年城镇居民教育文化娱乐服务支出3086元/人，占其消费性支出的11.1%；同期农村居民教育文化娱乐服务支出1568元/人，占其消费性支出的8.9%，农村居民对于教育文化的投资只有城镇居民的一半，且在消费支出中的占比也低，不利于农村居民的人力资本形成，直接影响农村的长期发展（见图1-2）。

第一章 湖州市打造实施乡村振兴战略示范区的战略选择

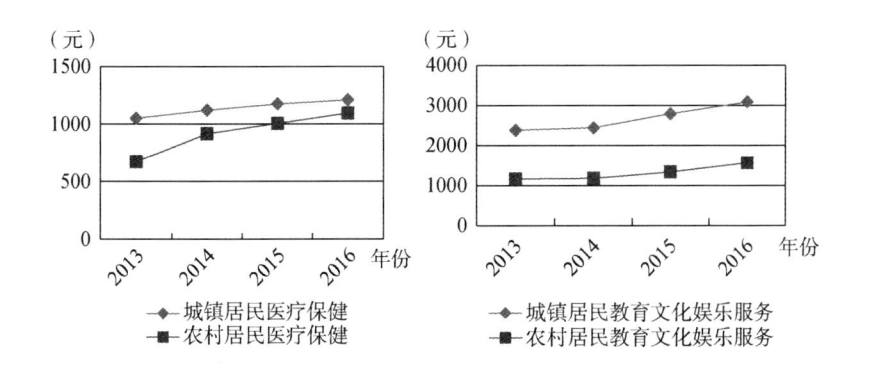

图 1-2 2013—2016 年湖州市城镇居民与农村居民消费支出结构情况

资料来源：根据 2013—2017 年《湖州统计年鉴》和湖州统计信息网数据整理。

3. 快速城镇化建设导致资源加速向城镇集聚

工业文明时代，农村人口向城市集聚是大趋势。在快速推进城镇化建设的过程中，公共政策是一种偏向城市的政策，也是一种偏向行政中心的政策，农村居民所获得的机会和人均占有的公共资源仍远低于城市居民。从湖州市财政支出来看，2016 年全市农林水财政支出 40.3 亿元，其中三县两区农林水财政支出合计为 31.1 亿元，中心城区为 9.1 亿元①，中心城区农林水财政支出占全市农林水财政支出的比例为 22.6%。这一数据在 2013 年、2014 年和 2015 年分别为 25.5%、25.6% 和 26.6%。尽管 2016 年的占比相对前几年有所下降，但中心城区所占比例仍然接近 1/4，意味着财政支持农村力度不够，其结果是那些远离城市和行政中心的农村地区，发展机会和公共设施投入少，公共服务滞后。

(二) 农业产业现代化发展尚需提质增效

1. 农业产业尚需高质量发展

一是农业产业总量增长速度明显落后于国民经济的增长速度。

---

① 资料来源于全市农林水事务财政支出减去三县两区的农林水财政事务支出。

湖州市农林牧渔总产值从2013年的212.98亿元增长到2017年的220.05亿元，5年共增长3.3%。第一产业增加值从2013年的119.80亿元增长到2017年的127.35亿元，5年共增长6.3%。二是农业主导产业发展不平衡，粮食安全问题不容小觑。湖州市农业主导产业中，粮食产量从2013年的90.6万吨下降到2016年的63.0万吨，4年直线下降30.5%，油料产量从2013年的4.5万吨下降到2016年的1.9万吨，粮油产量未得到稳定。随着湖州市粮食产量大幅下降，粮食自给率也从2014年的46.6%下降到2016年的36.1%。三是农产品品质不高，竞争力不强。2017年浙江省农博会上，共评出金奖产品192个，湖州只有10个产品获得金奖，占比为5.2%，与湖州市作为全省农业大市和强市的地位不符。

2. 休闲农业发展遭遇人才、资金等压力

一是农家乐到民宿的转型升级遭遇运营人才和资金"短板"。一方面，传统农家乐经营者往往从农民直接转变而来，旅游业仅仅是农业生产的副业，其提供的产品与服务均较为朴素、简单。而民宿主要服务于新兴的城市中产阶层、都市人群等，传统农家乐经营者往往难以胜任。另一方面，民宿需要有亲近自然的外表，但也必须有堪比星级酒店的硬件和软件服务，大量的投资也成为"短板"之一。据调查，湖州市民宿开业前期平均投资238.7万元，开业后平均增加投资69.2万元。二是农业休闲观光园区亩均效益下降。近年来，休闲观光农业园区发展迅速，从2015年的94个上升到2016年的189个，但投资强度同比下降43.8%，亩均利润同比下降50.5%（见表1-2）。三是休闲农业和乡村旅游竞争压力越来越大。一方面，湖州市拥有旅游资源单体1546个，其中三级以上优良旅游资源的单体266个，[①] 经过近年来的开发，基本上都已开发利用。

[①] 湖州市旅游局、浙江大学、浙江省旅游职业学院：《湖州市旅游资源普查总报告》，2004年9月。

第一章 湖州市打造实施乡村振兴战略示范区的战略选择

另一方面,全国各地都在发展休闲农业和乡村旅游,特别是环杭州湾、环太湖等兄弟市的竞争,给湖州市休闲农业和乡村旅游发展带来巨大压力。

表1-2 2015—2016年湖州市休闲农业观光园区发展情况

年份（年）	休闲观光农业园区（个）	平均园区面积（亩/个）	投资强度（元/亩）	亩均营业收入（元/亩）	亩均利润（元/亩）
2015	94	1024.6	31848.0	17768.7	2895.0
2016	189	1047.4	17959.7	11392.1	1432.7

资料来源：根据湖州市农业局2016—2017年《湖州市农业统计资料》整理。

3. 现代生态循环农业仍需创新发展

近年来,湖州市化肥农药使用总量在下降,但主要还是农作物播种面积下降所致。2014年,湖州农作物亩均施用化肥16.9千克/亩;2016年,亩均化肥施用量17.2千克/亩,亩均化肥施用量不降反升。农药使用量在下降,2014年亩均农药使用量2.0千克/亩,2016年下降到1.7千克/亩。2016年,农用塑料薄膜使用量亩均2.1千克/亩,高于2014年的1.8千克/亩（见表1-3）。

表1-3 2014—2016年湖州市农作物播种面积和农资使用情况

年份（年）	农作物播种面积（其中：粮食播种面积）（万亩）	按折纯法计算农用化肥施用量（吨）	农药使用量（吨）	农用塑料薄膜使用总量（吨）
2014	280.7（159.6）	47423	5730	5097
2015	259.7（142.3）	45291	5310	5241
2016	250.1（134.5）	42928	4225	5333

资料来源：根据湖州市农业局2015—2017年《湖州市农业统计资料》整理。

4. 农业新型经营体系尚未健全

一是小农户仍在湖州农业农村中占重要地位。2016年全市家庭承包经营的耕地面积1661018亩，农户数488650户。通过转包、出租等流转面积1023689亩，即还有38.5%的耕地未流转，按户均3.4亩计算，由187445户耕种。通过流转实现10亩以上规模经营的农户数只有19183户，占总农户数的3.9%，经营930570亩，占总承包耕地的56.0%，即大户（家庭农场）户均经营48.5亩，主体规模不大，还处于传统水平生产经营模式，科技承接力弱。①

二是合作经营体系尚需完善。2016年，全市农民专业合作社1680个，其中被市县农业主管部分认定为规范社的只有538个，占比为32.0%。2016年年底，湖州市"三位一体"农合联框架已搭建，但其引领产业化发展的作用不明显。农村电商规模偏小，标准化建设不足，基本仍处于"单打独斗"的局面，还未形成电商联盟。小农户和现代农业发展有机衔接问题尚未得到有效解决。

三是直接针对小农生产的扶持少。小农生产的区块成为农业基础设施建设配套的"盲区"，农田水利设施不完备，道路交通设施不够通畅。省级以上农业项目基本上与小农生产无关，例如，2014年以来长兴县共争取省级以上农业项目资金6020.5万元，几乎全部用于扶持新型农业经营主体和产业化经营上。

（三）美丽乡村建设不平衡不充分

1. 区域发展不平衡，富裕村和经济薄弱村的差距越拉越大

湖州市西部山区自然禀赋相对较好，在村域景区化建设中具有比较优势，东部平原由于水网循环系统打破、水环境污染、产业生态化转型不到位等原因导致建设相对滞后。对美丽乡村示范村、精品村等建设，各级政府奖补总量分别达到500万元和1000万元，而能获得政府奖补的往往是富裕村。例如，政府制定奖补政策时，要求精品村的申报条件之一是上年度村集体经营性收入一般在40万元以上。其他政府职能部门的项目也扎堆这些富裕村，导致贫富差距

---

① 根据湖州市农业局2017年《湖州市农业统计资料》整理。

第一章 湖州市打造实施乡村振兴战略示范区的战略选择

越拉越大。

2. 村庄的资源整合能力不强

美丽乡村建设涉及方方面面，不同部门推行的各种政策资源因受相关制度约束，在村庄往往条块分割，村庄缺乏合适的平台而难以整合，使资源得不到合理的运用，甚至造成政策难以落到实处。

3. 农村环境治理长效机制待优化

农村生活污水处理、垃圾分类项目等都是政府为民办实事工程，但在推进过程中并未得到广大基层和农村居民的全力支持，一些农村建设项目包括农村污水处理项目工程质量堪忧，长效维护困难。

4. 文化礼堂在引领乡风文明的作用发挥不充分

在美丽乡村创建时，要求必须有文化礼堂。调研中发现，部分文化礼堂在选址布局时，与村民集中居住地还有一段距离，部分文化礼堂内容单调，目前文化礼堂利用率最高的村里红白喜事和老年活动棋牌室。部分村文化礼堂建成后，每年开展文化活动的运营经费往往难以为继。乡镇以上的文化中心每年都有财政经费支持，但村级文化礼堂没有经费保障。部分村缺乏文化人，文化礼堂运转不畅。

（四）乡村治理的现实困境

1. 乡村发展的多样性和治理复杂性困境

湖州市乡村自然禀赋存在较大差异，在区域经济发展过程中出现不平衡，既有村集体经济非常富裕的村，也有相对贫困的村；既有传统农村，也有现代的工业型、商业型、旅游型农村社区；既有远离城镇的山村，也有紧挨城镇的城郊社区、外来民工集中居住地社区、特色小镇、田园综合体等经济社会发展中形成的特殊社区。多样性的形态和情况促成了农村居民美好生活需要和农村社区治理条件的多元化、复杂化、差异化，特别是互联网时代，各种资讯在农村开始泛滥，一些宗教活动打着传统文化的旗号开始在农村出现，赌博行为在农村愈演愈烈，这些都给农村社区治理带来艰巨任务。

2. 部分农村社会体制改革弱化构建适应新时代农村社区条件的公共服务体系

长期以来的"去集体化"经济改革，导致部分农村集体经济式微，因缺乏经济基础和财力支撑而无力开展自我服务。村庄撤并、"减人减事减支"等也使农村公共服务弱化。地方与基层管理的"事事听上级"的服从意识和"等、靠、要"的传统做法，也弱化了农村居民的自我服务能力。

3. 农村"空心村""三留守"导致乡村治理功能虚弱

农村青壮年劳动力的大量外流，农村留守儿童、留守妇女、留守老年人成为乡村主体，造成了农村社区管理服务人才的严重短缺。一些地方在农村地区长期推行"撤点并校"，一些散布在乡村的学校被撤除，优质教育资源集中于城市，农村"教育移民潮"加速了农村人口流失，拉大了城乡教育差距，给乡村文化传承和乡村治理带来了伤害。

4. 乡村外来人口聚集给乡村治理带来新的困境

湖州乡村工业发展起步早，部分乡镇成为乡村工业集聚区，外来务工人员逐步进入，在部分农村，外来人口已经形成了相对集中居住的情况。其次是随着休闲农业和乡村旅游的蓬勃发展，外来休闲农业和乡村旅游经营者开始进入乡村旅游集聚区。这些外来人员的进入，形成了户籍与非户籍人口的"新二元"结构，给乡村治理带来挑战。一方面，外来人员以青壮年为主，进入社区会给本地公共服务和乡村治理带来额外压力；另一方面，农村社区是封闭的乡村社会结构，事实上限制了外来人员的融入。深层次的困境来自村民委员会与村集体经济组织的关系。按照现有的法律规定，村委会和村集体经济组织是两个独立组织，但现实中村集体经济组织功能的虚化与弱化，往往由村委会替代村经济组织。

第一章 湖州市打造实施乡村振兴战略示范区的战略选择

（五）农村改革尚需进一步深化

1. 农村改革进展不平衡

全市三县两区在农村改革的进展方面各具特色，但也存在不平衡现象。一些县（区）积极主动争取各项改革试点，2010 年以来，德清县争取到国家级农村改革试点项目 7 项和省级改革试点项目 5 项（见表 1-4）。2016 年浙江省农业现代化发展水平综合评价中，德清县农业现代化发展水平综合评价以 91.74 的高分再次夺得全省 82 个县（市、区）第一，这也是自 2014 年以来，德清县连续三年位居各县（市、区）榜首。

表 1-4　　2010 年以来湖州市和三县两区农村改革试点情况

试点范围	国家级（项）	省级（项）
全市	2	2
德清县	7	5
安吉县	3	10
长兴县	1	1
吴兴区	2	1
南浔区	0	1

资料来源：根据湖州市和三县两区承担的农村改革试点项目统计整理。

2. 农村改革集成效应尚不突出，系统运用和面上推广不足

2010 年以来，湖州市先后承担国家级和省级农村改革试点 35 项，目前已经完成 13 项，单项改革试点都取得了较好的成绩，但也有一些改革试点独自成为"盆景"，尚未与其他改革试点项目连成"风景"。例如，农村产权和农村金融改革的集成尚存在困难，例如，农村金融创新中的产权抵押贷款需要抵押物产权清晰、估值合理、处置容易等，但农村产权改革受到许多限制，直接影响到改革集成效应的发挥，难以实现"1+1>2"效应。一些农村改革在点上取得突破，但在全市面上推广和系统运用上尚显不足，用制度和

法规等形式把试点成果固化下来的更少。例如，八里店南片新农村综合改革试点作为新农村综合改革试验区建设，开展现代农业经营机制、农村社区管理机制和"房票""米票"等体制机制创新，取得了较好的试点成效，但后续的推广运用不足。

3. 村级集体经济贫富差距拉大

2016年，湖州市集体经营性收入10万元以下的村还有227个，占总村数的21.9%，其中5万元以下的村还有70个，没有经营性收入的有24个。补助性收入成为村集体经济收入的主要来源，2015年，补助性收入占村集体经济总收入的46.2%。

（六）农村要素尚需进一步集聚

1. 乡村人员"三少二多一低"

乡村人员表现出生产者、消费者、"一懂两爱"工作者少，老人多、儿童多，乡村人力资本增长率低的"三少二多一低"特征。一是城乡二元结构依然存在，长期以来农村青壮年农村劳动力单向由农村流入城市，造成农业生产不得不依靠留守农村的中老人，小农户、新型经营主体弱小，农产品加工业难以发展，休闲农业和乡村旅游难以品质升级，第一、第二、第三产业融合发展缺乏人力资本。二是消费者不足，农村居民本身收入低，2017年湖州市农村居民家庭人均可支配收入28999元，相比城市居民低20935元。"空心村"成为消费制约因素，农村"教育移民潮"加速了农村人口流失。吸引外地城市消费者，也遭遇到周边兄弟市越来越激烈的竞争。三是懂农业、爱农村、爱农民的工作人员不足，组织、引领农民打造示范区、升级美丽乡村的整体力量偏弱。

2. 乡村土地"一多一少，两高两低"

乡村土地表现出改革试点多、用地指标少，确权率和土地流转率高、宅基地和村集体股权流转率低，水土环境改善成本高、"亩产效益"低的"一多一少，两高两低"特征。一是湖州市承担多项农村土地改革试点，取得了不俗的成绩，但许多土地改革面临破法的困境，未经授权，难以推广。农产品加工业、休闲农业和乡村旅游等新型业态的蓬勃发展需要土地空间，但现行用地指标偏少，部分村没有可供利用的非农建设土地。二是湖州市农村承包地确权颁证率列全省第一，土地流转率高达64.2%，但农村宅基地用益物权、村级集体经济股权等由于法律法规的限制，缺乏流转活力，2016年农村居民家庭人均财产性收入为913元，为城市居民的20.2%。三是农药、化肥、塑料薄膜等亩均使用量并未减少，水土环境治理难度加大，成本升高。农产品品质低、价格低，"亩均效益"低。

3. 乡村资金"一强三弱，贫富不均"

美丽乡村建设资金表现出对财政资金依赖性强，农村金融资金、民间资本、村集体资金投入不足的"一强三弱，贫富不均"特征。一是政府投入大量财经资金强力推动美丽乡村建设，一些相对富裕村享受到政策扶持，步入正循环轨道，一些相对基础条件差的村缺少政府资金支持，难以启动创建，导致贫富差距越拉越大。二是农村金融创新不足，农村产权抵押贷款流于形式。以美丽乡村为主体进行招商引资的相对较少，利用资本市场资金不足，民间资本投入不足成为影响农村第二、第三产业发展的因素之一。村级集体经济总体偏弱，吴兴区2017年村集体经济35万元以下的村98个，占全区60.7%，对财政补助和各类赞助依赖性强。

4. 农业科技"一高四低"

农业科技表现出基层农技推广发展水平高，科技人才占比低、智慧农业应用低、小农户使用的小微农业科技水平低、全要素生产率低。"1+1+N"农推联盟的创新与实践，取得不俗的成绩。但湖州市农业科技存在"短板"，一是本土农业科技人才占比低，万名农业劳动力拥有农业科技人员数量和万亩耕地农业科技人员数量在全省排名靠后。二是农业装备水平差、科技支撑弱、智慧农业应用不足，保种、育种、用种技术水平低。三是小农户使用的小微农业科技水平低。四是全要素生产率低，2013年湖州市农林牧渔总产值213亿元，2017年为220亿元，5年只增长3.3%。

第二节 湖州市实施乡村振兴战略的顶层设计

党的十九大提出实施乡村振兴战略，加快推进农业农村现代化发展。中央农村工作会议、《中共中央国务院关于实施乡村振兴战略的意见》和《国家乡村振兴战略规划（2018—2022）》对实施乡村振兴战略做了全面部署。湖州市作为"两山"理念诞生地、美丽乡村发源地，在农业现代化建设、在全面建成小康社会的进程中走在了全省乃至全国的前列。湖州既有条件也有信心在实施乡村振兴战略、建设农业农村现代化的新的历史征程中，努力成为高水平实施乡村振兴战略和高质量建设农业农村现代化的模范生、样板地，为浙江省乃至全国的乡村振兴和农业农村现代化提供湖州经验。湖州市深入贯彻党的十九大、《中共中央国务院关于实施乡村振兴战略的意见》和浙江省、湖州市党代会精神，经过反复论证，制定了《湖州市打造实施乡村振兴战略示范区行动方案》，明确提出以实施乡村振兴战略为指引，以率先实现农业农村现代化为目标，以全面推进农业供给侧结构性改革集成为动力，大力实施"六大行动"，全力建设农业全面现代化、环境全域美丽、生活全民幸福、要素全效流动的乡村振兴示范区，为湖州加快赶超、实现"两高"，奋力当好践行"两山"理念样板地、模范生做出更大贡献。

一 湖州市打造实施乡村振兴战略示范区的主要目标[①]

湖州市打造实施乡村振兴战略示范区的主要目标按照时间顺序

[①] 中共湖州市委、湖州市人民政府：《湖州市打造实施乡村振兴战略示范区行动方案》（湖委发〔2018〕1号）。

第一章　湖州市打造实施乡村振兴战略示范区的战略选择

分四步走，具体目标是到2022年，在农业现代化水平、社会安全感和群众满意度两个方面持续全省领先；在美丽乡村品牌、农村精神文明建设、城乡均衡发展、改革创新四个方面走在全国前列。

第一步，到2020年，乡村振兴制度框架和政策体系基本形成，产业绿色提升、环境生态宜居、城乡发展均衡、社会文明和谐等优势继续强化，乡村振兴取得重要进展、引领全省全国，全市高水平全面建成小康社会。

第二步，到2022年，乡村振兴进一步推进、建设成效明显。产业绿色兴旺，农业现代化水平综合评价持续领先全省：农业增加值年均增长2%，绿色高效农业占据农业生产主导地位，主要农产品中无公害、绿色、有机食品认证比例达75%以上，美丽经济发展风生水起，国家现代农业示范区和林业示范市建设成效彰显。生态宜居乐游，美丽乡村品牌持续唱响全国：农村山清水秀、村村优美，村庄建设和山水林田湖草一体建设成效显著，县级国家森林城市、省美丽乡村示范县、市级美丽乡村、A级景区村庄建设全覆盖，建成乡村振兴精品村100个，森林覆盖率49%，县控以上地表水监测断面Ⅲ类及以上水质比例稳定保持在100%，"四好农村路"行政村全覆盖，全市农村成为令人向往的"大花园"。文明风尚盛行，农村精神文明建设持续引领全国：乡村文化不断繁荣，各类人才有序集聚，社会氛围积极向上，健康文明的生产生活方式深入人心，70%的村建成市级以上文明村，100%的乡镇建成市级以上文明乡镇，文化礼堂覆盖率达90%以上，精神文明与物质文明更好协调发展。农村和谐有序，社会安全感和群众满意度持续居全省前列：乡村治理机制进一步完善，农民主人翁意识进一步增强，平安乡村建设全面推进，形成较高水平的共建共治共享社会治理格局，善治示范村创建率85%以上，村均集体经营性收入达90万元。农民生活美满，城乡均衡发展水平持续成为全国最好地区之一：农村居民人均可支配收入达45000元，农民区域间、群体间差距不断减小，城乡居民收入比进一步缩小，农村"幼有所育、学有所教、劳有所得、病有所医、老有所养、住有所居、弱有所扶"全面优化。制度不断完善，改革创新持续示范全国：厚植改革创新优势，全面强化完善"重农""护农""强农""惠农"和推进城乡共促互进的各项机制，城乡融合的体制机制进一步建立健全，为乡村振兴提供有力保障。

第三步，到2035年前，乡村振兴取得决定性进展、全面实现振兴目标，各项体制机制更加完善，农民群众共同富裕走在前列，率先实现农业农村现代化。

第四步，到2050年前，乡村全面振兴、高水平实现振兴目标，农村保持高质量全域美丽，农民群众高标准实现共同富裕，高水平农业农村现代化全面实现。

二 湖州市打造实施乡村振兴战略示范区的六大行动[①]

（一）实施绿色引领、融合发展的乡村产业提升行动

围绕打造"现代经济新高地"，聚焦农业绿化，推进农业生态发展，把增加绿色优质农产品供给放在突出位置，注重农业功能拓展与产业链延伸，加快构建绿色产业体系，不断健全现代经营体系，着力推进"高质量、高水平"的绿色高效农业发展，推进主导产业优化，推进科技品牌强农，推进主体培优育强，切实强化第一、第二、第三产业深度融合，全面提升农业市场竞争力。

（二）实施全域覆盖、生态宜居的新时代美丽乡村建设行动

围绕打造"美丽湖州新高地"，聚焦农村美化，深入开展美丽乡村四级联创，强化规划全域融合，着力健全城乡一体的规划体系、建设机制和环境提升机制，强化农村生态建设，进一步丰富"美"的内涵、拓展"美"的范围、提升"美"的层级，强化镇村

[①] 中共湖州市委、湖州市人民政府：《湖州市打造实施乡村振兴战略示范区行动方案》（湖委发〔2018〕1号）。

第一章 湖州市打造实施乡村振兴战略示范区的战略选择

建设提升,强化环境治理优化,大力建设具有诗画江南韵味的美丽城乡,打造全省"大花园"中的湖州"大景区"。

(三) 实施乡风文明、素质全面的人文乡村发展行动

围绕打造"先进文化新高地",聚焦新农人培育,以培育和践行社会主义核心价值观为重点,实施"乡风文明培育、移风易俗弘扬时代新风、乡村文化兴盛、农村志愿服务推进、小城镇文明"五大行动,提升思想道德建设、精神文明建设、农村文化建设水平,提升人才集聚水平,打造"生态引领、全域创建、成风化俗、和谐发展"的农村精神文明建设"湖州模式"。

(四) 实施"三治结合"、治理有效的善治乡村推进行动

围绕打造"政治生态新高地"和"民主法治新高地",聚焦农村和谐,按照全面依法治国和从严治党要求,把加强基层党建放在核心地位,加强民主管理,加强乡村治理,不断完善党委领导、政府负责、社会协同、公众参与、法治保障的社会治理体制,综合运用好自治法治德治,建设"清廉乡村",不断提升乡村治理现代化水平。

(五) 实施共建共富、全民共享的乡村民生优化行动

围绕打造"幸福民生新高地",聚焦农民增收,把实现好、维护好、发展好广大农村居民的根本利益作为出发点和落脚点,不断健全城乡一体社会保障制度、城乡一体社会事业发展体系,促进农民持续增收,促进社会保障不断完善,促进社会事业加快发展。

(六) 实施城乡融合、活力迸发的制度完善行动

聚焦重农强农,不断深化城乡综合配套改革,探索建立山水林田湖草及美丽乡村建设基础设施等资源资产的作价入股机制,不断健全土地管理使用制度、财政金融支持服务体系、合作共建机制,着力推进城乡融合,培育、激发、强化乡村振兴新动能。

第三节 打造实施乡村振兴战略示范区的着力点

一 坚持农业农村优先发展，破解城乡二元结构

（一）编制发布乡村振兴指数，引领湖州乡村振兴年年上新台阶

一是要科学界定农民日益增长的美好生活需求。乡村振兴首先应当以人民为中心，以农民需求为导向，以农民的获得感和满意度为导向，要充分把握农村经济社会变动性、多样性，充分认识农民对美好生活需要的日益增长和复杂，从理论高度对农民的美好生活需要内涵及构成做出明确界定，从政策层面做出可操作化的说明，杜绝一些部门"自以为是""自以为需"的农村居民需求界定，从而精确定位"短板"，把美好生活需求指标化、具体化。二是建议编制发布乡村振兴（湖州）指数。为更好地实现目标引领、体现区域发展特色、反映全市乡村振兴水平，展示发展绩效，增强发展信心，为乡村振兴提供湖州样板和湖州方案，建议制定市级乡村振兴指标体系，适时发布"乡村振兴（湖州）指数"。

（二）公共政策由偏向城市向偏向乡村转变，夯实乡村振兴基础

政府在投入和政策支持上，要改变过去长期累积形成的偏向城市和行政中心的做法，实行偏向乡村的倾斜政策，将更多公共资源投向广大村镇和农村地区，使农村居民人均占有的公共资源逐步接近城市居民，全力抓好公共服务水平提升，努力让农民享受更加良好的社会保障服务，在政策上保证乡村振兴战略的顺利实施。一是农田水利、网络、物流等农业生产性基础设施建设，夯实农业产业兴旺的基础。二是加强道路、饮水、厕所等农村生活基础设施建设，为全域景区化建设奠定基础。三是强化农村义务教育、医疗卫生、文化设施、社会保障等农村社会发展基础设施建设，为乡村集聚人气奠定基础。四是强化水土气治理，打造优美乡村生态环境。

第一章　湖州市打造实施乡村振兴战略示范区的战略选择

（三）筑巢引凤，吸引资源要素向乡村集聚

一方面需要政策环境的开放，另一方面要给予资源要素在农村能获得合理的收益预期，增强吸引力，让资本要素愿意下乡，让城市消费愿意向农村延伸，让外出务工人员、退伍军人、高校毕业生、城市专业人员等愿意参与投身乡村振兴事业。政府部门应给予乡村基础干部待遇上的倾斜，吸引"懂农业、爱农村、爱农民"的农业干部扎根乡村，为实施乡村振兴战略、加快农业农村现代化做出新的更大贡献。

（四）坚持改善民生，全面促进农民共同富裕

聚焦农民增收，全力实施促进农民增收三年行动计划，积极开展新一轮促进低收入农户全面发展行动，持续增加农民收入。出台《湖州市村级集体经济"三年强村计划"的意见》，力争到2020年消除村级集体经济经营性收入30万元以下的村。

二　走质量兴农之路，高水平实现农业现代化发展

（一）优化农业产业结构，重塑鱼米之乡、丝绸之府、文化之邦

湖州素有"丝绸之府、鱼米之乡、文化之邦"的美誉，湖州的优势农业产业在于粮食和水产。因此，在优化湖州市农业产业的过程中，首先应坚持稳定粮食生产，扩大水产产业。其次要传承并发扬江南农耕传统文化，重塑湖州金名片。最后要不断提升休闲农业和乡村旅游的竞争力，从农家乐到民宿，从乡村旅游到乡村休闲度假，再到乡村生活，要不断适应消费结构的升级，提升湖州市休闲农业和乡村旅游品质。精心策划打造"天下湖品"区域品牌，加快培育一批农产品区域公用品牌。大力推进村庄景区化建设，巩固扩大国际乡村旅游大会永久会址和全国休闲农业与乡村旅游大会的品牌效应，全力打造"中国乡村旅游第一市"。[①]

[①] 陈浩、胡国荣、李建平等：《打造实施乡村振兴战略示范区，推动美丽乡村建设全面提档升级，确保继续走在前列》，《湖州在线—湖州日报》（http://www.hz66.com/2018/0620/289548.shtml）。

(二）促进融合发展，提高农业全产业链收益

加快建设"依山、傍湖、沿路"三大绿色高效农业产业带，实现全产业链绿色化发展。深入做好城乡融合、农旅融合、文旅融合、产村融合、"互联网+"文章，构建农村第一、第二、第三产业融合发展体系。一是向纵深延伸，延长产业链，重点推进农产品加工业的发展，实现生产、加工、物流、营销一体化布局，形成资源有效利用、比较优势充分发挥、竞争力明显增强的现代农业产业体系；做大做强湖州农产品品牌，重点打造优质农产品，大力培育农产品区域公用品牌、省级和国家级农业品牌等。二是横向拓展，完善生态链，凸显农业的生态环境保护、观光旅游休闲和文化传承等非生产功能，做强农村电子商务等新兴业态。

(三）强化现代生态循环发展，打造人与自然和谐发展新高地

以"两山"理念为指引，以现代生态循环农业发展试点市为抓手，一是整体构建"主体小循环、园区中循环、县域大循环"的现代生态循环农业发展体系，不断探索和推广现代生态循环农业的机制和模式。二是在总量减少化肥农药使用量的基础上，逐步减少亩均使用量。增加有机肥、病虫害生物防治。传承发展桑基鱼塘等农作智慧，强化种养结合，创新畜禽排泄物、农作物秸秆、农业废弃物包装物资源化利用。大力发展生态绿色渔业、生态绿色畜牧业，树生态渔场、美丽牧场品牌。

(四）坚持主体多元、模式多样的发展路径，实现小农户与现代农业发展有机衔接

一是坚持小农户、专业大户、家庭农场、农民合作社、农合联、农业企业等经营主体融合、共享、开放发展，加快构建以农户家庭经营为基础、合作与联合为纽带、社会化服务为支撑的多元主体共商共建、多种形式竞相发展的立体式复合型现代农业经营体系。建议对小农生产给予倾斜，特别是在基础设施建设方面要向薄弱区倾斜，对小农户中的低收入群体给予帮扶。二是积极培育一批省、市

第一章 湖州市打造实施乡村振兴战略示范区的战略选择

级示范性家庭农场、农业龙头企业等,力争引进一批农业"大好高"项目。引导工商资本参与农业产业化,发挥新型经营主体对小农户的带动作用,建议政府研究制定扶持小农生产的政策意见,并将新型经营主体对小农户的带动作为扶持政策的重要衡量指标。三是加强对专业合作社的指导、规范发展,一方面要不断提升合作社负责人的企业家才能、合作社成员的人力资本,从而提升合作社的技术效率。另一方面要壮大合作社的规模,引导和组织小农户参与和发展专业合作,包括土地入股、股份合作、参与农业产业化经营等,实现风险共担、利益共享,提升合作社的规模效益。四是不断完善"三位一体"农合联组织体系,加快供销社的改革,不忘初心,为农服务,特别是要加强对小农户的组织和扶持力度,打造区域公用品牌,改善小农户生活设施条件,提升小农户抗风险能力。五是加快培育新型职业农民,让农民成为有吸引力的职业。全面建立职业农民制度,发挥湖州师范学院、湖州农民学院和县区农民学校等作用,"就地培养更多爱农业、懂技术、善经营的新型职业农民"。引导新型职业农民参加城镇职工养老、医疗等社会保障制度。开展职业农民职称评定试点。

三 高水平建设全域绿色美丽乡村,打造安居乐业的美丽家园

(一) 多规合一,强化全域绿色美丽乡村规划引领

按照全面打造全省"大花园"中的湖州"大景区"的要求,巩固提升"百村示范、千村整治"成果,深入开展美丽乡村四级联创,高质量开展一体化规划,确保规划设计有品位、有深度,可实施、可落地。[①] 强化全域绿色发展理念,加强各类规划的统筹管理和系统衔接,实现美丽乡村建设规划与土地利用总体规划、城乡空间布局规划、生态体系建设规划、基础设施建设规划、产业发展规

---

① 陈浩、胡国荣、李建平等:《打造实施乡村振兴战略示范区,推动美丽乡村建设全面提档升级,确保继续走在前列》,《湖州在线—湖州日报》(http://www.hz66.com/2018/0620/289548.shtml)。

划、社会事业及公共服务发展规划的多规合一。根据发展现状和需要分类有序推进美丽乡村绿色发展，重点对生态薄弱、相对贫困的村庄实施大推进战略，助其起飞；对具备条件的村庄，加快城镇基础设施和公共服务向农村延伸，实施就地城镇化战略。

（二）统筹山水林田湖草系统治理，打造全域生态乡村

把山水林田湖草作为一个生命共同体，确立乡村生态系统修复与社会系统协调发展的理念，深入推进"811"美丽湖州建设，扎实推进国家级生态创建工作。加强生态系统修复，开展河湖水系的连通与循环，巩固剿灭劣Ⅴ类水的成果，确保水环境质量持续改善。巩固河长制，建立湖长制，强化水环境综合治理。强化湿地保护管理，标本兼治加快湿地修复、湿地生物多样性保护工程，有计划地实施退耕还林、还草、还湿地。高质量开展全域化创建，推动吴兴区、南浔区、长兴县加快创建省美丽乡村示范县。

（三）扎实推进农村环境长效管理，着力改善农村人居环境

高质量实施长效化治理，出台《高水平推进农村人居环境提升三年行动方案》，高效打造十个美丽示范片区，实现全域的"生态宜居"。[①] 扎实有效推进垃圾分类工作，杜绝"形象工程"，要确保从源头分类开始，到收集、运送，再到处理全过程的分类执行。不断完善农村生活污水处理工程，转变政府包办模式，让农村居民成为真正主体，转变大干快上方式，让质量成为衡量标准，让农民对美好生活的需求内化为自觉行动。严控乡村低小散工业对村庄的污染，严禁城市工业污染向农村转移。加强农村环境监管能力建设，落实县乡两级农村环境保护主体责任。

（四）持续改善乡村人居环境，打造诗画江南的清丽湖州样板

以"两山"理念为指引，根据每个乡村的自然禀赋、比较优

---

① 陈浩、胡国荣、李建平等：《打造实施乡村振兴战略示范区，推动美丽乡村建设全面提档升级，确保继续走在前列》，《湖州在线—湖州日报》（http：//www.hz66.com/2018/0620/289548.shtml）。

第一章　湖州市打造实施乡村振兴战略示范区的战略选择

势、区位条件和人文基础等，打造各具特色的与新型业态的美丽乡村。"一部书画史，半部在湖州"。在大力弘扬传统文化的今天，湖州要在建设乡村人居环境、创建 A 级景区村庄、规划建设美丽乡村示范带、历史文化村落保护利用的过程中，突出历史、人文等要素，让湖州深厚的历史文化底蕴重新焕发出诗画江南的风采。推进"浙北民居"示范建设，打造"一村一景、一村一韵"。按照"产庄融合"、生态宜居的要求，着力整治"空心村"，要从村庄建设向村域发展递进，变设施、环境、生态以及文化资源等为经营资本，大力发展适宜产业，集聚人气。

（五）充分发挥文化礼堂等农村文化阵地作用，打造乡风文明乡村

深化农村文化礼堂"建、管、用、育"工作机制，推进基层"六文"阵地建设，不断厚植乡村文化优势。建立经费、人才保障机制，建立政府相关部门、文明单位和志愿者团队与农村文化礼堂结对机制，探索文化礼堂建设长效机制，让文化礼堂"活"起来，充分发挥其作用。在美丽乡村创建时，对于文化礼堂的评价不能仅限于有没有，更重要的是要看文化礼堂位置在哪里、发挥作用如何等。开展文明村镇评选、文明家庭评选，以评促建，树身边榜样，不断提升乡风文明建设水平。传承江南优秀传统农耕文化，弘扬先进文化和红色文化，创造性转化、创新性发展，打造乡风文明乡村。

四　着力提升乡村治理水平和治理能力，构建乡村治理现代化体系

（一）加强基层党建，形成党委领导、政府引导、多元协同治理格局

深入贯彻党的十九大报告"坚持党对一切工作的领导"精神，坚持党建引领，加快"三治"融合，完善"基层治理四平台"，全面营造淳朴文明、安定和谐的农村环境。选优培强乡镇、村领导班

子尤其是党委书记。在发挥村"两委"和村干部作用的基础上，不断强化村民、社会组织的主体作用，形成党委领导下的多元协同治理格局。

（二）切实提升乡村治理能力

一是切实加强乡镇、村党委思想、作风、能力建设，提升其乡村治理水平。加强乡村治理的经济基础和财政保障，将财政保障和经费供给纳入公共财政预算范围，切实履行政府的主导责任。二是增强村民自治能力，要在基层党组织的领导下，发挥社会各类人才、新乡贤等群体在乡村治理中的作用，对符合条件的公益类农村社会服务组织给予政策、技术、资金等方面的支持，不断提升他们的乡村治理能力。三是加强乡村治理基础设施建设，特别是乡村治理的信息化建设，推动"互联网+乡村治理"。

（三）积极探索不同情况下乡村治理的有效方式

乡村发展的不平衡势必导致治理条件的多样化，因此要正视乡村发展的差异性和特殊性，因地制宜，突出特色，鼓励探索多样化的乡村治理方式。尊重农村居民的意愿和需求，以农村居民的美好生活需要为导向，与时俱进修订村规民约和村民自治章程，努力探索有效的农村社区治理方式。鼓励农村基层的创新和探索，对于外来人员占一定比例的村庄，建议将其纳入乡村治理过程，积极探索有特色的乡村治理方式。

五 持续深化农村改革，不断完善体制机制和政策体系

（一）持续深化农村土地制度改革

落实农村土地承包关系稳定并长久不变政策，完善承包地"三权分置"制度，要从理论上继续深入研究农民集体和承包农户在承包土地上、承包农户和经营主体在土地流转中的权利边界及相互权利关系等问题，要鼓励基层积极探索集体所有权的实现形式、承包权退出和继承权能完善以及土地经营权流转监管等问题，加强经验总结，及时将典型经营做法上升为政策。探索农村宅基地所有权、

第一章 湖州市打造实施乡村振兴战略示范区的战略选择

资格权、使用权"三权分置",创新宅基地取得、使用、流转、退出等机制。深化农村集体产权制度改革,不断壮大集体经济,不断提高农民财产性收入。

(二)坚持创新驱动,全面激发农村内生活力

探索建立乡村振兴的标准体系、立法体系和制度体系,力争在全国率先形成可复制、可推广的乡村振兴湖州样本、湖州标准。启动市级乡村振兴示范村、乡村治理示范村、乡村经营示范村等创建,进一步鼓励先进、示范引领。开展美丽乡村建设立法工作,研究制定湖州市地方性法规《湖州市美丽乡村建设管理条例》,为打造实施乡村振兴战略示范区提供法治保障。深化农业农村各项改革试点,全面推广德清县农业供给侧结构性改革集成示范试点经验,深入推进各项改革试点,为加快推进乡村振兴提供更强动力。

(三)坚持健全机制、全面落实各项决策部署

建立全市打造实施乡村振兴战略示范区领导小组,下设六大行动工作组,全面抓好乡村振兴战略的组织实施。建立全市"乡村振兴"重大工作统筹协调推进机制,由分管市领导牵头,通过月度重点工作例会和季度形势分析会,更加精准地推进"三农"工作落实。建立健全湖州特色考核机制,坚持既考总量,又考增量,在市对县乡村振兴共性指标考核的同时,设置个性化指标,实行个性化考核,倒逼各县区精准"补短板"、加速"促赶超"。建立健全合作共建机制,深化市校合作、地校合作,进一步形成合作共建示范区的"大合唱"。[①]

六 强化要素保障,全面打造实施乡村振兴战略示范区

(一)集聚人气是关键

一是聚集消费者,积极融入大湾区,以湖州就是上海的一个

[①] 陈浩、胡国荣、李建平等:《打造实施乡村振兴战略示范区,推动美丽乡村建设全面提档升级,确保继续走在前列》,《湖州在线—湖州日报》(http://www.hz66.com/2018/0620/289548.shtml)。

"区"、长三角的一个"区"的理念，重点汇集上海、环杭州湾、长三角的城市消费者。二是聚集农村生产者，要让农民成为令人羡慕的职业，变单向流动为城乡劳动者双向流动，并给予资金、福利待遇等政策支持。三是以事业、待遇、情怀打造"一懂两爱"基础工作队伍，研究制定加强乡村振兴人才队伍建设三年行动计划，大力培养"懂农业、爱农村、爱农民"的"三农"工作队伍。要充分利用好乡村现有的各级各类人才，如镇村干部、种植养殖能手、专业技术人才、农民企业家等，要给予他们更好的环境和平台，同时要提高广大农民的科学文化素养，提升其能力，发挥其作用。四是挖掘乡土文化，复兴乡村文明，吸引新乡贤，承传耕读教育，开发乡村康养，推进就地城镇。要吸引更多的人才到乡村创新创业，政府要通过顶层设计，充分挖掘农业的多位功能，通过发展高效农业产业吸引高素质人力资源回流乡村，建立城乡、区域、校地人才联合培养和交流机制，让高层次人才聚集到乡村。建立健全要素保障机制，把农业农村作为财政优先保障领域，不断资金保障；大力推进农村土地挖潜增效，全面落实村级留用地政策，探索推行差别化用地。

（二）"亩产论英雄"

一是提高土地利用效率，向第一、第二、第三产业融合发展要效益；向质量品牌要效益；向高附加值要效益；向合作要效益，强化专业合作社、"三位一体"农合联的合作共赢；向农村科技要效益。二是建立乡村振兴用地保障机制，完善土地"三权分置"办法，优化城乡建设用地布局。三是打造"小而美"的精致农业、精致乡村。

（三）财政倾斜，绿色金融创新

一是改变偏向城市的做法，财政资金适度优先向乡村倾斜，把更多的公共资源投向乡村，夯实乡村振兴基础。扩大乡村振兴和美丽乡村建设的招商引资力度，汇集民间资本。二是以建设全国绿色

第一章 湖州市打造实施乡村振兴战略示范区的战略选择

金融改革创新实验区为抓手,增加对农村的金融供给,精准服务乡村振兴,推动农村金融机构"不忘初心,为农服务"。鼓励有条件的农业企业直接上市,鼓励绿色小微企业挂牌融资,引导、鼓励开展"三农"融资担保业务,发展政府支持的"三农"融资担保和再担保机构,完善银担合作机制。大力发展普惠金融,强化对村域经济的支持。探索建立农产品期货期权市场,开展"订单+保险+期货(期权)"试点。深化农村产权抵押贷款创新,进一步创新"产权抵押+信用担保"相结合的贷款方式,开发多种低利率、高额度的产权抵押贷款组合产品。扩展"三农"保险创新,提供更多绿色保险产品。健全农村金融风险防范体系,完善不良资产处置机制。优化农村金融环境,夯实农村信用体系基础。三是推动农信社改革,强化"三位一体"农合联的信用合作,大力发展普惠金融,补齐农村金融服务的"短板"。推动农信社改革,完善村镇银行准入条件。不断完善"三位一体"农民合作经济组织体系,借鉴安吉"两山"农林合作社联合社经验,探索适应"三农"特点的民间合作金融组织,扩大信用合作。

(四)强化乡村科技创新

一是加强乡村新能源、微生物技术、乡土技术、传统工匠、手工艺、农艺等科技创新。二是升级"1+1+N"农推联盟,突出主导产业技术进步。三是内培外引乡村科技人才、新型职业农民,探索激励相容的科技人员激励机制,依靠科技创新激发农业农村发展新活力。四是加大乡村科技投入,整合各方面科技创新资源,完善农业科技创新体系、现代农业产业技术体系和农业农村科技推广服务体系,不断提升全要素生产率。五是扩大"绿箱"政策的实施范围和规模,增强补贴的指向性和精准性,提高农业补贴的效能。

第二章 农业现代化建设的进展、问题与策略

第一节 农业产业现代化发展的实践与探索

一 农业产业现代化发展取得的成效

近年来，湖州市现代农业发展紧紧围绕率先全面实现农业现代化的总目标，以农业增效、农民增收、农村增绿为最终目的，以提高农业供给质量为主攻方向，以体制改革和机制创新为根本途径，深入推进农业供给侧结构性改革，农业现代化建设取得了一定成效。截至 2017 年年底，湖州市拥有现代农业示范园 312 个，其中省级 109 个；拥有无公害水产品基地 112 个；拥有农业龙头企业 238 家；拥有省级无公害农产品基地 122.7 万亩，无公害农产品 1134 只，绿色食品 183 个。据 2016 年浙江省农业现代化发展水平综合评价显示，湖州市以综合得分 89.84 分的成绩实现"四连冠"，高出全省平均得分 6.73 分；德清县以 91.74 分连续三年位列全省 82 个县（市、区）第一。①

（一）农业产业结构不断优化

湖州市自古以来就是有名的鱼米之乡。近年来，湖州市农业产

---

① 忻媛：《湖州市：农业现代化发展水平综合评价实现全省"四连冠"》，《湖州在线—湖州日报》2017 年 7 月 14 日。

第二章 农业现代化建设的进展、问题与策略

业突出转型升级，2017年湖州市农林牧渔业总产值达到220.05亿元，其中排在首位的是农业，产值达到98.51亿元，占当年农林牧渔业总产值的44.77%。排在第二位的是渔业，2017年渔业产值达到60.56亿元，占当年农林牧渔业总产值的27.52%，同比增长11.84%，渔业实现快速增长。牧业呈现下滑态势，2017年牧业产值为26.65亿元，同比减少27.47%，其中肉类总产量8.11万吨，同比减少33.53%，蛋奶产量3.78吨，同比减少31.52%。林业实现了小幅增长，2017年林业产值22.72亿元，同比增长2.67%。排在最后的是农林牧渔服务业，近年来也得到快速发展，2017年产值达到11.61亿元，同比增长9.01%。见表2-1。

表2-1　　2015—2017年湖州市农林牧渔业发展状况

指标	2015年 产值（亿元）	2015年 占比（%）	2016年 产值（亿元）	2016年 占比（%）	2017年 产值（亿元）	2017年 占比（%）
农业产值	97.11	45.50	99.52	44.62	98.51	44.77
林业产值	21.77	10.20	22.13	9.92	22.72	10.32
牧业产值	34.14	16.00	36.62	16.42	26.65	12.11
渔业产值	50.51	23.66	54.15	24.27	60.56	27.52
农林牧渔服务业	9.91	4.64	10.65	4.77	11.61	5.28
合计	213.44	100	223.07	100	220.05	100

资料来源：湖州市统计信息网（http://tjj.huzhou.gov.cn/）。

1. 农业主导产业发展特色鲜明

按照"依山、傍湖、沿路"三大生态高效农业产业带布局，围绕省"12188"工程要求，大力推进粮食生产功能区和现代农业园区建设。截至2017年年底，湖州市累计建成粮食生产功能区1073个，达到84.18万亩，提前一年完成省定81万亩的目标任务。其中省级粮食生产功能区30个，占全省13.8%。成功创建4个"国字

号"和9个"省字头"园区，其中省级现代农业园区数量占全省第一。近年来，大力实施主导产业提升行动，形成了一批特色优势主导产业集群，建成了以南浔、德清、吴兴为重点的50万亩特种水产养殖产区，以环太湖沿线为重点的50万亩优质蔬菜产区，以广东温氏为重点的4000万羽特色家禽产区，以安吉、长兴西部山区为重点的40万亩优质茶叶产区、以长兴葡萄为重点的30万亩名优水果产区等一批区域特色优势农产品基地。拥有全国最大的罗氏沼虾苗种生产基地、全省最大的"优鲈1号"苗种基地。水产、茶叶、蔬菜、水果、畜牧五大特色优势产业占农业总产值80%以上，其中水产、茶叶产值均列全省第一（见表2-2）。

表2-2 　　　　2013—2016年湖州市主要农产品产量

项目	单位	2013年	2014年	2015年	2016年
粮食	吨	905545	737476	669500	629718
油料	吨	44893	29320	24987	18887
茶叶	吨	10487	10344	10606	10546
蚕茧	吨	11620	9338	7884	7261
猪牛羊肉	吨	124365	105838	76218	78038
蔬菜	吨	802771	845965	845585	872969
园林水果	吨	126434	132716	136838	135898
水产品	吨	292010	305810	360594	383076
毛竹采伐量	万支	5149	5150	5102	4992

资料来源：湖州市统计局，2014—2017年《湖州市统计年鉴》。

2. 突出融合发展，培育了一批"农业+"新经济增长点

大力发展休闲农业，成功创建3个全国休闲农业与乡村旅游示范县，10个省级休闲农业与乡村旅游示范县和示范乡镇，2017年全市225个休闲农业园区，接待游客1321万人次，实现营业收入30.7亿元，同比增长36.1%。深入挖掘农耕文化，成立全国首个农

第二章 农业现代化建设的进展、问题与策略

业文化遗产院士专家工作站,湖州桑基鱼塘系统被列入全球农业重要文化遗产、德清淡水珍珠传统养殖与利用系统被认定为中国重要农业文化遗产。深入实施"电子商务进万村"工程,着力推动农产品电子商务,2017年全市500余个农业经营主体开展电子商务应用,农产品电商实现销售额39亿元,同比增长30%以上。

3. 突出质量兴农,打造了一批有影响力的农业品牌

深入推进国家农产品质量安全市创建,在全省首个实现农产品质量安全可追溯体系县全覆盖,德清已经成为全国农产品质量安全放心县,长兴、安吉已经是省级农产品质量安全放心县,全市被列入第二批全国农产品质量安全市的创建试点,省级农产品质量抽检合格率达到99.5%。狠抓"三品一标"工作,主要食用农产品中"三品"比率达到64%以上。全球第一家BAP(最佳水产养殖规范)认证的大闸蟹基地落户湖州长兴,为湖州市创建农产品质量安全市树立典范。在全省率先出台《湖州农业品牌建设行动计划(2017—2020)》,打造了"安吉白茶""长兴紫笋""莫干黄芽""湖州湖羊""德清嫂"等知名区域公用品牌,其中"安吉白茶"作为全国十大区域公共品牌,品牌价值达到34.87亿元。

4. 现代生态循环农业试点稳步推进

自2015年湖州市整建制建设现代生态循环农业试点市以来,全市各级农业部门以绿色发展理念为引领,围绕"一控二减四基本"的总体要求,以"一十百千"工程为载体,大力发展现代生态循环农业,不断提高农业发展质量和效益,走出了一条生态、高效、清洁、安全的现代生态循环发展之路。一是全面控制农业用水。总结推广雨水回收、喷滴灌节水模式、肥水一体化、畜禽养殖自动供水控制等多种节水模式,大力推广园区智能化标准型微灌技术以及污水处理回用等节水措施,建立肥水一体化、设施农业用水、水产养殖尾水处理等节水试点示范。全市已完成农业园区智能化标准型微灌工程12.25万亩,实施水产养殖塘生态化改造22.52万亩。二是

大力抓肥药"双减"。以测土配方施肥、水肥一体化等技术为依托，有效促进化肥减量增效。着力推动专业化统防统治和绿色防控融合发展，完成国家级病虫害监测预警区域站建设。三年来，全市累计完成测土配方施肥943.19万亩次，减少不合理化肥施用7416.5吨，实施农药减量控害技术面积551.12万亩，推广病虫害统防统治面积213.57万亩。三是全力推广无害化处理。全面推进畜禽养殖排泄物资源化利用，创新病死动物无害化处理运行体系"湖州模式"，建成1个病死动物无害化处理中心和25个乡镇收集点组成的病死动物无害化处理运行体系，实现了收集区域全覆盖。强化农作物秸秆禁烧与综合利用，农作物秸秆综合利用率达到95%以上。加强废弃包装物和农膜回收处置工作，全市农药废弃包装物回收率与处置率皆达到100%。扎实推进农业"两区"土壤防治三年行动计划，全面建成全市121个土壤污染监测点位，初步建立农田土壤污染治理预警体系。

(二) 农业改革创新稳步推进

1. 突出创业创新，壮大了一批多元化新型农业经营主体

按照"户转场、场入社、社联合，散升规、规改股、股上市"的发展思路，大力培育新型经营主体。截至2017年年底，全市拥有市级以上家庭农场183家、农民专业合作社146家、农业龙头企业255家，挂牌上市企业10家，培育认定新型职业农民9593名。首创的"七位一体"新型职业农民培育湖州模式（"系统管理、整体运作、教学师资、教育培训、认定管理、政策扶持、督导评价"七位一体)，被农业部列为全国十大职业农民培育典型模式之一。涌现出"康德卓越星创农场"等2个国家级星创天地、"安吉星·星创天地"等3个省级星创天地。"庆渔堂"董事长沈杰的"物联网与生态渔业"项目在全国农村创新创业项目创意大赛第二名。

2. 突出改革深化，创新了一批在全国推广的经验做法

被列入全国唯一的整市推进基层农技推广体系改革创新试点，创

第二章 农业现代化建设的进展、问题与策略

新"1+1+N"农技推广模式在全国推广（1个首席专家（团队）+1个本地农技推广服务小组+若干新型农业经营主体）。在全省率先完成村级集体经济股份制改革，实现1038个村级集体全覆盖。基本完成农村承包地确权登记颁证工作，进度全省第一，德清县颁发全省农村土地承包经营权"第一证"。积极探索农村产权登记、评估、收储制度，建立市、县区、乡镇三级农村产权交易平台，构建了市县区联动、覆盖全市的农村产权公共交易体系，截至2017年年底，全市累计交易达到3015宗、8.5亿元。

3. 突出绿色发展，建设了一批美丽农业示范和样板

圆满完成整建制推进生态循环农业建设任务，成功创建10个生态循环示范区、126家示范主体、1065个示范点。德清县成为全国稻田综合种养观摩交流会现场参观点，"千斤粮、万元钱"的种养模式全国认可。严格管控农业面源污染，在全省率先开展全流域养殖尾水综合治理，共完成养殖塘尾水治理16.8万亩，得到省委书记车俊的肯定批示。建成省级畜牧业绿色发展示范县1个、省级美丽牧场55家、国家级示范场22家，全域范围实现商品温室龟鳖养殖模式清退。全面整治田园生产环境，新增田园景观206个，生产管理用房改造提升实现全域覆盖。

4. 重要农业文化遗产提档升级

圆满承办第四届东亚农业文化遗产学术研讨会，近百名外国籍专家学者参会，湖州桑基鱼塘系统被列入全球重要农业文化遗产。德清淡水珍珠传统养殖与利用系统被认定为第四批中国重要农业文化遗产，也是此次浙江省唯一上榜的农业文化遗产。

5. 基层农技推广体系改革全国试点

在市校合作机制的推动下，"1+1+N"农推联盟体系不断完善，依托湖州农民学院"七位一体"，建立了"定向培养+社会化职评"人才培养模式，全力推动机制模式大创新、农业技术大推广、农技队伍大提升，被农业部列入全国唯一的整市推进基层农技

推广体系改革创新试点。2017年全市基层农技人员已定向培养招生8人，引导社会化农技人员参加职称评审21人。

（三）牧业坚持绿色发展亮点纷呈

2017年，湖州市发布《湖州市畜牧业绿色发展三年行动实施方案（2017—2019年）》[①]，明确提出以绿色发展为主线，坚持"保生态、保安全、保供给、促增收"的理念和"减生猪、拓兔羊、兴蜜蜂、强种业"的原则，全力打造"美丽型、健康型、精品型、智慧型"畜牧业。到2019年，全面完成规模畜禽养殖场提升改造，整建制推进畜牧业绿色发展示范县建设，建成3个省级畜牧业绿色发展示范县，培育100家美丽生态牧场，畜禽粪便综合利用率达到98%以上。畜禽养殖区域布局和产业结构得到优化，全市猪肉自给率稳定在45%左右。培育壮大一批示范性全产业链和特色畜牧业强镇，畜牧业绿色发展产业体系基本形成。病死畜禽无害化处理率达到100%，自产畜产品质量安全合格率达到100%，畜牧业绿色发展水平明显提高。湖州市按照实施方案的要求，强化工作推进，截至2017年年底，已经建成省级畜牧业绿色发展示范县1个、省级美丽牧场55家、国家级示范场22家，取得三年行动计划的开门红。

1. 加快产业结构优化，着力构建新格局

按照"减生猪、拓兔羊、兴蜜蜂、强种业"的总体原则，立足现有地方种植资源优势，优化产业内部结构，鼓励多元发展。截至2017年年底，全市生猪存栏19.2万头，家禽存栏661.85万羽，湖羊存栏32.39万头。大力推行绿色发展方式，25家美丽牧场完成市级验收。2个畜牧业绿色发展示范县进展明显，南浔区项目建设全面完成，成为全省首批6个省级畜牧业绿色发展示范县之一；安吉县正在对标对表全力推动。湖羊、蜜蜂等特色畜牧业小镇和产业集

[①] 参见湖州市人民政府办公室《湖州市畜牧业绿色发展三年行动实施方案（2017—2019年）》（湖政办发〔2017〕46号）。

聚区初具雏形,"湖州湖羊"畜牧区域公众品牌实力大增,全省湖羊大会10月底在南浔顺利召开,长兴县意蜂蜂业科技有限公司"蜂状元"牌蜂王浆荣获浙江省蜂产品十大名品,南浔温氏畜牧有限公司的"佳润"牌太湖草鸡荣获浙江省禽类十大名品,畜牧业"百花齐放"的新格局正在逐步构建。

2. 坚持生态绿色导向,着力完善新方式

制定《生猪规模场标准化治理规程》市级地方标准,进一步建立完善畜禽养殖污染长效监管机制。截至2017年年底,全市共关停退养规模猪场310家、巩固提升猪场17家,1500羽以上规模水禽场关停249家。全市计划保留的171家生猪规模养殖场已全部完成线上智能化平台建设,纳入市、县环保平台。网格化巡查已落实巡查人次14032人。大力推进畜禽养殖废弃物资源化利用,全面资源化利用"一县一方案"和养殖场"一场一策",资源化利用率达98%以上。

3. 聚焦科学施策,着力守护公共安全

以湖州市重大动物疫病和畜产品安全指挥部考核为重点,抓实强制免疫,抓细疫情监测,抓牢应急处置。2017年,全市免疫猪口蹄疫52.13万头,使用疫苗103.71万毫升,免疫禽流感3856.9万羽,使用疫苗2145.35万毫升,规模场免疫率达100%;全市实验室共监测样品5.57万份,免疫抗体合格率均达到80.81%以上或为阴性。开展全市动物防疫"技能比武",积极推进兽医实验室能力和规范化建设。全面部署政府购买服务试点,全市60%的乡镇已完成签约落实。完善重大动物疫情应急预案,充实应急队伍,加强应急演练和物资管理,切实提高对重大动物疫病的应急处置能力。强化流通监管,规范检疫到位,截至2017年年底,全市合计产地检疫生猪31.77万头、牛0.04万余头、湖羊2.82万余只、家禽2205.78万羽;屠宰检疫生猪138.59万头、牛羊6.02万头、家禽835.31万羽。加强公路动物防疫监督检查,截至2017年年底,累计检查过境车辆7.75万辆，检查报验生猪158.02万头，牛3.69万头，羊17.92万只，家禽1171.78万羽，检查报验各类动物产品38.96万吨，牢牢构筑了畜产品安全屏障，有效保障了公共安全。

4. 梳理关键环节，着力推动新机制

规范病死动物无害化处理，完善建立长效机制。按照"机制再造、制度重塑、查漏补缺、排除隐患"的要求，全面梳理从养殖到无害化处理各环节责任，查找"短板"，逐级压实监管部门和主体责任，形成制度化、规范化、标准化的操作办法，切实做到责任有落实，监管无盲区，建立健全长效监管机制。规范动物卫生监督执法。以省、市人大"一法一条例"检查为抓手，查漏补缺，梳理职责，进一步加大对动物养殖、屠宰、运输、交易等环节的防疫、检疫监督，全面排查和消除安全隐患。切实加大执法办案力度，2017年，受理动物卫生监督一般程序案件60起，结案59起，罚款总额达14.7万元。

5. 严格行业规范监管，着力提升新形象

强化屠宰行业监管，持续开展生猪屠宰"扫雷"行动和严厉打击危害肉品质量安全违法违规行为"百日行动"、安全生产大检查等专项整治活动，及时开展畜禽定点屠宰企业屠宰废弃物（污水）处理等环保隐患排查、整治与回头看工作，全面落实畜禽屠宰企业主体责任。强化畜禽屠宰企业能力建设，继续大力推动生猪屠宰企业生产工艺、设施设备、检验检疫、病害猪无害化处理等标准化改造，进一步规范"代宰"业务管理。积极推进牛羊定点屠宰场点建设，切实强化规范认定工作，目前德清县、长兴县、吴兴区和南浔区已分别完成牛、羊定点屠宰企业的建设和认定工作，并已落实检疫力量，驻点检疫监管。加快规范家禽屠宰管理，新增2家家禽定点屠宰企业，截至目前，湖州市共有4家家禽定点屠宰企业。进一步理顺监管体系，将湖州市商业食品有限公司肉类定点屠宰加工厂监管职权落实到吴兴区。加强部门协作，严厉打击屠宰违法行为，2017年

第二章 农业现代化建设的进展、问题与策略

8月，市畜牧兽医局、市农业综合执法支队会同湖州开发区公安分局，现场查获一起"生猪私屠滥宰"案件，并实施了相应行政处罚。

6. 创新思路，智慧畜牧强支撑

全力推进智慧畜平台建设。牢固树立"大数据"和"互联网+畜牧业"的新概念，深化畜牧信息化的认识，推进省智慧畜牧业云平台的数据完善和模块运用。湖州的做法得到了省局的充分肯定，全省智慧畜牧业云平台培训会在湖州召开，南浔区畜牧兽医局代表浙江省在部级会议上作典型交流。引导推进新型养殖技术应用。充分发挥产业联盟的优势和行业协会作用，加大试验示范力度，加大对各地首席专家、大型规模场的培训，加强科技联合攻关，加快畜牧业"机器换人"和智能化管理，提高生产和经营管理水平。

（四）渔业绿色转型稳步增长

2017年，湖州市积极谋划渔业绿色转型，经过周密调研，编制完成并发布《湖州市现代渔业绿色发展"2222"行动计划（2017—2020年)》[①]，明确提出建成2个综合服务平台、20个现代渔业示范园区、200个美丽渔场、2000个健康养殖示范户。湖州立足现代渔业园区平台建设，调整优化品种结构，重点发展"青虾、河蟹、中华鳖、加州鲈鱼、黄颡鱼、鲍鱼"等名特优水产品种和"罗氏沼虾"苗种等优势种产业，运用新技术、新模式、新智能，加强重点园区、重点品牌、重点企业及重点项目建设，全面推行渔业养殖尾水治理，2017年养殖面积保持基本稳定76.59万亩，水产品总产量、产值分别增加13.5%左右。

1. 率先全流域开展养殖尾水综合治理，渔业生态环境得到有效控制

推广应用池塘养殖尾水异位修复的综合治理技术，以规模场自

---

① 参见湖州市人民政府《湖州市现代渔业绿色发展"2222"行动计划（2017—2020年)》（湖政发〔2017〕51号）。

治、连片养殖集中式治理为形式,落实科学养殖和尾水设施化处理,建立沉淀池、过滤坝、曝气池、生物处理池、人工湿地等养殖尾水处理设施,应用物理和生物净化处理新技术、新工艺,加快养殖水内循环处理系统建设,全市三县二区全面铺开,全年完成16.8万亩的治理任务,其中德清县已投入运行或试运行的面积共15.3万亩,已完成需治理面积的86%。成为全域治理的全国榜样,受到省委车俊书记、省政府孙景淼副省长的多次批示,以及农业部渔业局领导的高度赞扬。

全面实施温室龟鳖清零专项行动,对南浔区残留的温室龟鳖养殖进行全面拆除,当年拆除大棚138万平方米,创建5个生态化龟鳖养殖示范乡镇和5个标准化龟鳖养殖示范场。实现了全市范围内的温室龟鳖商品养殖彻底清零。

大力推进超额完成省局下达三项工程的治水任务,生态塘改造面积113851亩,稻鱼共生面积20552亩,禁限养区划定面积9677.33亩,分别完成省局下达任务的171%、146.8%、201.6%。

推广应用新技术新模式,引导渔民开展生态养鱼,今年建成投产池塘内循环养殖87条,累计建设173条跑道。通过示范基地示范、现场观摩等推广配合饲料替代冰鲜鱼养殖技术模式,推广大口黑鲈、乌鳢全程新型配合饲料养殖面积达到11218亩,完成省局下达任务的143.8%。

2. 创建省级渔业转型先行区

全省首个整建制市全面完成规划编制任务。以规划为引领,渔业先行区创建成效显著。一是湖州市的《养殖水域滩涂规划》编制工作虽然布置较晚,但以强烈的责任感、使命感和紧迫感,扎实推进2017年养殖水域滩涂规划编制工作,全市两区三县全面完成规划的论证,成为全省首个完成编制任务的市,各区县的《养殖水域滩涂规划》已陆续由区县人民政府完成发布。二是全力配合中央环保督察。根据省、市的统一布置,基本摸清的30亩以上、环太湖3千米等基础数据,开展每日检查,配合做好督办单的办理工作。三是渔业先行区创建成效显著。吴兴区结合已批项目有序实施已经取得实效。南浔区、德清县今年新列入省级渔业转型先行区创建。

3. **大力拓展渔业产业链**

湖州市渔业产业链建设以"苗种、饲料实现自给,物流、加工高度配套,文化、休闲深度融合"的建设目标,一是优鲈1号、全雄黄颡鱼等品种大面积推广,有效地解决了对外地苗种的依赖,在加州鲈鱼、鳜鱼等配合饲料核心技术已基本成熟;二是水产加工方面,以浔味堂为主的规模化水产加工基地逐步发展,形成带动一方的加工龙头。三是南浔区鱼文化节、荻港渔庄分别已被农业部认定为国家级示范性渔业文化节庆和国家级精品休闲渔业示范基地。全国休闲渔业带头人和管理人才能力提升大会在湖州召开,荻港渔庄成为行业模板。2017年全市新增4家省级休闲渔业精品基地,占全省通过挂牌验收的占44.4%。四是水产养殖互助保险工作在湖州市二区三县已全面推开,全面完成省局下达的任务收取保费达到200万元,成为全省水产养殖互助保险展业增长最快的地市,同时也有效地提高其抵御自然灾害风险能力、促进水产养殖业持续健康发展以及渔区和谐稳定。

4. **不断强化农产品安全**

围绕"平安湖州"建设,按照"重基层,强基础,严监管,建机制"的工作要求,一是突出水产品质量安全监管体系建设。狠抓农产品质量安全监管,湖州市建立了51个水产品质量安全追溯试点。二是无公害论证加大推进,通过无公害基地新认定58家19059亩,复查换证10家3052亩,无公害产品新认定131个;全球第一家BAP认证的大闸蟹基地落户长兴。三是强化水产品药残监督检测,确保质量安全放心。根据省局和农业部渔业局的安排,认真实施主要水产品药物残留与质量安全监控计划,增加抽样频率,做到抽样程序合法,全年完成24个批次农业部飞行抽查、440个批次省局初级水产品质量安全监督抽查和投入品部、省分别9个、27个批次的监督抽检工作。全市水产品质量抽检全部合格。

二 农业产业现代化发展存在的"短板"

（一）农业主导产业发展不平衡，品质不高

湖州市农业主导产业有粮食、油料、茶叶、蚕茧、畜禽、蔬菜、园林水果、水产、毛竹等。粮食产量2013年为90.6万吨，2016年降为63.0万吨，4年直线下降30.5%，油料产量从2013年的4.5万吨下降到2016年的1.9万吨，粮油产量不稳定。蚕茧产量从2013年的1.2万吨下降到2016年的0.7万吨。茶叶、毛竹产量基本持平，蔬菜、园林水果产量小幅上涨。只有水产品产量呈现明显上涨，从2013年的29.2万吨上涨到2016年的38.3万吨，涨幅达31.2%。随着湖州市粮食产量大幅下降，粮食自给率也从2014年的46.6%下降到2016年的36.1%，粮食安全问题不容小觑。2017年浙江省农博会上，共评出金奖产品192个，湖州只有10个产品获得金奖，占比为5.2%，与湖州市作为全省农业大市和强市的地位不符。

（二）休闲农业发展遭遇人才、资金等压力

一是农家乐到民宿的转型升级遭遇运营人才和资金"短板"。一方面，传统农家乐经营者往往从农民直接转变而来，旅游业仅仅是农业生产的副业，其提供的产品与服务均较为朴素、简单。而民宿主要服务于新兴的城市中产阶层、都市人群等，传统农家乐经营者往往难以胜任。另一方面，民宿需要有亲近自然的外表，但也必须有堪比星级酒店的硬件和软件服务，大量的投资也成为"短板"之一。二是农业休闲观光园区亩均效益下降。近年来，休闲观光农业园区发展迅速，从2015年的94个上升到2016年的189个，但投资强度同比下降43.6%，亩均利润同比下降50.5%（见表2-3）。三是全国各地都在发展休闲农业和乡村旅游，特别是环杭州湾、环太湖等兄弟市的竞争，给湖州市休闲农业和乡村旅游发展带来压力。

第二章　农业现代化建设的进展、问题与策略

表2-3　2015—2016年湖州市休闲农业观光园区发展情况

年份	休闲观光农业园区（个）	平均园区面积（亩/个）	投资强度（元/亩）	亩均营业收入（万元/亩）	亩均利润（万元/亩）
2015	94	1024.6	31848.0	17768.7	2895.0
2016	189	1047.4	17959.7	11392.1	1432.7

资料来源：湖州市统计局：《湖州市统计年鉴》；湖州市农业局农业统计资料。

（三）现代生态循环农业仍需创新发展

近年来，湖州市化肥农药使用总量在下降，但主要还是农作物播种面积下降所致。2014年，湖州农作物亩均施用化肥16.9千克/亩；2016年，亩均化肥施用量17.2千克/亩，亩均化肥施用量不降反升。农药使用量在下降，2014年亩均农药使用量2.0千克/亩，2016年下降到1.7千克/亩。2016年，农用塑料薄膜使用量亩均2.1千克/亩，高于2014年的1.8千克/亩（见表2-4）。

表2-4　2014—2016年湖州市农作物播种面积和农资使用情况

年份	农作物播种面积（其中，粮食播种面积）（亩）	按折纯法计算农用化肥施用量（吨）	农药使用量（吨）	农用塑料薄膜使用总量（吨）
2014	280.7（159.6）	47423	5730	5097
2015	259.7（142.3）	45291	5310	5241
2016	250.1（134.5）	42928	4225	5333

资料来源：湖州市统计局：《湖州市统计年鉴》；湖州市农业局农业统计资料。

（四）农业新型经营体系尚未健全

一是小农户仍在湖州农业农村中占重要地位。2016年全市家庭承包经营的耕地面积1661018亩，农户数488650户。通过转包、出租等流转面积1023689亩，即还有38.5%的耕地未流转，按户均3.4亩计算，由187445户耕种。通过流转实现30亩以上规模经营的农户数只有19183户，占总农户数的3.9%，经营930570亩，占

总承包耕地的56.0%，即大户（家庭农场）户均经营48.5亩，主体规模不大，还处于传统水平生产经营模式，科技承接力弱。二是合作经营体系尚需完善。2016年，全市农民专业合作社1680个，其中被市县农业主管部分认定为规范社的只有538个，占比为32.0%。2016年年底，湖州市"三位一体"农合联框架已搭建，但其引领产业化发展的作用不明显。农村电商规模偏小，标准化建设不足，基本仍处于"单打独斗"的局面，还未形成电商联盟。小农户和现代农业发展有机衔接问题尚未得到有效解决。

三 走质量兴农之路，高水平实现农业现代化

（一）优化农业产业结构，重塑鱼米之乡、丝绸之府、文化之邦

湖州素有"丝绸之府、鱼米之乡、文化之邦"的美誉，湖州的优势农业在于粮食和水产。因此，在优化湖州市农业产业的过程中，首先应坚持稳定粮食生产，扩大水产产业。其次要传承并发扬江南农耕传统文化，重塑湖州金名片。再次不断提升休闲农业和乡村旅游的竞争力，从农家乐到民宿，从乡村旅游到乡村休闲度假，再到乡村生活，要不断适应消费结构的升级，提升湖州市休闲农业和乡村旅游品质。

（二）促进融合发展，提高农业全产业链收益

加强第一、第二、第三产业融合发展，一是向纵深延伸，延长产业链，重点推进农产品加工业的发展，实现生产、加工、物流、营销一体化布局，形成资源有效利用、比较优势充分发挥、竞争力明显增强的现代农业产业体系；做大做强湖州农产品品牌，重点打造优质农产品，大力培育农产品区域公用品牌、省级和国家级农业品牌等。二是横向拓展，完善生态链，凸显农业的生态环境保护、观光旅游休闲和文化传承等非生产功能，做强农村电子商务等新兴业态。

（三）强化现代生态循环发展，打造人与自然和谐发展新高地

以"两山"理念为指引，以现代生态循环农业发展试点市为抓

◆ 第二章　农业现代化建设的进展、问题与策略

手,一是整体构建"主体小循环、园区中循环、县域大循环"的现代生态循环农业发展体系,不断探索和推广现代生态循环农业的机制和模式。二是在总量减少化肥农药使用量的基础上,逐步减少亩均使用量。增加有机肥、病虫害生物防治。传承发展桑基鱼塘等农作智慧,强化种养结合,创新畜禽排泄物、农作物秸秆、农业废弃物包装物资源化利用。大力发展生态绿色渔业、生态绿色畜牧业,树生态渔场、美丽牧场品牌。

（四）坚持主体多元、模式多样的发展路径,实现小农户与现代农业发展有机衔接

一是坚持小农户、专业大户、家庭农场、农民合作社、农合联、农业企业等经营主体融合、共享、开放发展,加快构建以农户家庭经营为基础、合作与联合为纽带、社会化服务为支撑的多元主体共商共建、多种形式竞相发展的立体式复合型现代农业经营体系。

二是培育壮大家庭农场,引导工商资本参与农业产业化,发挥新型经营主体对小农户的带动作用,建议政府研究制定扶持小农生产的政策意见,并将新型经营主体对小农户的带动作为扶持政策的重要衡量指标。

三是加强对专业合作社的指导、规范发展,一方面要不断提升合作社负责人的企业家才能、合作社成员的人力资本,从而提升合作社的技术效率；另一方面要壮大合作社的规模,引导和组织小农户参与和发展专业合作,包括土地入股、股份合作、参与农业产业化经营等,实现风险共担、利益共享,提升合作社的规模效益。

四是不断完善"三位一体"农合联组织体系,加快供销社的改革,不忘初心,为农服务,特别是要加强对小农户的组织和扶持力度,打造区域公用品牌,改善小农户生活设施条件,提升小农户抗风险能力。

五是加快培育新型职业农民,让农民成为有吸引力的职业。全面建立职业农民制度,发挥湖州师范学院、湖州农民学院和县区农

民学校等作用,"就地培养更多爱农业、懂技术、善经营的新型职业农民"。引导新型职业农民参加城镇职工养老、医疗等社会保障制度。开展职业农民支撑评定试点。

第二节 林业现代化发展的实践与探索

一 林业现代化进展情况

林业承担着生态保护和产业发展的双重功能,尤其湖州地处江南、山水兼备的自然禀赋,决定了湖州林业在全市发展大局尤其是绿色发展中扮演着十分重要、无可替代的角色。湖州林业是典型的小部门大产业,2009 年湖州被国家林业局列为全国 11 个国家现代林业建设示范市(县)之一,2013 年成功创建成为国家森林城市,2015 年湖州市人民政府和省林业厅签署《关于共同深化湖州国家现代林业示范市建设合作备忘录》,2016 年市林业局被评为全国绿化先进集体。2017 年湖州市提出打造"浙江林业标杆市"。安吉县和德清县被国家林业局命名为"中国竹子之乡",长兴县被中国经济林协会命名为"中国红梅之乡",南浔区被中国林业产业协会授予"木地板之都"称号。全市现有花卉苗木 36 万多亩、竹木加工企业 3918 家,累计创建省级林业龙头企业 42 个,省级林业示范性专业合作社 23 家,形成了安吉竹制品、南浔木地板和德清胶合板等产业集群和块状经济。

(一)林业第一、第二、第三产业不断优化[①]

湖州现有林业用地面积 437 万亩,占土地总面积的 50.07%。其中乔木林 183.6 万亩,活立木蓄积量 730 万立方米,竹林面积 177.8 万亩,毛竹立竹量 3.24 亿株,森林覆盖率达 48.4%,平原林

---

① 资料来源:湖州林业网(http://ly.huzhou.gov.cn/tjxx/index.htm)。

第二章 农业现代化建设的进展、问题与策略

木覆盖率28%。全市湿地总面积48777.06公顷（起始面积8公顷以上，不包括水稻田），占全市土地总面积的8.38%。

2016年，湖州市实现林业行业总产值572.7508亿元，同比增长12.1%。林业第一产业产值57.5063亿元，同比增长6.46%。其中，林木育种与育苗130.151亿元，同比增长14%；营造林1.1134亿元，同比增长28%；木材与竹材采运6.5453亿元，同比下降了9个百分点；经济林产品的种植与采集29.4601亿元，同比增长了16%；花卉及其他观赏植物种植3.7426亿元，同比下降了近4个百分点；陆生野生动物繁育与利用3.6298亿元，同比下降了26个百分点（见图2-1）。

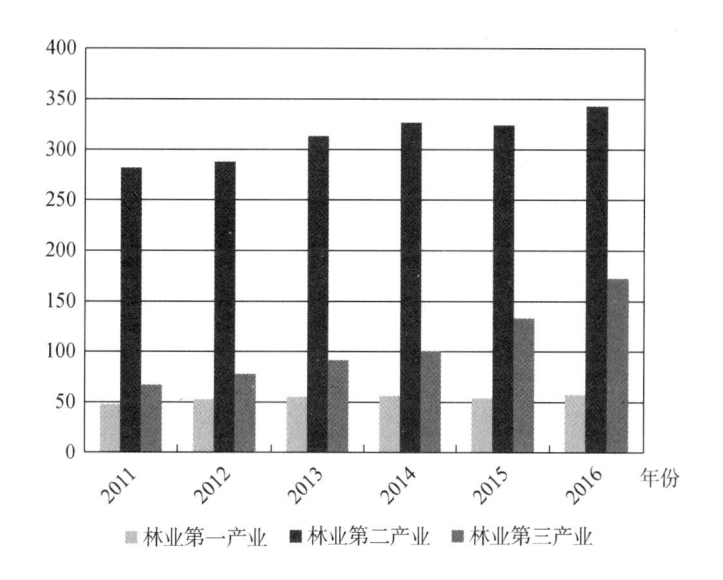

图2-1 2011—2016年湖州市林业第一、第二、第三产业发展情况

资料来源：湖州市林业局，http://ly.huzhou.gov.cn/。

林业第二产业产值342.6247亿元，同比增长了5.68%。其中，木材加工和木、竹、藤、棕、苇制品制造248.9414亿元，比上年增加12.5805亿元，同比增长了5%；木、竹、藤家具制造52.5291

亿元，比上年增加 7.2546 亿元，同比增长 16%；木、竹、苇浆造纸和纸制品 28.6565 亿元，比上年减少 1.5962 亿元，同比下降了 5 个百分点；林产化学产品制造 9273 万元，同比增长 7%；木质工艺品和木质文教体育用品制造 4.495 亿元，同上年基本持平；非木质林产品加工制造业 7.0754 亿元，同比增加了 2 个百分点。

林业第三产业产值 172.6198 亿元，比上年增加 39.8982 亿元，同比增长了 30%。其中，林业旅游与休闲服务 146.3239 亿元，比上年增加了 35.3267 亿元，同比增长 32%；林业生态服务 2498 万元；林业公共管理及其他组织服务 5.6843 亿元，同比基本持平；林产品、果茶、木竹材及其加工制品批发、零售业 16.6818 亿元，同比增长 4%。

(二) 传统产业结构转型

湖州市立足资源优势、产业基础以及林权制度改革的优势，转变经济发展方式，推进产业转型升级，林业经济蓬勃发展，林业正由传统单一营林模式向现代复合经营模式转变。

1. 提升竹业产业化

通过建基地，增投入，抓加工，拓市场，重科技，形成了由资源培育到加工利用和出口贸易的完整产业链。安吉县做优做强竹制品加工，竹窗帘、竹地板、竹木复合板、竹胶板、竹庭院用品、竹工艺品、竹叶黄酮等大量出口海外；通过开展国家级毛竹生物产业基地创建，探索毛竹林移动式集材道的开发和利用，推进国家林业科技综合示范园区建设。

2. 发展木业块状经济

通过建设现代林业园区，形成竹业支柱产业、木业重点产业和森林生态康养林业三大产业，同时构建安吉竹制品、南浔木地板和德清胶合板三大产业集群，打造浙江乃至全国林业的知名品牌。南浔区的实木地板年产量达 6000 多万平方米，占全国总产量的 60% 以上，拥有 6 个省级名牌产品、6 个省级著名商标、3 个国家免检产品以及德华、云峰等一大批产值上亿元、几十亿元的木业龙头企业。

3. 市场流通空间拓宽

通过建立安吉竹艺商贸城、德清毛竹市场、吴兴浙北山货市场等具有一定规模的专业市场，积极搭建林产品展示展销平台，以"政府支持、协会承办、市场运作"等方式，举办各类林产品展示展销活动，实现林产品生产者、应用者、贸易商的有效对接；同时，加快电商换市步伐，通过政策补助、品牌授权等方式，引导林业企业、合作社、经营大户及林业园区开展林产品网上直销，仅竹博园就已有5家电子商务公司入驻。

（三）"生态+林业"创新发展

结合生态优势，以森林特色小镇、森林人家为抓手，发展森林生态旅游产业，将生态、产业、文化融合为一体，整体推进，丰富现代林业发展内涵。安吉县鄣吴镇以"竹乐"和"竹叶龙"普及林业生态文化，打造森林文化小镇，杭垓镇打造森林养生基地、上墅乡打造慢生活休闲体验区、天荒坪打造"两山"示范小镇；德清县后坞村，长兴县川步村、渚山村等打造森林人家特色村。各地因地制宜，拓展森林生态文化阵地，推动产业发展。此外，莫干山古道和独松关古道入围"浙江最美森林古道"，莫干山、灵峰山入选"浙江最美山峰"，浙北大峡谷、九龙峡、深溪大石浪入选"浙江最美峡谷"；德清县通过莫干山下香水岭片现代林业示范点建设，实现山上山下联动，打造莫干山片高端森林休闲养生区，扩大生态旅游品牌影响力。

1. "生态+新产业"

湖州市加速推进林业与农业、旅游等的融合，培育形成了花卉苗木、森林旅游、野生动物驯养等特色产业，每年有70余万林农直接从林业开发中受益。2017年全市林业行业总产值达到649亿元。安吉县以占全国2%的竹资源，形成了占全国20%的竹产品市场、年产值超百亿元的竹产业。

2003年4月9日,时任浙江省委书记的习近平同志在安吉调研时说:"安吉由'竹'出名,做好'竹'文章,进一步发展特色产业,前景广阔,大有可为。"如今,安吉竹产业实现了从卖原竹到进原竹、从用竹竿到用全竹、从物理利用到生化利用、从单纯加工到链式经营的四次跨越,以占全国不到2%的立竹量创造了全国近20%的竹产值。安吉县也先后获得"中国竹地板之都""中国竹材装饰装修示范基地""中国竹凉席之都""中国竹纤维产业名城""全国林业科技示范县"等区域荣誉称号。①

安吉县竹产业从几家台资竹材加工企业起步,已经发展成全国知名的竹材加工产业集群,现有竹材加工业1300余家,形成竹质结构材料、竹装饰材料、竹日用品等8大系列共3000多个品种的产品体系,总产值达200亿元。安吉竹产业的发展以不破坏生态环境为前提,从单纯利用"竹竿"到100%全竹利用,把一支翠竹吃干榨尽,实现了竹根做根雕、竹竿做地板、竹叶做饮料、竹屑做装饰板,达到全竹高效、循环利用。安吉竹产业的代表性企业、上市公司浙江永裕竹业股份有限公司引入"全竹家居"概念,凭借椅竹融合、无限长重组竹等新技术,实现了"以竹代木、以竹代钢",2016年公司销售收入达4.3亿元。

如今,安吉县的国家4A级景区中,与竹相关的有大竹海、竹博园等5家;竹林特色景区有藏龙百瀑、天下银坑等12家。安吉竹博园,以竹子作为景区核心内涵,延伸出科普教育、体验娱乐、休闲购物等诸多功能,年接待游人50余万人次,营业收入超3000万元。安吉天荒坪镇五鹤村,因《卧虎藏龙》在大竹海景区取景拍摄,当地不少村民放弃了原先竹拉丝、竹制半成品代加工生意,转而开起了农家乐。眼下,村里522户村民,有近1/5从事竹海旅游

---

① 安吉竹产业网(http://www.anjibamboo.com/index.php)。

◆ 第二章　农业现代化建设的进展、问题与策略

相关行业，每家农家乐的年收入达十万元甚至上百万元。伴随竹产业发展，竹子对于安吉，除了经济价值外，它已成为一种文化符号、形象代言。安吉竹乐表演团、上舍村"竹叶龙"舞，这些土生土长的民间艺术表演，不仅在全国各类文艺展中频频亮相，还代表我国传统文化远赴法国等地参加演出。

湖州市还抓住竹林和野生动植物的地方资源优势发展森林旅游业，不断增添森林旅游亮点。拓展竹林生态旅游产业，推进农家乐产业特色化经营，促进林区经济发展方式转变。安吉县山川乡、德清县莫干山镇、长兴县水口乡等，通过林业观光园区建设，成为当地经济增长的新亮点；野生动物通过规范养殖经营管理，建立大熊猫繁育基地、实施朱鹮浙江省种群重建和扬子鳄野外放归项目等措施，初步形成以龟类、蛇类、鳄类和珍稀濒危动物为主的野生动物产业体系。

2. "生态+新业态"

加速生态与碳汇经济、健康养生、林下种养、信息技术的融合，催生了竹林碳汇、森林养生、林下经济、林产品电子商务四大新业态。全国首个CCER竹林经营碳汇示范项目正式启动，"一亩山万元钱"模式在全市推广，健康养生产业项目总投资超300亿元。

作为全球首个"竹林碳汇试验示范区"，安吉县立足境内丰富的毛竹林资源、悠久的竹林经营历史，借力借智浙江农林大学、国际竹藤组织、中国绿色碳汇基金会等专业机构，稳步开展竹林碳汇工作，先后建成全球第一个毛竹林碳汇通量观测系统，研发了《竹林经营碳汇项目方法学》，并照此方法学启动实施首个竹林经营碳汇项目。该项目是全国第一个符合中国核证自愿减排量（CCER）的竹林经营碳汇项目。项目规模为1426.27公顷，在30年计入期内将产生约25万吨二氧化碳减排量。

湖州市林下经济根据经营方式和对象的不同已经发展为竹笋、林下种植、林下养殖、森林休闲四大类，竹—笋、林—林、林—茶、

林—苗、林—花、林—药、林—蔬、林—粮、林—禽、林—畜、林—游11种林下经济经营模式，林下种植品种集铁皮石斛、三叶青等名优野菜、中药材、花卉于一体的林下套种多种经营模式，面积达1.94万公顷，产值达51.2亿元。其中，安吉县天荒坪镇天林竹笋专业合作社建立的毛竹林下食药材品种园，第一、第二、第三产业融合发展，依托毛竹林，做活林下经济，很好地解决了林业资源生产周期长、经济效益低的问题。

3."生态+新传承"

作为中华人民共和国成立以来首任林业部部长梁希的故乡，湖州建成并开放了梁希纪念馆、德清生态文化馆、安吉生态文化馆、安吉竹博园二期等一大批场馆，并融入了现代生态建设的新理念，做到每个县（区）都拥有了独具特色的森林文化场馆，基本形成了较为完善的林业生态文化体系。

梁希森林公园位于湖州南郊，为纪念我国著名林学家、新中国第一任林业部部长梁希而建立。梁希先生在中华人民共和国成立初期为新中国描绘的美好蓝图："无山不绿、有水皆清、四时花香、万壑鸟鸣，替河山装成锦绣，把国土绘成丹青。"梁希森林公园占地总面积739亩，其中高坡杉松森林494亩，丘陵低坡观赏林64亩，果树林81亩。整个公园的森林山与花果山配置协调，春天可赏花，夏天可避暑，秋看红叶，冬观雪景，加上各种葱郁林木与飞禽走兽，构成了独具一格的园林风景区，正是当下建设美丽中国的最好诠释。

（四）集体林权制度改革不断深化

湖州市是林业大市，是毛竹（Phyllostachys Pubescens）主产区，集体林权制度主体改革以签订责任山承包合同、林权证与经营权证发放为落脚点，建立起系统和完善的山林延包档案，深化均山到户工作，进一步规范和完善了对自留山、责任山的确权，明确了经营主体和责任主体，从而使广大林农实现了"山有其主、主有其权、

◆第二章 农业现代化建设的进展、问题与策略

权有其职、责有其利"。林权制度的主体改革,使林农的切身利益得到了有效的保护,林农的民主权利得到了有效的尊重,极大地调动了农民育林护林、发展林业生产的积极性,为现代林业建设奠定了良好的基础。经过山林延包工作,初步完成了明晰产权的任务,但这仅仅是集体林权制度改革的第一步,随着林改的逐步推进,林业生产力得到不断发展的同时,林业生产也面临着经营主体分散、户均经营规模小、市场对接困难和生产成本越来越高等问题。如何提高林业生产组织化程度,在解决经济体制的同时,解决好发展机制,成为当前迫切需要解决的问题。

1. 明晰林业产权关系,稳固现代林业经济体制

通过对吴兴区红里山村和德清县洛舍镇的调研实践发现,按照中央《关于全面推进集体林权制度改革的意见》(中发〔2008〕10号)文件的要求,当地政府在坚持集体林地所有权不变的前提下,依法将林地承包经营权和林木所有权,通过家庭承包方式落实到本集体经济组织的农户,确立农民作为林地承包经营权人的主体地位。对不宜实行家庭承包经营的林地,依法经本集体经济组织成员同意,可以通过均股、均利等其他方式落实产权,并制定了确实可行的实施方案,如由群众拿方案、定基调,充分尊重群众意愿,经2/3以上农户户主或代表签字同意后实施,做到公开、公正、公平,确保了农民的知情权、参与权、决策权;将集体统管山林所有权、收益权按"分股不分山、分利不分林"的方式落实产权到每一农民,农民作为股东享受经营收益。通过以上做法,切实解决了产权不明晰、收益权无法保证的一些矛盾。首先,林权在农民手中,成为农民的"定心丸"。其次,林地由集体统一经营,经2/3以上农户同意可对外流转,农民按股分利,特别是对于地形复杂,山界、林界无法按家、按户划分清楚的山林,或者是不同经济基础条件村进行合并的林地,"均股均利"有利于山林连片集约发展,化解社会矛盾,同时坚持不以牺牲生态为代价,把生态保护作为改革的底

线，维护生态安全。

2. 促进林权规范流转，解决好现代林业发展机制

林权流转既是林业自身发展的需要，也是林农的实际需要。根据对县区流转情况的调查，林权流转后的经营类型以农林业规模经营以及森林旅游开发为主。流转后的林地生产力平均比流转前提高30%—50%，林权流转使流出方林农生活水平有所提高，流转效益的提高促进了流转的积极性。安吉县、吴兴区创新林权管理方法，采取"两权分离"。把林权证的初始证发给老百姓，再根据林农跟大户经营者之间的合同，将流转的林权再发一本林权证，并在两本证的备注栏中详细注明流转的来处与去向、期限、权利等内容，既保护林农的初始承包权，又保证了流转方受让方的合法权益，也从一定程度上推进林权抵押贷款，拓宽林业投融资渠道，推动森林资源资本化，保障林权流转。从2008年开始，全市农村合作金融机构每年安排1.5亿元信贷规模用于发放林权抵押贷款，并优惠贷款利率，简化贷款手续和森林资源资产评估。截至2016年年底，全市通过承包、租赁、拍卖、转让等形式累计流转林地面积5.5万公顷、发放贷款16.3亿元。

3. 激活体制机制，完善林业产权制度

随着林权制度改革的不断深化，林农增强了自主经营意识，为了抵御市场经济的风险，提高集约化、规模化经营程度，建立林权股份合作社，建立起利益共享、风险共担的体制机制。就安吉县来说，从2009年成立首家林业股份制合作社——皈山尚林毛竹股份制合作社至今，全县林权股份制合作社已经发展到现在的十余家，涉及经营面积达1500余公顷，入社农户1650余户。此外，安吉县依托县行政服务中心林业窗口，先后建立了"林权管理中心""林权交易中心""森林资源评估中心""林权抵押贷款服务中心""杭州信林资产评估事务所安吉办事处"等机构，并建立起十余个乡镇林权流转服务中心和百余个村级林权流转服务站；德清县在县行政审

第二章　农业现代化建设的进展、问题与策略

批办证服务中心成立了林权管理、林权交易、森林资源评估中心；长兴县在县林业局挂牌成立林权管理中心，并在县招投标中心设立林权交易中心，进行林权登记、变更、注销，信息发布、流转、评估等工作，全市域建立了集林权管理、林权交易、资产评估为一体的森林资源交易平台。同时，自2010年《农村土地承包经营纠纷调解仲裁法》实施后，各县区均成立农村土地承包仲裁委员会，市县区各级行政管理部门也建立了法律援助工作站。安吉县在县林业局设立了仲裁庭审大厅、仲裁办公室、调解室、受理室，同时相应建立了乡镇流动仲裁庭和调解办公室，形成了调解仲裁网络体系。湖州市林权制度改革工作在发展中创新体制机制，同时配套改革和完善各项管理服务体系，对于搞活农村林业经济，维护农民权益、促进农民增收具有重要意义

二　林业现代化建设中存在的问题

（一）合作经营机制尚待建立

林业第一产业的千家万户分散经营导致规模化程度低的问题，依然没有得到根本解决，这既有从业人员老化，也有新型经营主体弱小的问题。近年来，竹林经营中化肥、砻糠等生产资料涨价幅度较大，农村劳动力日均工资增加在30—50元，种植业利润空间进一步缩小。竹林生产具有明显的季节性特点，出笋期有时花钱都叫不到人，林农个体经营不仅要承担自然灾害的风险，还要承担市场人为因素的风险，而材用竹由于采伐劳动强度大，采伐成本更高。

林业第一产业和第二产业中，粗放式经营甚至手工作坊式的加工企业仍占有相当的比例，特别是林业合作社的内部运行机制还不顺畅，主体能力素质还不高，系统资源整合难度大。竹加工以中小企业为主，规模普遍较小，甚至还有1000多家企业仍然采用家庭作坊式的经营模式，只能进行简单的粗加工，没有形成自己的品牌优势。龙头组织少、产业链条短、林产品加工转化率低、生产工艺和设备落后，未能真正将资源转化为商品。资源利用率不高，难以适

应市场和产业发展的需要，传统竹产业经济效益呈现严重下滑趋势，有的竹农甚至毁林改种其他经济作物，直接影响了竹林生态效益的可持续发展。

林业第三产业中，尚有不少森林旅游式农家乐分散经营，缺乏统一的管理，破坏环境的同时产业效益并不高。与林业发达国家相比，林业产业可持续发展的机制尚未形成，林农增收的机制还不够完善。

（二）林权改革体制机制和社会化服务不足

调研发现，现在林权流转仍有不少是林农自发的无序流转，依法规范的流转体系尚未建立健全。2006年国家出台《森林资产评估暂行规定》后，相继的配套政策尚未出台，林权管理、林权流转交易以及森林资源评估虽已建立起相关的管理机构，但具体操作工作难以统一规范，缺乏完善的市场运作机制。受资质和资格认定的限制，县级森林资源评估机构稀缺，人才配备不够合理，难以很好地履行林权登记、变更等职能且评估水平技能亟待提高。林业技术服务及基础设施供给不足，在当前大量农村资本回流、外出劳力逐渐回乡务林的背景下，缺乏技术指导及相应的基础设施建设将直接影响资本效率最大化。

公益林市场化发展有待提升。2016年国务院发布的《关于完善集体林权制度的意见》中指出，按照"非木质利用为主，木质利用为辅"的原则，实行公益林分级经营管理，合理界定保护等级，推动集体公益林资产化经营，探索公益林采取合资、合作等方式流转。在实际工作中其相应的体制机制并不健全，随着林户权利意识和法制观念的加强，政策法制化才能使林户真正吃下"定心丸"，才能真正保障林业经济持续稳定发展。

（三）森林生态环境保护尚待加强

生态旅游是湖州市林业产业发展的亮点，它带来巨大经济效益的同时，也给森林生态系统的健康和生态安全带来巨大威胁。在林

第二章 农业现代化建设的进展、问题与策略

区生态旅游业发展过程中：对林地商业化利用缺乏适当的监管，仍存在森林资源不当开发和过度利用的现象；游客的涌入所带来的负面效应本身就超越森林生态系统的自动调节和补偿能力；部分开发商在林区内盲目地修建现代化的基础设施，导致林分质量下降，同时又缺乏造林更新和森林抚育，人为地斩断了林业可持续发展的链条。

（四）林业科技体系尚待完善

从人员配备情况来看，各级林业行政管理部都存在科技队伍结构不合理、后备力量不足的问题。乡镇基层林业站建设普遍较弱，林技员普遍年龄较大，基层林技员处于应付中心工作状态之中，技术服务和推广工作基本没有时间保证；农村从事林农生产的骨干力量，基本上都在50岁以上，出现人才断层现象。从现有成果来看，科研方向与产业发展还存在一些差距。对投入大、公益性强的项目研究较少；开展的科学研究浮在面上的多，深层次研究现代林业发展问题的少；科技示范基地建设难度大；科技推广应用，由于需要承担一定的风险，周期较长，市场变数较大，林农的积极性不高，加上推广费用较高，制约着科技成果的应用与转化。

（五）林权金融创新遭遇"瓶颈"

近年来，相关金融机构相继出台了森林资源资产抵押贷款业务的指导意见。但在实际调研中发现，除了存在贷款年利率过高、贷款期限短及贷款成本高、采伐林木（抵押物）还贷时受限额限制等问题外，还存在一个主要的限制因素就是产权。根据《森林资源资产抵押登记办法（试行）》第9条规定：未经依法办理林权登记而取得林权证的森林、林木和林地使用权不得抵押。但目前森林或林木所有权大多是集体所有，即使对于流转的商品林地，出租经营的林农或企业单位只有森林或林木使用权。而对于目前受益显著的林业专业合作社这种新型森林经营组织模式，由于注册门槛过低、财务制度不健全等因素造成金融机构对抵押主体的不信任，加之缺乏

林权主体资格，因受制于法律约束而无法通过林权进行抵押融资，极大地制约了抵押贷款的全面开展。林农缺乏产权凭证融资，极易导致外来强势资本垄断林业经营，将进一步弱化本土林农经营的能力，不利于山区林农的脱贫致富。

三　林业现代化建设的对策建议①

科学保护现有森林资源、发展现代林业是现阶段保持林业经济可持续发展的关键，这就需要我们紧紧围绕"两山"理念，以实施"林长制"为抓手，以乡村振兴为契机，以创新理念指导林权制度改革，"生态+"理念推进林业产业化发展，真正走出一条林业发展、林农富裕、林区优美的现代林业发展之路，努力建设浙江林业标杆市。

（一）推进林业产业提升工程

一是持续推进林业供给侧结构性改革，加强食用林产品安全建设，积极探索林下经济综合开发利用模式，以规模化、集约化、标准化发展林笋、林药、林禽、森林休闲等林下经济新模式。引导笋竹、花卉苗木两大传统产业，在生产技术与装备、产品开发、文化创意等方面进行改革创新，促进行业和企业同步转型。做好"生态+"的文章，大力发展生态林业、循环林业、观光林业，促进林旅结合、林文结合，不断提高产业综合开发利用水平。

二是全面建立资源管护"一张图"制度。在森林资源二类调查数据的基础上，推进森林资源一体化监测，探索启动湿地动态监测，整合现有林地、林木、湿地、生态公益林等资源管理系统，建立集资源数据库、遥感影像数据库、基础地理数据库于一体的资源信息"一张图"，为稳定壮大林业资源总量提供基础支撑。

（二）深化林权制度改革

一是开展新型经营主体试点工作，建立健全林地股份合作制、

---

① 刘亚迪、冷华南、黄玲：《现代林业经济发展模式分析与政策建议——以浙江省湖州市为例》，《林业资源管理》2018年第2期。

第二章 农业现代化建设的进展、问题与策略

林木股份合作制和家庭林场等模式，全面推进经营权证确权发证工作。在加强政府监管的基础上完善林权登记制度。地方政府可采取购买服务、建立林地流转备案登记制度、储备库制度、流转收益分配制度等模式，对流转林地的经营情况予以监管，定期予以验收，以建立起适应现代林业发展需要的要素市场、社会化服务体系和有效的森林管护体系以及规范运行的林业行政管理体制。加强产权多元化的林业贷款担保机构建设，如依托农民专业合作社建立互助型的林业专业担保机构、创建林权担保基金。推动林业机械设备、运输工具、承包林地经营权等为标的的新型抵押担保。开展林业保险保单、林产品订单质押。组建政府出资为主、以开展林业信贷担保业务为主的融资性担保机构，建立政府主导的林权抵押融资风险补偿机制。

二是按照《湖州市"林长制"工作实施方案》要求，全面组织实施林长制，落实属地管理责任，健全落实市、县（区）、乡镇（街道）、村（社区）四级"林长"责任体系，努力实现森林资源"三保、三增、三防"。三保，即保森林面积总量、保林地（湿地）面积总量、保林区秩序稳定；三增，即森林蓄积量增加，受保护国土面积增加、林业经济增长；三防，即森林防火、森林病虫害防治、重大生态破坏行为防范，使全市森林资源保护工作实现良性循环。同时，以林长制实施为契机，以最多跑一次改革撬动林业各方面改革。继续深化林权制度改革，提高林地流转率，培育壮大新型林业经营主体，积极发展适度规模经营，以改革激发林业发展动力。

三是开展公益林林权改革试点，围绕着资源资产变成发展资本，探索生态公益林林权抵押制度创新，鼓励以转让生态公益林林木使用权为主要内容的森林景观流转，以达到增加农民收入，更好地保护森林生态的目的，在此基础上进一步完善和健全相应的法律法规，从法律制度上赋予公益林相应的用益物权，以促进公益林的健

康快速发展。

（三）强化森林生态环境建设

一是以茶园生态修复为重点，切实改善森林生态质量。在重点地段、重点乡镇组织实施生态修复工程，建立可复制的茶园生态修复样板，重指导强督察，防苗木化倾向、建长效管护机制，确保"种得下、留得住"，全市完成茶园林业生态修复2.65万亩以上（其中25度坡以上0.88万亩）。同时，按照平原绿化和山区绿化齐头并进的要求，侧重美化、彩化和珍贵化、景观化，完成彩色健康森林7.35万亩，平原绿化1.55万亩以上。

二是深化林业综合执法改革。及时总结安吉、长兴林业综合执法改革模式，加快推进林业行政综合执法队伍建设，探索建立市、县两级林业行政综合执法体系，并强化事中事后监管，实现执法与管理分离。

三是深化护林员队伍改革。总结推广长兴护林员改革经验，整合毁林巡查、森林防火等职能，提高待遇，落实责任，严格考核，确保毁林（竹）行为、森林消防隐患得到及时发现制止，做到监管防范到位。

（四）促进林业产业科技转化

一是实施低产林改造高产林转型工程。低产林相对集中在立地条件差、坡度较大的地区，在林区道路建设的基础上，因地制宜加快推广免耕施肥技术，促进林地土壤条件的改进；高产林重点向生态型转型，建生态保护隔离带，完善生态保护措施。同时，将林区道路建设和维护经费列入政府财政预算，将低产林改造补助资金的重点由每家每户向规模化、股份合作制企业转变，由企业进行专业化管理和经营，使有限的政府资金在最短时间内发挥整体效应，降低林业生产成本，提高林农收入。

二是加快林业产学研科技创新服务平台建设。加大先进林业技术引进力度，健全产学研合作机制，提高自主创新能力，争取在竹

第二章 农业现代化建设的进展、问题与策略

林碳汇、乡土树种开发利用、竹林经营培育、林业机械化等应用技术研究方面有新进展、新突破。

三是引导产业集聚，培育具有区域特色的林业加工产业带。加大对林产品地理标志认证力度，推进地方特色林产品品牌化程度，加速构建产业链，打造绿色制造业基地。

四是拓宽林业产业发展模式，走生态产业化之路。充分开发林业景观资源，完善森林旅游产业政策，统筹处理好资源开发与环境保护的关系，打破制约发展"瓶颈"；淘汰高污染、原料高消耗型企业，鼓励原料综合利用型企业发展；开发林业工业化发展要素，因地制宜营造生态能源林建设，兼顾能源安全保障和生态环境保护，形成林业产业新的制高点和制胜点；建设集生态体系、产业体系和文化体系于一体的发展模式，发挥现代林业在循环经济、低碳经济发展中的巨大潜力。

（五）加强和优化林业公共财政投入

一是建立地方政府长期稳定的财政投入机制。提高各级政府在林区基础设施建设、林下经济扶持和林业技术服务等方面投入的比重，多方位多层次地筹集财政支林资金，如设立专项资金，实行项目申请制，以奖代补；差别投入和统筹扶持相结合，综合考虑农村综合改革开发、美丽乡村建设等政策，实行资源整合，形成林业与林农内生性的增长机制。

二是积极争取项目，撬动社会力量发展林业产业。鼓励林业经营主体申报项目，建立产业项目储备库；依托政府公共财政搭建高校与林农合作的平台和媒介；建立公益林碳汇交易市场，坚持"谁受益，谁补偿，谁污染，谁付费"的原则，发挥公益林"绿色银行"的作用；在林业基金的基础上成立林业银行和林业风险投资基金，在吸纳社会力量的同时为林区发展建设服务。

第三节 休闲农业与乡村旅游发展的实践与探索

一 休闲农业与乡村旅游发展现状

湖州市始终坚持以"两山"为指引,坚持将"青山绿水"的生态优势转化为乡村旅游发展的产业优势,努力打造"乡村旅游第一市",逐步形成了可复制、可推广的乡村旅游"湖州模式"。2017年,湖州市接待乡村旅游游客4213.7万人次,同比增长24.3%;全市实现乡村旅游总收入82.3亿元,同比增长28.1%;经营净收益20.3亿元,同比增长56.2%。①

(一)"农家乐"点燃乡村旅游之火,民宿引领乡村旅游走向高端

1. "农家乐"如星星之火

20世纪90年代,依托安吉天荒坪抽水蓄能电站和南太湖"治太"工程景观集聚的巨大人流,在安吉大溪和吴兴太湖沿岸萌生了以餐饮为主的"农家乐",其中大溪村有90%的农户从事农家乐经营。进入21世纪,习近平在浙江推进"千村示范,万村整治"工程,湖州市率先启动试点,乡村环境不断改善。随着人们生活水平的提高,城市的度假需求开始转向环境改善了的乡村,带动了乡村避暑、度假型"农家乐"的兴旺,催生了安吉的深溪、石岭、董岭,长兴的顾渚、金山、水口等在长三角颇有名气的"农家乐"集聚村。全省第一届"农家乐"现场会在安吉召开。随后,一些农技人员、工商资本开始投资农业,并利用农业园区发展美食、会务、

---

① 参见湖州市旅发委《2017年湖州市旅游经济运行分析报告》(http://hzlyzw.hz66.com/nzcms_show_news.asp?id=14847)。

◆ 第二章 农业现代化建设的进展、问题与策略

住宿以及农事体验、农产品购物、农事节庆活动等综合性服务项目，休闲农业开始兴起，涌现了杨墩休闲农庄、城山沟桃源山庄、移沿山生态农庄、荻港渔庄等一批知名农庄，诞生了全省首批五星级农家乐特色点。安吉深溪村委会牵头组建农家乐合作社，规范服务标准，统一价格指导、票据管理和市场营销。长兴县围绕农业主导产业形成月月有农事节庆活动的品牌效应。德清县、长兴县和安吉县成功创建全国休闲农业和乡村旅游示范县。

2. "洋家乐"打响高端民宿品牌

"洋家乐"最早始于2007年。随着湖州市杭宁、申苏浙皖、申嘉湖三条高速通车，湖州进入高速时代，拉近了湖州与长三角各大都市的距离，面向高端消费人群的"洋家乐"悄然兴起。都市文创人才乡村创业，高端服务品牌入驻乡村。德清作为"洋家乐"的发源地，目前有以"洋家乐"为代表的精品民宿100多家，主要集中在西部山区，分为三大类：以裸心谷、裸心堡、法国山居为代表的拥有异国风情的度假村；以岭坑集聚区、后坞集聚区为代表的农民房改造的民宿；以陆放版画藏书票馆、小辉创意工作室、莫干书院、瓷之源等为代表的文化创意产品等。德清县大力发展以"洋家乐"为代表的乡村民宿旅游新业态，突出"原生态养生、国际化休闲"主题，走出了一条独具特色的乡村旅游发展之路，形成了"生态旅游发展与百姓增收致富相互促进，绿水青山就是金山银山"的良好发展局面。德清县因此也获得了"全国休闲农业"与"乡村旅游示范县"、"中国十佳最美乡村"旅游目的地称号，"环莫干山洋家乐乡村旅游区"被评为全国首批乡村旅游创客示范基地，2016年德清"洋家乐"荣获全国首个服务类生态原产地保护产品。

3. 制度标准保障"农家乐"和民宿健康有序发展

2015年，湖州市出台了《湖州市乡村民宿管理办法（试行）》和《关于全面推进民宿规范提升发展的实施意见》，安吉县出台了《安吉县精品农家乐创建提升标准》《安吉县精品农家乐验收考核办

法》《安吉县农家乐管理办法》，德清县出台了《德清县西部民宿管理办法（试行）》等规章，进一步加强农家乐和民宿业规范化管理，促进产业转型提升。民宿发展逐步形成了农家自主、股份合作、集体经营、工商资本和外资投入的多元化生产和经营方式，以及乡村民宿、古镇民宿、渔家民宿、森林民宿、城市民宿等为主体的民宿产业发展体系，培育了住宿、餐饮、购物、娱乐、文化、运动和健康养生等多元化产业体系，拉长了民宿产业链，使民宿产业成为全市旅游业特别是乡村旅游业中的主体产业。2017年，全市拥有1796家民宿，实现经营总收入29.149亿元。

（二）湖州市乡村旅游构建"四大模式"

湖州先后编制了《湖州市旅游业发展总体规划》《湖州市乡村旅游发展规划》《湖州城市旅游发展规划》三大战略发展规划，以及《湖州市乡村旅游集聚示范区产业发展专项规划》《湖州市滨湖旅游产业发展专项规划》《湖州市旅游公共服务产业体系专项规划》三大产业专项规划，引领乡村旅游向个性化、集聚化、产业化、国际化方向发展，形成乡村旅游"四大模式"。

1. 以"洋家乐"带动的"洋式+中式"模式

以优势资源为吸引，鼓励旅游发展公司、国际友人、文化创意人士投资生态（乡村）旅游，融合当地民俗与西方文化、传统理念与现代文明，开发新兴旅游产品，促进乡村旅游发展的市场化、品牌化、国际化、产品化。如德清县发挥莫干山历史文化品牌优势，积极发展融本地特色和国外文化为一体的"洋家乐"新兴业态。德清莫干山在当地政府的鼓励和引导下，不少拥有时尚理念和市场嗅觉的境外旅游投资公司租用村民闲置旧房进行改造、进行个性化设计，通过对莫干山一带乡村特色的理解，倡导低碳环保和无景点式的健康休闲旅游，引导人们放下一切、放松身心、返璞归真、享受自然。目前，已吸引南非、英、法、比利时、丹麦、韩国等18个国家外籍人士的投资，建成"洋家乐"150余家。在他们的带动下，

第二章 农业现代化建设的进展、问题与策略

"洋式+中式"的乡村度假模式逐步形成，以高端白领和外国游客为服务对象，常年入住率在80%以上，日人均消费超过1200元，是普通游客人均消费的1倍以上。2017年，莫干山镇接待游客246.3万人次，实现旅游收入24.5亿元，同比增长20.6%；其中，民宿接待游客188.7万人次，实现直接营业收入18.9亿元，同比增长29.4%，对外知名度和影响力不断提升，旅游项目招引硕果累累，旅游业态日趋完善和成熟。

2. 以旅游景区带动的"景区+农家"模式

以景区景点为依托，鼓励周边农民包装农家庭院建筑，发展休闲观光农业，开发农事体验项目，参与旅游接待服务，形成景区与农家互促共荣的乡村旅游发展格局，促进乡村旅游由传统观光向现代休闲转型发展。如长兴县突出景区风光和农家情趣主题，目前已培育"农家乐"经营户500多家，累计投入建设资金30余亿元，建成城山沟桃源山庄等休闲农业观光园30余个，每年举办梅花节、樱桃节、银杏节等农事节庆活动10余场次。水口乡顾渚村依托历史景区大唐贡茶院和村里的近500家"农家乐"，仅一年就吸引了长三角地区225万的游客，成为远近闻名的"上海村"。"农家乐、农业观光园、农事节庆活动"三位一体的发展新模式推动了旅游景区与乡村旅游互动发展。

3. 以美丽乡村带动的"生态+文化"模式

以美丽乡村为载体，把农村生态资源和农村特色文化融入乡村旅游，做好多元经营文章，促进乡村旅游拓展内涵、彰显特色、提升品质。如安吉县以大景区理念建设美丽乡村，充分发挥田园、竹海、溪流、山野等生态资源优势和乡村地域文化优势，推动旅游、文化和生态建设融合式发展。安吉县根据乡村旅游产品均衡分布情况和基础先决条件，先后启动了横山坞、尚书圩、大溪、高家堂等10个示范村建设，实施了畲族风情文化特色村郎村、少儿农业科普文化基地尚书垓村等美丽乡村经营试点，建成了39个地域文化展示

馆和一批生态型主题农庄，实现了山地生态旅游和多元文化体验的深度契合，推动了以生态和文化为特色的乡村旅游繁荣发展。

4. 以休闲农庄带动的"农庄+游购"模式

以城乡互动为抓手，着力整合城乡资源优势，积极培育乡村休闲大农庄，在休闲观光旅游的同时积极发展旅游购物平台，开发旅游特色商品，打造集休闲、观光、购物和采摘等于一体的游购式乡村旅游产品，促进城乡旅游互动，提高乡村旅游发展效益。目前，湖州市区已初步形成滨湖休闲乡村旅游带、浔练乡村旅游带、妙西生态乡村旅游区、荻港古村渔庄乡村旅游区"两带两区"大发展新格局，以荻港渔庄、移沿山生态农庄等市郊十大示范农庄为主体的四大乡村旅游集聚示范区建设扎实推进。农庄成景点，园区成景区，农副产品成旅游产品，顾客为游客，实现了旅游和农业的高度融合。

（三）不断夯实乡村旅游品牌建设

1. 打造四类品牌

一是产品品牌，打响了"裸心谷""裸心堡""郡安里""花间堂""帐篷客""莫梵""大乐之野""龙山尚隐""西坡""隐居乡宿""后坞生活""开元芳草地"等一批乡村旅游个性化产品品牌；二是区域品牌，全面实施乡村旅游产品差异化发展，进一步凸显三县两区乡村旅游"四大模式"的县区特色和"乡村十景"的区域个性，全面打响"洋家乐""渔家乐""上海村""台湾村""星球村""韩国村""状元村""尚书村""无蚊村"等一批各具特色又具影响力的乡村旅游区域个性化产品品牌；三是形象品牌，全市已逐步打响"乡村旅游第一市"旅游目的地重大品牌；四是国际品牌，积极推动乡村旅游走向国际化，成功举办两届国际乡村旅游大会，国际乡村旅游大会永久会址落户湖州，德清被授予"世界十大乡村度假胜地"、安吉被授予"国际乡村生活示范地"，进一步确立了湖州在中国和国际乡村旅游发展中的地位，也促进了湖州国际生态休闲

第二章 农业现代化建设的进展、问题与策略

度假城市建设。

2. 完善基础设施配套体系

以"十个一"工程(即"一个游客服务中心、一个休闲娱乐场所、一个文化互动展示场所、一条绿道、一套环卫系统、一套标识系统、一套信息宣传系统、一组户外休闲运动项目、一组农事活动项目、一个民俗文化节庆活动"等为主要内容的配套工程建设)为载体,全面推进全市十大乡村旅游集聚示范区建设。遵照全国开展的"厕所革命",全省推进的"五水共治""四边三化""三改一拆"等战略要求,实施景区环境整治工程和旅游厕所"双百双千"工程,全面提升乡村旅游厕所、通景公路和标志标识。

3. 健全公共服务运作体系

全市设立了湖州市旅游推广与营销中心、湖州市职工疗休养运作与服务中心和湖州公共服务(集散)中心等公共服务运作平台,强化"自驾中心、导服中心、票务中心、购物中心、客运中心、咨询与维权中心"六大中心建设。同时,全市正在加快完善旅游交通标识系统,推动全市十大乡村旅游集聚示范区在高速公路、国省道设置规范的旅游交通标识。加快把城市公交服务网络延伸至主要景点和乡村旅游点,开设乡村旅游专线,解决乡村旅游交通"最后一公里"问题。加快完善乡村智慧旅游体系,十大乡村旅游集聚示范区实施 WiFi 全覆盖。

4. 创新市场品牌营销体系

围绕全力打响"乡村旅游第一市"旅游目的地品牌,创新乡村旅游营销服务方式,强化乡村旅游目的地整体品牌营销力度,建立了中国乡旅网、中国环太湖城市旅游推广联盟、长三角乡村旅游联盟和国际乡村旅游联盟。在北京、广州、深圳、上海、杭州等全国数十个城市设立了湖州旅游推广与联络处。以国际乡村旅游大会、中国·湖州国际生态(乡村)旅游节为依托,大力培育全市十大乡村旅游品牌节庆营销活动和一系列特色农事(民俗)节庆活动,全

面构建了"活动营销、媒体营销、广告营销和专业营销"四大旅游市场品牌营销体系。

(四)强化制度、标准建设

1. 出台各项政策,优化发展环境

湖州市先后出台了《关于推进乡村旅游提升发展的指导意见》《关于加快建设国际生态休闲度假城市的实施意见》等政策文件。通过整合旅游、农业、文化等多项建设发展资金用于扶持乡村旅游发展;鼓励和支持工商资本和品牌企业与农民建立利益共享机制发展乡村旅游,引导农户以土地承包经营权入股等形式流转土地,建立政府扶持、金融支持、农民投入、社会投资的多元化投入体系,为建设乡村旅游产业发展提供保障。

2. 规划引领

编制《湖州市乡村旅游集聚示范区产业发展专项规划》,全面推进莫干山国际、德清东部水乡、长兴水口茶乡、长兴小浦十里银杏、安吉黄浦江源、安吉大竹海、湖州(妙西)茶文化、吴兴滨湖、荻港古村(水乡)、南浔浔练十大乡村旅游产业集聚示范区建设。其中,长兴县水口乡村旅游产业集聚区,下辖水口、金山、顾渚、徽州庄、龙山5个行政村,区域内生态环境良好,历史文化悠久,以特色民宿、农家客栈、采摘体验、禅茶文化为主题的乡村度假资源构成了丰富而独特的旅游产品,为乡村旅游发展奠定坚实的基础。目前,区域内各类农家乐(民宿客栈)500余家、床位数2.3万余张、餐位数2.4万余个、自备旅游大巴24辆,可直接从沪、苏、锡、常、宁等长三角主要城市接送游客到长兴休闲度假,形成了独具特色的"家门口接送""一站式"服务;同时每年向宜兴、安吉、德清、广德及本县景区输送大量游客,已形成完备的"吃、住、行、游、购、娱"服务体系,2017年成为浙江省唯一一个省级乡村旅游产业集聚区。2017年共接待游客315万人次,农村居民人均纯收入由2004年的3888元增加到2017年的35590元。

第二章 农业现代化建设的进展、问题与策略

3. 制定标准

全面建设乡村旅游八大标准，全力推动湖州市乡村旅游标准逐步成为省级乃至国家标准。由德清县牵头制定的《乡村民宿服务质量规范》成为全国首部县级乡村民宿地方标准规范，上升为国家标准；《长兴县水口茶乡乡村旅游集聚区建设与管理办法》已经上升到省级标准，并在全省推广；同时《乡村旅游示范村建设与管理规范》《乡村旅游集聚示范区建设与管理规范》地方标准已发布推广；乡村旅游示范农家、乡村旅游示范农庄认定办法标准已经制定并运用。目前正在抓紧制定生态度假庄园、休闲农场认定标准，生态度假庄园标准已经在北京成功召开专家论证座谈会。通过乡村旅游标准化体系建设，全面指导乡村旅游规范有序、形成特色、健康发展。

二 休闲农业与乡村旅游发展的成效

乡村旅游带动了乡村休闲业的发展，契合了由城乡统筹到城乡融合的历史发展进程，顺应了物质生活日益富裕起来后人们对美好生活的需求。2016年，湖州接待旅客达到8000万人次，旅游经济总收入突破800亿元。城乡之间的人流、物流和信息流的形成，促进了城乡之间资源要素的优化配置。坚持生态优先、绿色发展为核心的美丽经济——乡村休闲，不仅具有多产业的辐射和带动力，成为一种崭新的乡村经济发展模式，而且具有引领性、渗透性、包容性、多样性、价值性的特征，影响和带动乡村"产业兴旺、生态宜居、乡风文明、治理有效、生活富裕"，实现乡村振兴。

（一）促进了农业绿色发展，传统农业开始向现代农业跨越

适应休闲业发展趋势，需求导向的农业供给侧结构性改革不断推进，绿色、生态、高效成为广大农业经营主体和各级党委政府的自觉追求。湖州成为全国第二个基本实现农业现代化的设区市，在全省农业现代化实现度测评中连续四年名列第一。全市农、林、牧、渔业总产值从2005年的106.08亿元提高到2016年的223.1亿

元,年均增长6.99%;农业增加值从2005年的63亿元提高到2016年的134.8亿元,年均增长7.16%。

(二)促进了文化传承创新,推动了乡村文化发展和价值提升

传统文化的挖掘整理、"非遗"项目的保护、历史文化村落的创建,促进了传统文化在传承中创新发展。桑基鱼塘系统、淡水珍珠传统养殖与转化系统成功入选全国重点农业文化遗产名录,蚕桑文化、湖笔文化、茶文化、竹文化、渔文化等地方特色文化嫁接现代文创在参与体验中传播光大。荻港的笔道馆、莫干山的VR体验馆、安吉尚书垓的孝源文化、新市的蚕花节、长兴的大唐贡茶院等各具特色的文化场馆和活动,加上良好的生态环境,使湖州乡村成为众多游客休闲度假的首选地、目的地。

(三)促进了资源要素流动和优化配置,城乡融合发展呈现新格局

乡村休闲产业的巨大市场吸引了社会资本的大量进入,促进了休闲商品、休闲时尚产业、休闲装备制造业的发展,促进了传统产业的转型和第一、第二、第三产业融合发展。通过"腾笼换鸟"和资源共享使乡村低效资源利用率提高,农户闲置房屋得到利用,农村富余劳动力就业渠道拓宽。

(四)促进了乡村治理体系建设,乡村治理能力进一步提升

乡村休闲业的发展,促进了城乡之间人、财、物等要素加快流动,工商资本、青年创客、返乡大学生、返乡创业的退伍军人、外出务工人员集聚乡村,传统乡村地缘相近、血缘相亲的社会结构被逐渐打破,村民自治开始向以村民自治组织为基础的社区民主自治转型。通过成立乡贤会参与美丽乡村建设和基层社会治理,建立行业组织强化行业自律,促进乡村社会组织发展,基层自治体系日趋完善。

(五)促进了绿色生活方式形成,乡村居民生态意识不断增强

从美丽乡村到美丽经济,生态环境的价值体现让乡村居民鼓了

第二章　农业现代化建设的进展、问题与策略

钱包、得了实惠，树立起了生态优先的意识，增强了保护环境的行动自觉。

三　休闲农业与乡村旅游发展存在的问题

（一）旅游用地制约发展

乡村旅游要发展，就需要一定的配套设施建设，保障必要的旅游建设用地用于建造商业、娱乐和服务为主的建筑物。但由于农用地的重要性以及我国对农村集体用地的保护与限制政策，使乡村旅游对农村土地的利用受到了众多限制，如乡村道路用地、公路驿站项目用地、乡村高等级景区创建中的建设用地等。当前，乡村旅游正在从低端向中高端升级发展，要成功实现升级发展，就要引入外来投资，打造旅游项目，但常常因为没有土地指标，致使旅游建设项目难以落地，有的旅游项目入驻后，无配套建设用地（基本上是耕地和公益林），致使道路用地无法解决。此外，随着城市化进程的推进，乡村旅游用地指标的保障难度会更加明显。

（二）公共服务有待提升

以十大乡村旅游产业集聚区来看，目前长兴水口茶乡、莫干山国际、荻港水乡这几大区域相对从规模到产业、从配套到服务比较完善，其他集聚区集聚化程度和产业规模还不够高，区域品牌影响力还不够大，配套设施还不够完善，景区建设、集聚功能、旅游厕所、排污系统、购物中心、活动场所、停车场、智慧旅游体系等还跟不上游客多元化的消费需求。此外，部分山区村民谋求眼前的经济利益，毁林种茶，导致水土流失、农药污染地下水甚至饮用水等问题，一定程度上破坏了优美的生态资源环境。

（三）发展不平衡

一是区域发展不平衡，全市规范经营的农家乐、民宿1721家，德清、长兴和安吉三个县分别拥有民宿449家、515家和606家，占全市农家乐、民宿总量的26.3%、29.9%和35.2%，而南浔、吴兴两个区分别为109家和42家，仅占全市的6.3%和2.4%。二是

业态发展不平衡，业态主要集中于短期度假、农事体验型，乡村文创、乡村养老、乡村康体健身等新兴业态比重不大，有的还处于起步阶段，导致产品的同质化。三是发展动能不平衡。山区、丘陵地带较早确立了生态优先的发展理念，美丽乡村建设走在前列；东部平原地区受大气、水环境以及自然景观等影响，人们对发展乡村休闲旅游普遍存在畏难情绪。

（四）发展不充分

一是产业发展不充分。产业发展不充分，品牌效应不明显，追求顾客数量与提升消费质量两种动能未能联动发展，对买方需求的有效供给不足，发展提升的空间很大。二是要素不充分。主要是要素制约"瓶颈"依然存在，适应乡村休闲产业发展的供地改革创新需要立法部门的授权，行之有效的"坡地政策"还需要逐步扩大试点范围，共享经济的模式需要理念更新、保障机制的完善来推进，农户住宅大量空置与休闲业发展缺少建设用地并存的矛盾普遍存在。三是形态不充分。传统产业转型慢，适应市场新需求的业态发展不足，从全市看养老业到去年全市经过审批的医养结合机构仅8家，4家是医院医疗机构建护理院，4家是城镇养老机构自行投资医院，其中4家还在建设过程中未投入营运，适应城市需求的乡村养老还在萌芽过程中，一些养老项目仅能提供度假服务。

（五）人才"短板"突出

一是突出表现在创意性人才不足。农户在涉及休闲领域创业时，缺乏产品创意、个性化设计、赢利模式规划等方面的有效指导，主要通过模仿或通过自我摸索积累经验，导致业态相对单一、雷同，难以满足个性化、多样化、多层次化的休闲消费需求，延续传统的规模化追求、陷于低层次的价格竞争。二是专业技术型人才缺乏。从休闲产业体系的构建来看，专业技术型人才的缺乏十分突出，如乡村休闲养老、老人度假，仅能提供住宿、餐饮的服务，活动场地的提供，缺乏专业的医护人员，缺乏相应的健康档案，没能

第二章 农业现代化建设的进展、问题与策略

提供专业的养生健生指导，包括内部设施、外部环境建设等方面，缺乏为老人提供方便、提供应急服务的设计和设备投入。三是经营性人才流动和缺口大。大部分乡村休闲旅游集聚地的专业合作社和协会，其主要负责人大多是乡镇、村干部或从领导岗位退下来的老领导，由于缺乏相关的知识积累，影响了发展的转型升级。农村休闲业服务的综合素质与乡村休闲业发展的需求还有一定距离，亟待提升。

四 提升休闲农业与乡村旅游发展的对策建议

依托湖州独有的自然资源、生态禀赋和区位优势，加快融入全省"大湾区""大花园"战略，以"中国南太湖巨龙腾飞计划"为引领，突出乡村旅游、滨湖度假融合发展，进一步优化"四大模式""十大产业"和"乡村十景""三带十区"的乡村旅游产业格局。

（一）要素保障

1. 深化用地制度改革，强化用地保障

在严守生态、耕地和土地管理、水资源三条红线的基础上，推进集体建设用地入市、集体建设用地通过入股等形式参与开发、村镇坡地政策等改革试点，创新供地方式，用途监管方式，形成"供得出、管得住、收得回"的制度保障，以及土地增值共享的机制。在土地利用总体规划和城乡规划中统筹考虑全域旅游产业发展需求，合理安排旅游用地布局，对纳入"个十百千万"工程的乡村旅游项目优先安排用地。在年度土地供应中合理安排旅游业发展用地。继续深化旅游用地改革，坚持省国土资源厅等9部门联合开展的低丘缓坡"坡地村镇"建设用地改革，坚持运用"点状供地"方式，实施旅游建设项目用地"点状布局，垂直开发"，积极争取把湖州作为旅游改革用地的试点城市。

2. 资金保障

一是要注重工商资本作用。县区各级政府要进一步保护和调动

工商资本投资乡村旅游的积极性，鼓励社会资本投资建设生态度假庄园、休闲农场、民宿客栈等项目。培育和引进专业化公司，推动工商资本与农户合作方式，充分发挥工商资本在提升乡村旅游组织化程度、规模化经营、可持续发展中的作用，深入推进乡村旅游经营模式、管理方式和融资模式创新，促进湖州全域旅游工作有序高效发展。二是要加大财政投入。加大对休闲农业、休闲制造业、休闲养老、休闲户外运动等相关基础设施、公共服务设施、人才培育以及区域公共品牌建设的投入。

3. 人才保障

深化人才培育使用机制创新，坚持把乡村职业教育放在优先发展位置。完善农民学院建设和运作机制，发扬农民学院乡村学府、田间课堂，培育新农村建设急需型、复合型、领军型人才的办学宗旨和办学特色，培育乡村新产业、新业态主体。加强乡村休闲业发展相应的课程建设。

（二）环境保障

1. 强化生态环境保护

优美的生态环境是乡村旅游立业之本，环境美乡村旅游才会兴。近年来，湖州乡村旅游迅速发展，很大程度上是依托湖州良好的生态环境。随着湖州乡村旅游知名度的不断提高和民宿数量的大幅增长，越来越多的游客选择湖州休闲度假和体验生活。对此，建议依据《中华人民共和国旅游法》《浙江省旅游条例》等法律法规，结合本市实际，尽早制定出台《湖州市乡村旅游促进条例》，从立法的层面来有效保护乡村旅游资源和生态环境，促进乡村旅游协调、可持续发展，推动生态文明先行示范区和美丽乡村建设。

2. 加强基础设施建设

针对部分偏僻山区公共设施建设滞后等情况，建议根据发展规划，突出重点，从农村基础设施建设入手，着力完善公路交通网络和道路标志标识，解决乡村旅游发展区域的交通堵塞问题；合理规

第二章 农业现代化建设的进展、问题与策略

划设置停车场,提升景区交通容量及安全系数,解决停车难问题;完善供电、供水、消防、污水管网等设施,保障民宿业主、游客及当地居民的用水用电安全,不断降低生活垃圾、生活污水等因素对周边环境的影响,促进民宿业的合理发展和提升。

3. 完善生态补偿机制

健全生态公益林、水源地保护、退耕还林还草还湖等生态补偿和随经济发展水平提高不断增长机制,探索建立流域、上下游、区域间生态补偿机制,以及"谁受益,谁保护"的责任落实和补偿承担机制,健全财政主导,碳排放权交易、水权交易等市场行为和社会资本参与的生态补偿制度体系。积极探索村级集体留用地政策落实和货币化补偿相结合的机制,完善承担永久基本农田保护职能的建制村、村级集体经济组织财政补偿机制。

4. 进一步完善长效维护机制

调动乡村居民、社区组织和成员自觉维护的主人翁精神,健全城乡一体化基础设施、生活污水治理、农村垃圾分类处理等设施的规划建设和长效维护机制,完善公共财政转移支付制度,实现农村持久美。

(三) 完善政策供给

1. 深化完善政策机制

进一步整合用地、资金、税收、奖励等政策,集中向乡村旅游项目、重点地区倾斜。按照党的十九大提出的"优化存量资源配置,扩大优质增量供给"要求,做好乡村旅游产业融合发展,应立足现有农村用地规模和布局的优化。底线是按照国土资源部、国家发展改革委发布《关于深入推进农业供给侧结构性改革 做好农村产业融合发展用地保障的通知》的规定,以不占用永久基本农田、不突破建设用地规模、不破坏生态环境和人文风貌为前提,"避"开耕地,"限"制基础设施范围,尤其是道路宽度和停车场面积,"禁"止大开大挖,做到"在开发中保护、在保护中开发"。把握

好开发的限度，始终坚持"规划先行"，结合利用国家乡村旅游用地新政，明确只有区位条件好、资源环境承载力强、非地质灾害易发区的地块才能作为项目用地区工作原则。充分基于现有的生态环境资源，做到民生建设优先、绿色产业适度分类引导。坚持政策引领，好的项目带动，坚持生态发展，形成良性循环的态势。

2. 完善政策供给，合力构建乡村休闲产业体系

一是构建乡村休闲业发展的政策体系。要立足城乡融合发展、实现乡村振兴，着眼要素资源的优化、高效配置，突出激发乡村发展内生动力，打破部门、条块利益固化的障碍，聚焦乡村休闲业发展面临的土地、人才、融资等"瓶颈"制约，同心破障碍、齐心补"短板"、合力填空白，构建体系完备、科学规范、运行有效的制度体系。二是构建乡村休闲业发展的数据共享体系。建立乡村休闲业发展数据调查监测体系，建立部门和条块数据平台的链接，改变数据细碎化、部门化倾向，完善数据信息共享机制，精准反映发展动态、发展成效、市场需求变化，及时发布相关政策信息、市场预警信息。三是构建乡村休闲业发展规划体系。坚持生态优先，生态保护规划、产业空间布局规划、土地利用规划、村庄建设规划、基础设施建设和公共服务体系建设规划有机衔接，编制乡村休闲业发展规划，发挥规划引领作用，促进乡村休闲多业态发展，加快发展休闲服务性产业、休闲商品和休闲装备制造业、休闲文化产业，加快休闲业专业技能和经营型人才培育等，着力补齐休闲运动、康体健身、乡村养老等"短板"，丰富产业业态，形成产业集群，增强可持续发展能力，不断推动乡村休闲业从供应链低端向中高端发展。四是构建适宜乡村休闲业发展的基础设施和公共服务体系。规划发展区加快农村道路联网工程建设进度，提升城乡公交通达率、准时率，加强乡村道路标识标牌建设和道路辅助设施建设，提供优质高效的交通服务。加快推进乡村信息化改造提升工程，提高带宽和

第二章 农业现代化建设的进展、问题与策略

网速,提高网络普及率,适应"互联网+"发展,提高农村电子商务建制和人群覆盖率。推进城市优质医疗、卫生、康复、教育、文化等优质资源向乡村配置,不断满足乡村休闲业发展的需要。五是打造乡村休闲品牌体系。形成以区域公共品牌统领的乡村休闲品牌体系,加大品牌宣传力度,注重品牌经营,扩大品牌的影响力,使湖州成为长三角休闲度假的首选目的地,中国休闲第一市。

3. 着眼共建共享,推进城乡要素流动和优化配置

一是健全共享平台。依托农村产权交易平台、劳动就业和社会保障平台等条块平台,加强信息互通、数据联结,拓展平台服务功能,实现闲置土地、季节性空闲土地、空置住房、富余劳动时间等要素资源网上发布、网上交易。二是健全权益人利益保障机制。完善共享经济发展的政策体系和制度体系,推进各种形式的联合和合作,健全和完善"公司+农户""合作社+农户""公司+合作社+农户"的联结机制,实现小农户与大市场的对接,提升农户话语权,增强农户的维权能力。加强网络共享平台监管,规范网络交易行为。探索建立共享权益人线下合作组织,加强行业自律,增强其话语权和权益维护能力。三是健全乡村"共享"市场开放机制。建立市场负面清单制度,规范市场准入,重点是解决农村"空壳村"房屋闲置与农村发展空间有限的矛盾,通过共享经济模式,发展乡村休闲度假、乡村养老、健身康复、乡村文创,建设和发展乡村硅谷。四是推进金融服务持续创新机制。依托大数据,建立网络诚信评估体系,完善风险防范机制,建立基于互联网的信息提供平台,消除资金提供方与资金需求方之间冗长的中介环节,让双方更直接地交易。

4. 激活内生动力,促进美丽乡村建设转型升级

一是进一步推进资源资产化。推进从村庄建设向村域发展的递进,变设施、环境、生态以及文化资源为经营资产,发展乡村休闲

业，壮大集体经济，培植农村可持续发展能力。二是进一步深化乡村精神文明创建。深化农村精神文明创建和思想道德建设。三是进一步鼓励和引导创新创业。推进各种形式的联合、合作，发展各种形式的"众创空间""星创空间"，创业孵化器建设，引导和扶持发展乡村休闲产业。四是进一步推进乡村社会治理创新。坚持党对"三农"工作的领导，完善基层民主制度，适应乡村经济结构、居住方式、社会结构的变化，完善乡村社区治理体系建设。引导和支持农村各类社会组织发展。

第四节 农业社会化服务的实践与探索

一 农业社会化服务概述

农业生产社会化服务体系是以公共服务机构为依托、合作经济组织为基础、龙头企业为骨干、其他社会力量为补充，公益性服务和经营性服务相结合、专项服务和综合服务相协调的，为农业生产提供产前、产中、产后全过程综合配套服务的体系。农业生产社会化服务体系的建立和完善，能够有效地把各种现代生产要素融入农业生产经营中，不断提高农业的物质技术装备水平，推动农业适度规模经营，促进农业生产专业化、商品化、社会化发展，有利于巩固农业基础地位。农业生产社会化服务体系能够较好地解决一家一户办不了、办不好或办起来、不经济的事，强化了"统"的功能，能够实现有统有分、统分结合，有利于稳定家庭承包经营这一农村基本经营制度。建设农业生产社会化服务体系，使用先进的生产手段和科学技术，提供高质量的服务，使生产、供销、加工等各个环节逐渐实现社会化，引导农户向专业化、区域化发展，推动现代农业进程，有利于发展现代农业。

党的十九大报告指出："实施乡村振兴战略，发展多种形式适

第二章 农业现代化建设的进展、问题与策略

度规模经营,培育新型农业经营主体,健全农业社会化服务体系,实现小农户和现代农业发展有机衔接。"这是我们党从战略的高度对如何发展农业社会化服务体系和达到什么样的目标做出的重要决策,为农业生产发展指明了方向。2012—2017年出台的中央一号文件,连续6年提到农业社会化服务,为农业社会化服务体系的建设提供了良好的发展契机,打下了坚实的制度政策基础。农业部和财政部开展农业生产社会化服务试点,将浙江省确定为试点省份。南浔区积极响应,获得农业社会化服务试点县(区)。本节内容主要基于湖州市南浔区试点情况的调查研究。[①]

二 农业社会化服务试点的主要举措

(一)深化农业供给侧结构性改革

1. 农村土地承办经营权、农村集体经济股份制、房屋产权"三权"改革

一是扎实推进农村土地承包经营权确权登记颁证工作。南浔区应登记确权颁证的行政村196个,3490个组,家庭承包经营的农户10.063万户,承包经营的耕地面积32.2万亩。2015年启动农村土地承包经营权确权登记颁证工作以来,通过试点先行、强化督导、严把质量等措施,截至2017年年底,全区面上完成外业测绘32.5万亩,195个村基本完成了外业测绘工作。

二是健全完善股份制改革。2014年,全区完成了农村集体经济股份制改革,共核实总资产47504.21万元,其中经营性资产292.75万元,170个村进行了资产量化,量化资产22797.74万元,颁发股权证数量113552本。2016年,全区开展股改"回头看",在2014年股改的基础上出台了《南浔区农村集体经济组织股权交易实施细则(试行)》《关于进一步完善农村集体农村集体"三资"管理工作的意见》等文件,不断完善体制机制建设,确保集体资产保

---

① 课题调研组主要由南浔区农林发展局钱秋霞、朱权达组成。

值增值。

三是全面完成房屋产权确权登记颁证。2016年,全区完成了农房测绘工作,共测绘面积203.16万平方米,确权颁证应发尽发7765户;全区宅基地确权颁证完成规划区外79061户、9412宗,完成了应发尽发任务。同时,出台了《南浔区农村村民建房审批管理实施细则》等文件,完善农户宅基地用益物权登记、变更、审批的长效管理机制。

四是加强农村产权交易管理和金融创新。建立了农村产权交易平台,以公开透明的方式进行产权交易,截至2017年年底,平台上累计完成产权交易233宗,涉及金额12195.7173万元,其中集体经营性资产所有权或使用权106宗,涉及金额2269.91万元;农户承包经营权127宗,涉及金额9925.1万元。积极推进农村产权抵押贷款,建立健全农村土地经营流转权抵押贷款机制。制定出台了《南浔区农村流转土地经营权抵押贷款管理实施细则(试行)》(浔农发〔2016〕19号)和《关于鼓励金融机构开展农村综合产权抵押贷款的指导意见》,进一步激发了农村存量资产的活力。

2. 生产、供销、信用"三位一体"改革

2016年,全区启动生产合作、供销合作、信用合作"三位一体"农民合作经济组织联合会改革,通过组建区镇两级农民合作经济组织联合会(其中,区级农合联1个,镇级农合联9个)、农民合作基金会和资产经营公司,建立健全生产、供销、信用等制度,初步构建了"三位一体"农民合作经济组织体系。

3. 普惠金融改革

2017年,南浔区在组建了6家粮食生产类农民专业合作社联合社的基础上,作为全市试点开展农业"三项补贴"政策综合改革,主要目的是探索金融扶持农业的有效途径。制定出台了《南浔区农业"三项补贴"政策综合改革试点资金管理实施细则(试行)》,采用区级统一管理"三项补贴"政策综合改革试点资金、各粮食类

第二章　农业现代化建设的进展、问题与策略

农民专业合作社联合社在南浔银行开立保证金专户的新型金融授信模式，实现了1亿元的贷款信用额度，大大调动了全区农民种粮积极性，有力地促进了各粮食类联合社的发展。

（二）强化推进传统农业现代化进程

1. 健全农技推广体系

南浔区紧紧抓住全省落实责任农技推广制度的契机，积极创新农技推广体制机制建设，在9个镇1个开发区都建立了农技推广站点，共拥有农技推广工作人员126人，实现农技推广力量"全覆盖"，涵盖了粮油、种子、蔬菜、茶叶、果树、蚕桑、畜牧、养殖、土肥植保、农村能源、农业经济、农业机械、病虫害防治等专业，基本解决了原先农技推广基础不稳固、制度不健全、管理不到位、责任不落实等机制性问题。

2. 培育农业经营主体

通过出台《湖州市南浔区人民政府关于加快发展现代农业的若干政策意见》（浔政发〔2015〕13号）等奖补政策，组织开展生产经营、农技应用等业务培训，强化专家赴农业经营主体现场指导力度，鼓励扶持农业龙头企业、农民专业合作社、家庭农场等新型农业经营主体发展壮大。目前，南浔区拥有农业龙头企业42家，其中国家级1家，省级4家，市级37家；农民专业合作社（联合社）292家，其中国家级4家，省级12家，市级25家；家庭农场224家，其中省级28家，市级37家。

3. 强化农业人才培养

鼓励大学生在农业生产领域创业就业，对在我区农业经营主体就业或成立农业经营主体的大学生，每年给予一定财政补贴，连补三年。加强职业农民培训，每年培训职业农民超过35610人次。同时，组建了创新服务团队，由浙江大学等高校院所专家教授带领本地农技人员为农业经营主体答疑解惑、指导生产，大大提升了我区农民的农业生产经营水平。

（三）加强农业安全生产和污染防控监管

1. 推进农产品质量安全监管

严格开展农业执法检查。每年积极开展"绿剑"系列行动、"百日会战"专项整治等执法检查行动，重点畜禽、水产养殖场、屠宰场、农资生产经营单位、农产品生产基地等。对发现的问题及时要求主体整改，严重的依法给予行政处罚。扎实推动农产品质量安全区建设。通过开展农产品质量安全宣传活动、强化农产品检测、严格市场准入、实施农产品质量安全追溯管理等措施，切实保障农产品质量安全，成功创建了省级农产品质量安全区。

2. 着力开展农业品牌建设

通过现场推介、农民信箱、微信群、QQ群等途径大力宣传"三品一标"和农产品注册商标的重要意义，使全区农业经营主体逐步树立了品牌意识。对成功创建"三品一标"和农产品商标的经营主体给予一定财政奖励和补贴，鼓励引导农户开展农业品牌建设，不断提升农产品竞争力和附加值。目前，全区拥有无公害农产品106个，绿色食品39个，有机农产品19个，农产品地理标志1个。

3. 狠抓农业废弃物资源化利用

围绕畜禽粪污收集、处理、终端产品利用等关键环节，促进资源化利用。推广实行干湿分离，建立健全畜禽粪污收集、智能监控等设施设备，提高了处理和监管水平。围绕农作物秸秆收集、利用等关键环节，促进多元化综合利用。建立年收购秸秆量在1000吨以上的收储中心和综合利用示范点11个，通过秸秆的肥料化、饲料化、能源化、基料化、原料化等多种利用途径，实现秸秆综合利用率达95.8%。加强农村生活污水提标改造，进一步夯实农村生活污水治理成效，目前，全区完成了40个提标治理村，新增受益农户2567户，占全年省市任务的263%，完成终端68处，累计投入1756.8万元。

第二章 农业现代化建设的进展、问题与策略

三 农业社会化服务试点取得的阶段性成效

（一）农业生产服务能力得到大增强

统一化的规模作业大大提高了生产效率，降低了生产成本，也为抢抓农时提供了保障。2017年全区农业生产托管的服务面积为2.36万亩，服务对象1.17万户。以南浔区和孚云北粮油专业合作社为例，该社成立于2008年，共有社员112人，拥有大中型拖拉机1台，手扶拖拉机12台，联合收割机5台，插秧机2台，植保机械21台，农用车3台，50吨粮食加工流水线1条，烘干能力120吨的粮食烘干中心1个，除了满足自身种粮需求外，还能为周边农户提供耕、种、收、加工"一条龙"社会化服务，年均服务面积达6000余亩。2017年夏季抢收时，为农户节约了一半的抢收时间，且降低了农户种粮的生产成本，切实保护了农户种粮收益。

（二）农民节本增收效果得到大突破

依托南浔区农合联以及粮油合作社联合社的"社会化服务项目"，农民可获得合作社提供的土地旋耕、机械化播种、病虫害防治、机械化收割、秸秆还田5项服务，每亩相对于市场价可节省110元。通过开展"农超对接、农批对接、农校对接、农企对接"，大大拓宽了供销渠道。搭建了农产品电子商务供销平台，能够即时掌握农产品的价格，实现零差率直销。2017年，全区农产品电子商务平台53个，交易额达2.04亿元。

（三）农村人居生活环境得到大提升

近年来，南浔区通过推广测土配方施肥、推广商品有机肥使用、采用缓控施肥、水肥一体化等措施，仅2017年就减少化肥使用量315.6吨，大大降低了农业化肥污染。2017年，全区农业投入品回收率达到91.8%，处置率达到100%，农药减量20.25吨，专业化统防统治面积达到13.41万亩，完成绿色防控示范面积1.5万亩，全区秸秆综合利用率达到96.84%，沼液资源化利用量12.7万吨，有效地缓解了农村生活性垃圾和农业生产性垃圾污染问题，有力地

推动了"五水共治"和美丽乡村建设,大大改善了农村人居环境。

四 农业社会化服务改革的思考

(一)政策扶持体系有待完善

目前,南浔区与农业社会化服务相关的扶持政策较少,且政策规定大多浮于表面、过于宽泛,缺乏操作性,有关条款甚至已经不能适应南浔区现阶段的农业农村发展形势,难以体现当前中央和省、市关于建设现代农业社会化服务体系的发展思路,无法指导全区进一步推动建立现代农业社会化服务体系。

(二)农业社会化服务有待提质扩面

南浔是典型的江南水乡、鱼米之乡。一是农业社会化服务需要扩面。目前,南浔区农业社会化服务主要局限在种植业上,且水稻耕、种、收、加工、销售的社会化服务大多集中在耕种收环节上,而加工、销售方面能提供服务的经营主体较少。南浔水产、畜牧养殖业比较发达,但能提供水产、畜牧领域社会化服务的经营主体不多。二是经营主体服务能力有待提升。南浔区现有年收入超过100万元的家庭农场46家,年收入超过1000万元的农民专业合作社仅有20家,年收入超过1亿元的农业龙头企业仅有13家,部分合作社成为"空壳社""僵尸社"。

(三)农业科技力量较为薄弱

主要体现在农业科技需求的多样性、差异性供给不足,农技力量与现代农业发展还不能完美结合;推进农村信息化建设中,信息资源开发不足、信息收集整理能力不强、信息服务缺乏综合集成和有效分析;农机装备水平较低,小型机械多、大中型机械少,低档产品多、高档产品少。

(四)农业金融服务存在"瓶颈"

一是农业资产凭证效力较差。农业资产大多缺乏权证,和工业相比,贷款难度大,能够拓宽的渠道也有限。二是存在融资不公平现象。总体来说,农业企业比工业企业利润少,但是贷款的利率差

第二章 农业现代化建设的进展、问题与策略

不多,这就无形中增加了农业企业的融资成本,一定程度上制约了农业企业发展。三是缺乏农业资产评估机制。目前,南浔区农业资产的抵押贷款数额主要由银行说了算,缺乏权威专业的评估机构进行资产评估,也缺乏合理有效的农业资产评估机制,容易造成贷款不公平、不合理的问题。

五 提升农业社会化服务水平的对策建议

(一) 制定完善支农惠农政策体系

尽快研究出台与农业社会化服务体系相关的更具操作性、可行性的优惠政策,强化农业生产社会化服务体系建设的制度保障,为农业服务组织的健康发展创造有利的政策制度环境,健全完善农业社会化服务体系。同时,政府应进一步增强对农业生产社会化服务的购买力度,建立农业生产社会化服务专项管理资金,重点用于扶持供销社基层服务组织、农民专业合作社、农资、农副产品、再生资源经营服务体系建设等方面,加快推进农业生产社会化服务经营主体发展。

(二) 大力培育农业经营主体

要进一步加强对发展新型农业经营主体的引导力度,按照"户转场""场入社""社联合""散升规"的发展思路,鼓励发展适度规模的新型农业经营主体,并加强经营主体规范化培训和监管,对达到示范性水平的经营主体给予财政奖励,对监测不合格的经营主体取消示范性称号,不断提升农业经营主体的数量和质量。

(三) 着力加强科技推广力度

要坚持以农民为中心,以农民生产需求为导向,推进农业科技体制改革,加快建立新型农业科技创新体系和农业技术推广体系。要加大农业信息化建设的投入力度,健全完善农业批发市场行情、农业科技成果、农村综合信息、农业政策、招商引资、气象水文等数据库,充分运用"互联网+"切实强化信息采集和分类整理,发挥好信息资源的作用。

（四）深化农业体制机制改革

要加强与金融单位合作，加大对农业龙头企业、农民专业合作社、家庭农场等新型农业经营主体的信贷支持力度。探索优化农业贷款环境，组织建立具有一定权威的中介评估机构。要稳妥推进农村资金互助会组建，建立完善担保体系，有效解决涉农经营主体融资难、担保难问题。要培育发展农业生产社会化服务经营主体，构建多元化的农业生产社会化服务体系。

第三章　新时代美丽乡村建设的实践探索与政策建议

第一节　美丽乡村建设的现状与成效

建设"全域美、生态美、风貌美、人文美、发展美""五美兼具"的美丽乡村，把湖州乡村打造成为宜居的生态家园、宜业的创客乐园、宜游的市民公园，是实现乡村振兴的基本特征、题中之义。近年来，湖州市始终践行"两山"理念，立足市情，创新思路，统筹谋划，大胆实践，在全国全省率先开展美丽乡村创建，率先实施市校合作共建新农村模式，率先制定出台《美丽乡村建设指南》，走出了一条以"美丽乡村"为品牌特色的新农村建设"湖州之路"。截至 2017 年年底，安吉县、德清县被评为省级首批美丽乡村示范县，建成省级美丽乡村示范乡镇 16 个、市级美丽乡村示范乡镇 23 个，命名首批市级美丽乡村精品村 56 个，建成市级美丽乡村 622 个。基本完成农村生活污水集中治理，全面推行农村垃圾分类处理。

一　以"两山"理念为指引，总体谋划美丽乡村建设

（一）全域编制美丽乡村建设规划

2005 年党的十六届五中全会做出建设社会主义新农村的战略部署后，湖州市委、市政府提出通过 10 年左右的时间，把湖州农村建

设成为产业特色鲜明、生态环境优美、村容村貌整洁、乡土文化繁荣、社会秩序和谐、农民生活幸福的社会主义新农村。牢固树立规划"龙头"理念，坚持科学和统筹规划的原则，逐步强化将安全作为规划重要方面的意识，在全市范围分层编制新农村建设规划体系。在总结安吉县建设美丽乡村实践经验基础上，制定实施《湖州市美丽乡村建设"十二五"规划》，大力推进"村村优美、家家富裕、户户文明、处处和谐、人人幸福"宜业、宜居、宜游的美丽乡村建设，努力使湖州农村成为浙江省展示美丽乡村品牌的示范区。同时，编制市、县（区）新农村建设规划纲要、县（区）域总体规划、城镇总体规划、村庄布局规划、村庄建设规划、土地利用规划六大规划，并着眼于农房建设的节能、节地、美观与实用，设计一批具有地方特色的农村住宅图集。在圆满完成"十二五"建设任务后，2016年又出台《湖州市美丽乡村建设"十三五"规划》，努力打造统筹城乡升级版、美丽乡村升级版、休闲农业升级版、农村改革升级版。

（二）科学设计美丽乡村建设载体

1. 湖州市与浙江大学"市校合作"共建社会主义新农村

为借智借力、互利共赢，2006年湖州市与浙江大学签订协议，开展全面、长期的战略合作为主载体，制定实施"1381行动计划"，即建设一个省级社会主义新农村实验示范区，构筑科技创新服务、人才支撑、体制机制创新"三个平台"，实施产业发展、村镇规划建设、基础设施、环境建设、公共服务、素质提升、社会保障、城乡综合改革"八大工程"，围绕新农村建设实施百项重大项目。第一轮五年合作完成后，又与浙江大学签订新一轮合作协议，实施"新1381行动计划"，即建设一个全省美丽乡村示范市，强化科技孵化辐射、人才智力支撑、体制机制创新三大平台，实施产业发展、规划建设、生态环境、公共服务、素质提升、平安和谐、综合改革、党建保障八大工程，每年新增合作项目百项以上。在2017年

第三章 新时代美丽乡村建设的实践探索与政策建议

1月的第十次市校合作年会上，湖州市与浙江大学又签订第三轮"1381行动计划"合作协议，全域、纵深、持续推进新农村建设。

2. 设计并扎实推进系列专项载体

湖州市推进实施了"百村示范、千村整治"工程、美丽乡村创建、中心村培育建设、土地综合整治、历史文化村保护利用、农房改造建设、"三改一拆""四边三化""双清"行动、农村生活污水治理、农村垃圾分类处理等工作，使新农村建设真正落到实处。2001年，为解决农村环境"脏乱差"问题，湖州市在全省率先开展以"三改"（改水、改厕、改路）"六化"（道路硬化、村庄绿化、路灯亮化、卫生洁化、河道净化、环境美化）为重点的村庄环境整治工作。2003年全市广泛开展了"百村示范、千村整治"工程。2011年，在总结全面小康示范村创建经验基础上，丰富创建内涵，提升创建标准，在全市广泛开展了美丽乡村创建和美丽乡村示范带建设，形成了市、县区、乡镇、村四级联动和点线面结合的良好局面。2014年以来，加大了农村生活污水治理力度，拓展、深化美丽乡村建设内容。

（三）突出全面协调，统筹城乡发展

1. 统筹城乡经济发展

将农村产业发展深化供给侧改革作为促进农民增收、改变农村面貌的重要举措，加快发展特色水产、蔬菜、茶叶、水果四大优势产业，稳定提升粮油、蚕桑两大传统产业，优化发展花卉、竹笋、畜牧三大特色产业，大力发展休闲观光农业，全力发展农村服务业，特别是农家乐休闲旅游和休闲农业，探索形成"景区+农庄""生态+文化""西式+中式""农庄+游购"等多种乡村游模式。累计创办三星级以上"农家乐、渔家乐、洋家乐"299家。

2. 统筹城乡基础设施和生态环境建设

以农村公路、城乡公交、供电、供水、邮政、信息、电信、广电"八大网路"建设为重点，加快推进城市基础设施向农村拓展延伸，大力推进农村住房改造建设累计完成20万户，生态优势得到彰显，安吉成为全国首个获联合国人居奖的县、"两山"理论实践试点县、全省首个国家水土保持生态文明县。

3. 统筹民生发展

按照推进城乡公共服务均等化的思路，着力发展农村社会事业，实现社区卫生服务体系全覆盖，农村居民基本上步行15分钟即可看病就医；推动城乡社会保障制度逐步并轨，完善农村社会保障体系，建立农村社区居家养老服务照料中心698个；加强农村基层社会管理，实行"网格化管理，组团式服务"；加强农村各类基层调解组织建设，建立公共安全监督管理中心，确保农村社会治安稳定。

(四) 凝聚建设合力，各方共建美丽乡村

1. 充分发挥党政主导作用

各级党委、政府切实强化组织领导政策推动、财力保障等主导作用，强力推进美丽乡村建设；就现代农业建设、集体经济发展、中心镇村培育、农村生活污水治理、财税政策扶持等多方面制定出台全方位的政策意见，筹集资金，每年新增财力重点投向农村，保持投入资金不断递增；实施农村工作指导员和科技特派员制度，帮助农民增收致富、强化基层建设、密切干群关系。

2. 发挥农民主体作用

着力在动员农民上下功夫，增强农民主体意识；在组织农民上下功夫，坚持专家和群众相结合，引导农民广泛参与新农村建设规划特别是村庄建设规划的制订，发动农民投身村庄环境整治和基础设施建设；在服务农民上下功夫，开展"送政策、送技术、送服务"活动，对农民进行点对点、面对面的指导，促进农民增收致富。

3. 各方参与，形成合力

不断完善"党政主导、农民主体、各方参与"的合力共建机

第三章 新时代美丽乡村建设的实践探索与政策建议

制,强化组织领导,切实动员群众、依靠群众、深化各方共建。以市校合作共建为表率,带头开展军民共建、村企合建、部门联建、群团参建,调动高校院所的智慧和社会各方的力量,为美丽乡村建设提供有力保障。

二 不同区域美丽乡村创建亮点纷呈

湖州市位于浙江北部,太湖南岸,紧邻江苏、安徽两省,辖德清、长兴、安吉三县和吴兴、南浔两区,总面积5818平方千米。地势大致由西南向东北倾斜,西部多山,东部为平原水乡区,西部山区生态环境优美,美丽乡村建设起步较早且成效明显,乡村旅游业等农村美丽经济较发达;水乡平原包括市本级吴兴区、南浔区全部区域和德清县104国道以东区域,水乡平原历经千年,以水为生、因水而兴,造就了水韵江南、丝绸之府、鱼米之乡。湖州市三县两区立足各自区位特征和要素禀赋,统筹谋划、积极实践,在全面完成村庄环境整治的基础上,2008年开始探索各具特色的美丽乡村创建,坚持个性化塑造,充分挖掘地方资源,努力打造品牌特色。根据不同的区域特点,各县区围绕美丽乡村建设总目标,实施差异化规划建设,坚持个性化塑造,充分挖掘地方资源,努力打造区域品牌特色。

(一)安吉"中国美丽乡村"创建

2008年安吉县率先开展"中国美丽乡村"创建活动,在创建过程中把全县当作一个大景区来规划,把一个村当作一个景点来设计,把一户农家当作一个小品来改造。始于安吉县的"中国美丽乡村"建设,被誉为新形势下的一场旨在改变农村生产、生活方式的"新乡村运动"。

安吉县是一个典型山区县,经历了工业污染之痛以后,1998年安吉县放弃工业立县之路,2001年提出生态立县发展战略。2003年,安吉县在全县实施以"双十村示范、双百村整治"为内容的"两双工程",以多种形式推进农村环境整治,集中攻坚工业污染、违章建筑、生活垃圾、污水处理等突出问题，着重实施畜舍养殖污染治理、生活污水处理、垃圾固废处理、化肥农巧污染治理、河沟池塘污染治理，提高农村生态文明创建水平，极大地改善了农村人居环境。2006年6月5日，在第35个世界环境日表彰大会上，安吉县被命名为中国第一个"国家生态县"。验收组的评价是："山峦青翠、河流清澈、空气清新，经济结构合理、社会和谐稳定、人居环境优美。"

在此基础上，安吉县于2008年在全省率先提出"中国美丽乡村"建设，并出台了《建设"中国美丽乡村"行动纲要》，计划用10年时间，通过"产业提升、环境提升、素质提升、服务提升"，把全县建制村建成"村村优美、家家创业、处处和谐、人人幸福"的美丽乡村。2015年，安吉县政府为第一起草单位的国家标准《美丽乡村建设指南》（GB32000—2015）正式颁布。

安吉县美丽乡村建设的最大特点是以经营乡村的理念推进美丽乡村建设。安吉立足本地生态环境资源优势，大为发展竹茶产业、生态乡村休闲旅游业和生物医药、绿色食品、新能源新材料等新兴产业。时任浙江省委书记习近平到安吉溪龙乡调研，并给溪龙乡留下了一句话："一片叶子成就了一个产业，富裕了一方百姓。"农民每年白茶收入2000多元，因休闲旅游每年人均增收2000多元。

（二）德清县"中国和美家园"创建

德清县地处长江三角洲腹地，国家级风景名胜区莫干山掩映在群山之间，素有"鱼米之乡、丝绸之府、名山之胜、竹茶之地、文化之邦"之美誉，是全国首批沿海对外开放县。

作为全国社会主义新农村建设的示范县，德清县的新农村建设经历了两个阶段，第一阶段是从2002年开始，以建设"十村示范、百村整治、千里生态长廊"为目标，主要致力于村庄环境的改善。第二阶段从2008年开始，提出以行政村为建设主体，以"中国和美家园"建设为目标，规划启动了中东部历史人文观光线和西部环

第三章　新时代美丽乡村建设的实践探索与政策建议

莫干山异国风情休闲观光线两条景观带建设，实行村庄布局的"两规合一"，全力开展"中国和美家园"建设活动。以"三沿五区四环"为重点建设区域，大力实施"环境整治再提升工程""经济发展再加快工程""社会和谐再推进工程""体制机制再创新工程"。计划通过10年时间的建设逐步将德清166个行政村打造成为生态环境优美、村容村貌整洁、产业特色鲜明、社区服务健全、乡土文化繁荣、农民生活幸福的"中国和美家园"，引导人口集聚、促进产业集中、加快功能集成、拓展机制集合，达到"山水美、农家富、社会和、机制新"的建设目标。

德清发挥德清山水秀美的优势，大力发展农家乐，打响农村休闲旅游品牌。早在2009年，德清在全国首创"洋家乐"这一乡村旅游新业态。如今，100多家精品民宿背靠莫干山发展，已成为行业翘楚。"裸心谷""法国山居"等"洋家乐"倡导人与自然和谐相处的生活理念。不同文化背景带来的生活方式交融，为德清乡村带来了时尚的蜕变。

（三）长兴县"中国魅力乡村"创建

长兴县对全县符合创建条件的行政村进行整体策划，精心编制全县美丽乡村建设战略提升规划，着力打造"中国魅力乡村"。

2010年，长兴县委、县政府作出了关于开展中国美丽乡村建设的战略部署，全面推进"村民富、村庄美、村风好"的美丽乡村创建工作，全力打造"锦绣长兴、美丽乡村"品牌，建设"中国魅力乡村"。计划将用10年左右时间，分三个阶段，按照有序推进的原则，把全县所有行政村全面建成"村民富、村庄美、村风好"的美丽乡村，实现美丽乡村创建的全面覆盖。在全县范围内，按照"串点成线、连线成片、整体推进"的要求，以特色村、精品村、中心村为节点，以实验示范带为轴线，从传统人文、自然资源、特色产业等角度来谋划片区发展，重点推进和实施"555"工程，构筑"点优、线美、片亮"新格局，带动农村面貌整体提升。"555"工程主要是指"5区5带50个点","5区",是指环太湖旅游度假区、合溪水库生态保护区、顾渚茶文化旅游度假区、泗安生态旅游度假区、城南现代农业休闲区;"5带",是指北线"江南茶乡"实验示范带、西线"芥里人家"实验示范带、东线"太湖风情"实验示范带、南线"希望田野"实验示范带和中线"农园新景"实验示范带;"50个点",是指30个重点中心村和20个精品村。

长兴县委、县政府制定了《长兴县美丽乡村建设长效管理考核办法》,并配套出台一整套考核指标体系,明确由创建办、生态办、农办、建设局、城管局等县级有关部门组成考核组,对村容卫生日常保洁和公共基础设施日常维护与保养等工作进行专项督察,年终对村庄长效管理组织保障、设施配套、管理水平以及村民卫生意识等进行重点考核。长兴县美丽乡村建设从最初的环境整治开始,按照"城镇精致化,农村社区化"的要求,推进农村整体环境的功能优化、道路硬化、村庄绿化、卫生洁化、路灯亮化、庭院美化和河道净化,把农村的环境变得更优美。通过制度保障,进一步巩固了美丽乡村建设成果。

(四)吴兴区"南太湖幸福社区"创建

吴兴区是闻名遐迩的东南望郡、历史名邑。自2007年起,吴兴区着手对辖区内93个行政村开展市级美丽乡村创建工作,开展"道路硬化、卫生改厕、村庄绿化、污水治理、垃圾收集"等工作。2009年,吴兴作出了以"中心城市社区和广大农村行政村或自然村"为建设主体,打造"南太湖幸福社区"的决策,制定了实施"南太湖农村幸福社区"计划,建设以"江南丽影、水墨吴兴"为主题的吴兴美丽乡村品牌,针对农村地处中心城市城郊区、东部平原和西部山区特点,提出了打造"一片三带"(即八里店南片,南太湖休闲观光产业带、妙新现代林业产业带、苕上风景示范带)的美丽乡村建设重点区域规划布局,力争将吴兴区所辖的所有行政村、城市社区建设成为百姓安居乐业的幸福场所。2013年,八里店

第三章　新时代美丽乡村建设的实践探索与政策建议

南片被列为升级社会主义新农村建设体制创新实验区。

截至2014年年底，共创建市级美丽乡村37个，全区建成生态优良、设施配套的休闲农业园区5个，有各类农家乐、休闲农庄经营单位34家，2014年全区共接待农家乐、农业休闲观光游客约253万人，营业收入达2.4亿元。2015年开始，吴兴区又提出美丽乡村建设升级的目标，推动农村环境持续改善、休闲农业持续发展、村庄特色持续显现、农民收入持续提高。2015年8月，吴兴区以全省第二名的好成绩，通过省级美丽乡村先进县（区）创建验收。

（五）南浔区"中国魅力水乡"创建

南浔区提出把"历史名人树起来、趣闻典故挖出来、农村面貌整出来、水乡资源亮出来、民俗文化传下来"，从南浔特有的小桥流水人家、田园自然景观、荡漾生态韵味和丝绸文化、古镇文化、渔桑文化入手，科学谋划美丽乡村的特色布局，深入实施"魅力水乡"示范村创建。

南浔区结合江南水乡特色，围绕"富裕农民，清丽水乡，和谐家园"的基本要求，启动实施"中国魅力水乡36520"工程（3条线、6大水系、5个漾荡、20个示范村），重点做好新农村示范带浔练段再提升工作，全面完成示范带练和段建设工作，完成浔练线、湖盐线等公路沿线可视范围内1千米的水乡河道治理；启动实施练市镇中心圩建设；全面完成双林镇八字漾、和孚镇东泊漾水系整治与环境建设；力争建设5个"中国魅力水乡"示范村；加快现代农业示范园区建设，完成2个综合园区规划编制，启动5个主导产业园和10个特色精品园建设；启动3个生态农业休闲旅游点建设，提升4个生态农业休闲旅游点建设。积极开展新农村建设，走出了一条独具特色的新农村建设道路。

南浔区注重村庄环境整治，通过精心谋划、整合资源、科学施工，着力打造清丽家园。注重发展区域经济，实施"一方九点"工程、组建合作社发展规模经营、因地制宜发展特色农业、大力培育致富示范户，着力打造富裕家园。多管齐下，结合"文化示范村""民主法治村""文明村""平安村"的创建，着力打造幸福农民。2016年，南浔区农民人均收入达到14185元，各村集体经济收入也有大幅提高。

三 村庄景区化建设的进展与成效

浙江省第十四次党代会提出，要按照把省域建成大景区的理念和目标，深化美丽乡村建设，推进万村景区化。计划到2020年，全省1万个村成为A级以上景区村庄，1000个村达到3A级景区村庄标准，2000个村成为A级景区村庄。到2022年，把全省打造成为全国领先的绿色发展高地、全球知名的健康养生福地、国际有影响力的旅游目的地，形成"一户一处景、一村一幅画、一镇一天地、一城一风光"的全域大美格局，建设现代版的富春山居图。湖州市积极响应，按照省委省政府提出的"八个一"的整体要求，计划用三年时间创建600个A级景区村庄，其中120个村达到3A级旅游景区村庄标准。

（一）湖州市村庄景区化建设进展情况

近年来，湖州市大力实施"千村示范、万村整治"工程，通过对乡村主要街巷、街头广场、公园绿地开展综合整治，实施乡村农网线路"上改下"入地工程，全面提升乡村环境，推进村庄"景区化"。

1. 开展村庄景区化建设，努力践行"两山"理念

湖州在长三角的最大优势是生态优势，湖州的美主要体现在"绿水青山环绕下的乡村之美"，村庄是乡村旅游的主要载体和重要依托，通过"村庄景区化"建设，不仅能有效提升湖州市美丽乡村建设的品质和颜值，更重要的是，更加强调赋予了乡村旅游的功能和配置，赋予了它更多的经济属性。可以更有效地促进美丽乡村建设的成果转化为美丽经济，促进乡村休闲农业、农家乐民宿等新型业态发展，促进农民增收和集体经济的发展壮大，通过旅游业实现

第三章 新时代美丽乡村建设的实践探索与政策建议

"绿水青山就是金山银山"。因此，村庄景区化建设已成为美丽乡村升级版建设的内在要求和重要任务。

2. 以村庄景区化建设作为打造美丽乡村升级版的有力抓手

湖州作为美丽乡村的发源地，在美丽乡村建设的发展沿革中有不断演进深化的过程，2003年，湖州市按照全省"千村示范、万村整治"工程的统一部署，开始实施了以整治村庄环境脏、乱、差为主要内容的全面小康示范村建设和"百村示范、千村整治"工程。2008年，安吉县率先在全国开展以"村村优美、家家富裕、户户文明、处处和谐、人人幸福"为目标的美丽乡村建设，2010年开始全市在总结安吉经验的基础上全面开展美丽乡村建设，全市农村生态环境和农民生产生活条件大为改善，美丽乡村成为湖州的一张"金名片"，走在了全省全国前列。2016年2月市委市政府出台了《湖州市美丽乡村"十三五"规划》，站在新的起点上提出全力打造美丽乡村升级版，推动湖州市美丽乡村实现全域美、持久美、内在美、发展美、制度美。2017年全省提出推进万村景区化建设，体现了从千村示范万村整治工程到美丽乡村的再次升华，体现了与湖州市美丽乡村升级版的高度契合。

当前，湖州市美丽乡村建设已进入从提升美丽乡村建设水平向提升美丽乡村经营水平和美丽乡村共享水平转变的新阶段。推进村庄景区化建设，把美丽乡村作为全域旅游的重点区域，按照建设大景区、大花园的理念和目标，高标准、高颜值、高品位推进美丽乡村建设，建成具有"诗画江南"韵味的美丽城乡，更好地促进美丽乡村实现从局部美到全域美，从一时美到持久美，从外在美到内在美，从环境美到发展美，从形象美到制度美的转型升级，正是美丽乡村建设农民的幸福家园，居民休闲旅游乐园"两园"目标的基础。村庄景区化建设，已经成为打造美丽乡级升级版最有力的抓手。

（二）村庄景区化建设取得的成效

十多年来，湖州市坚持"一张蓝图绘到底、一任接着一任干"，一以贯之、与时俱进地推进美丽乡村建设，形成以"精致小镇、美丽乡村、一路风情"为体系的上下联动、重点突出、点线面结合的美丽乡村建设推进格局，建成了一大批环境优美、设施完备、服务齐全美丽乡村，到2016年年底全市美丽乡村创建覆盖率已达到80%，并呈现了美丽乡村的建设机制不断完善、建设覆盖面不断扩展、建设标准不断提升、建设内涵不断丰富良好态势。结合"五水共治""三改一拆""四边三化"等行动，在美丽乡村建设过程中进一步做好生态环境治理文章，从而为村庄景区化建设创造了基础条件，为湖州市全域旅游发展腾出了"绿色空间"。

湖州市村庄景区化建设在前期建设的基础上，开局良好。近几年，湖州市围绕打造美丽乡村升级版，推出并实施了美丽乡村示范乡镇、精品村等创建载体，初步确立了以景区化理念和标准推进美丽乡村扩面提质，建成了一批精品村、示范带。截至2016年年底，全市共建成美丽乡村精品线19条、省美丽乡村示范乡镇16个、省美丽乡村特色精品村54个、省历史文化村落重点村4个，这些镇村在成为农民幸福家园的同时，更因其优美的自然风光、多样的民俗风情、独特的乡村体验吸引八方游客，成为都市人向往的乡村乐园。安吉、德清、长兴等地很多区域已建成了大景区。一批三A级景区村庄的建成，为湖州全面推进村庄景区化建设积累了经验、起到了示范作用。

在美丽乡村创建中，注重把改善村貌与发展新兴产业有机结合起来，积极践行"两山"理念，通过美丽乡村建设，不断优化乡村环境，以优美乡村环境促进"乡村旅游、农家乐、休闲农业"等新型业态发展，大力推动美丽乡村建设向美丽乡村经营转变，涌现了德清环莫干山区域、长兴水口乡和安吉高家堂村、鲁家村等一批美丽乡村经营成功典范；全市"洋家乐、农家乐、渔家乐"等民宿经

第三章　新时代美丽乡村建设的实践探索与政策建议

济和乡村旅游蓬勃发展，累计创办三星级以上"农家乐、渔家乐、洋家乐"341家，安吉、长兴和德清三县都成为全国休闲农业与乡村旅游示范县。

根据《浙江省A级景区村庄服务与管理指南》《浙江省A级景区村庄服务质量等级评价细则及说明》和《浙江省A级景区村庄等级评定管理办法》，截至2017年年底，湖州市133个村成为A级景区村庄，其中德清县的后坞村、劳岭村、蠡山村、二都村，长兴县的川步村、顾渚村、方一村、北汤村、上泗安村，安吉县的昌硕双一村，递铺鲁家村，溪龙黄杜村、孝丰镇城东村、山川马家弄村、汤口村、统里村，吴兴区的妙山村、中国台湾村·玲珑湾、关山村、稍康村，南浔区的石淙村、息塘村达到省3A级景区村庄的要求。通过村庄景区化，真正实现美丽乡村向美丽经济转化，促进全域旅游建设，实现湖州经济绿色发展。

四　美丽乡村生态宜居建设

经过多年的建设，湖州市乡村生态优势得到彰显，湖州被确定为全国生态文明建设先行示范区，安吉成为全国首个获联合国人居奖的县、"两山"理论实践试点县、全省首个"国家水土保持生态文明县"，创建国家级生态乡镇47个、国家级生态村2个，比例全省最高，生态环境质量公众满意度连续四年居全省前列。

（一）村庄布局不断优化

以建设农房改造示范村为抓手，大力推进农村住房改造建设，推进农村生态环境建设的基础工程，突出有效治理，抓质量、抓长效。

1. 强化规划引领

完善村庄布局规划，优化村庄和人口空间布局，宜散则散、宜聚则聚、宜迁则迁，分类推进规划建设。编制好村庄建设规划，确定村庄类别、功能定位、发展方向，塑造特色鲜明的美丽乡村。编制好农村住房改造建设规划，优化农村住房改建布局。对布局合理、规划保留的村庄，主要通过环境整治、农房改造、景观营造等措施改善人居环境、提升生活品质。对具有历史底蕴、文化遗存较多、具有保护价值的传统文化村落，通过修复保护古建筑、营造传统风貌，展示村庄独特的文化韵味，留住乡村地域乡愁，丰富乡村旅游的内涵。2009年以来，全市共获批农村土地综合整治项目170个、获取周转指标39255.42亩，累计完成农房改造20万户。

2. 坚持适度集聚优化村庄布局

对近城（镇）近郊、散小乱、空心化趋势明显、群众搬迁意愿较强的村庄，通过集中规划农民新村，以农村土地综合整治项目和自然集聚为载体，有序引导农户搬迁集聚，优化村庄布局。以中心村为载体，以农村土地综合整治、农房自然集聚为手段、途径，推动自然村落整合和农居点缩减，着力解决村庄散、小、乱和公共设施配置效率不高等问题。德清县、南浔区以自然集聚为途径，引导农民新建房向规划集聚小区集中。在面上通过分年分批在村庄集聚点安排用地指标，逐步引导规划撤并点的农户向村中心建房落户。如南浔区自2013年以来，已批准三批9个乡镇31个村开展农房集聚试点，首期规划集聚农户1200多户。

3. 乡村全域化景区建设

乡村全域化景区建设，是指在县、镇或村的全范围之内以景区标准加强规划、建设、管理与经营，构建生态良好、盈利充分、功能多样的综合性大景区，实现当地社会、经济、文化发展和城乡统筹发展。单个村落各自为政的小规模发展局面不利于乡镇生态资源的整体开发，且乡村风貌的同质化也影响投资效益，导致部分资源浪费。全域化景区建设通过强化经营和整合资源，将分散于各点的生态优势转化为财富优势，有助于丰富美丽乡村建设载体，创新生态经济的经营模式。从2003年开始，安吉县山川乡围绕"生态立乡，旅游强乡"的战略推进生态环境建设，通过"五改一化"和

第三章　新时代美丽乡村建设的实践探索与政策建议

"双百千工程生态村建设",大力改善乡容乡貌、配备完善服务设施,将高家堂村、马家弄村等建成典型示范村。山川全乡拥有91.3%的植被覆盖率,优美生态成为十年山水变迁的缩影,曾获被评为中国美丽乡村精品乡和新浪浙江十大旅游目的地。

（二）农村环境综合治理水平大幅提升

抓住农村环境整治这个中心环节,坚持推进农村生活垃圾分类、农村生活污水治理,推进农村环境综合治理,全面提升农村环境整治和管理水平。

1. 农村生活垃圾分类

着力抓好农村垃圾的处理,建立健全"户集、村收、乡镇运、县区处理"的农村垃圾收集处理模式,行政村覆盖率达到100%。德清、安吉入选全国首批百个农村生活垃圾分类和资源化利用示范县。健全农村垃圾集中收集处理机制。通过配置垃圾收集设施、配备保洁员、清运员,建立经费筹措、检查考核等机制,不断加强农村垃圾收集处理体系建设。通过完善管理办法、健全财政补助逐年增长机制、加大考核督察力度等,推行德清"一把扫帚扫到底"做法,吴兴区全域推行"四位一体"的商业化保洁机制,农村环境卫生长效管理机制得到建立健全。

2. 深化推进农村生活污水治理

湖州市市委、市政府围绕党的十八大关于"大力推进生态文明建设"的战略部署,以全国生态文明先行示范区建设为契机,制定了《湖州市水环境综合治理实施方案》《关于全面深化农村生活污水治理的实施意见》等文件。按照"覆盖全面、运行良好"的要求,围绕"问题项目整改、原建项目提标、已建项目运维"三个重点,扎实推进农村生活污水应纳尽纳、应治尽治、达标排放。2014—2016年,全市累计完成治理行政村747个,新增受益农户数将超过21万户,行政规划区以外的行政村和规划保留自然村治理覆盖率均可达到100%。

3. 坚持深入治理美化农村环境

湖州市以"三改一拆""四边三化""五水共治"、美丽田园建设为抓手,大力推进农村拆违拆旧、畜禽养殖整治、河沟塘整治、农业面源污染治理、农业生产管理用房规范整治、矿山整治、行业整治、沿线绿化美化等工作,为推进农村生态建设、打造"洁、净、美"的全域乡村景观创造条件,夯实美丽乡村建设的工作基础。以农村公路、城乡公交、电力、供水、邮政、信息、电信、广电"八大网络"建设为重点,加快推进城市基础设施向农村拓展延伸。全市等级公路、城乡公交、有线电视、电信宽带通村率均达到100%;成为全省首批实现"县县电气化"的地市之一,通过省"新农村电气化市"考评验收。全面推进太嘉河、环湖河道整治、苕溪清水入湖河道整治、扩大杭嘉湖南排等四大骨干水利工程实施,治理农村河道3832千米,在全省率先实行河长制、轮疏机制,实现7373条9380千米河道河长全覆盖、共有河长4815名,完成河道清淤2092万方。出台《全面禁止秸秆露天焚烧加快推进秸秆综合利用实施意见》,长兴被列为全省秸秆综合利用试点县,夏收期间农作物秸秆综合利用率达93.9%。

五 美丽乡村建设经验总结

湖州市在美丽乡村建设实践中都牢牢把握"规划先行、统筹发展、四级联创、产业支撑、建管并重"五个环节,逐步形成了点线面结合、产业文化融合、经济生态民生协调、具有特色的美丽乡村建设"湖州模式"。

1. 规划先行

牢固树立规划"龙头"理念,注重把规划摆在美丽乡村建设工作的首要位置,切实发挥规划的龙头作用。按照"生态城市"与"美丽乡村"融合发展的思路,根据主体功能、自然条件、现实基础、发展方向等进行了全域规划。2011年市里制定《湖州市美丽乡村建设"十二五"规划》,提出"十二五"期间,要以中心村、美

第三章 新时代美丽乡村建设的实践探索与政策建议

丽乡村示范带为点和线，加快串点成线、连线成片，重点打造20条集生态景观、产业景观、建筑景观、人文景观为一体的美丽乡村建设示范带，全面开展农村环境综合整治、村庄绿化美化和村庄长效管护工作，加大历史文化村落保护力度，全域推进全市美丽乡村创建工作。五年来分别制定年度美丽乡村行动计划，明确年度美丽乡村创建工作重点。各县区积极编制《县域村庄布局规划》《县域农村土地整治规划》《县域历史文化村落保护规划》等专项规划，为各县区全域打造美丽乡村提供蓝图。

2. 统筹发展

一是坚持"三农"工作重中之重的地位不动摇。始终把"三农"工作作为党委、政府工作的重中之重来抓，在思想上高度重视，切实做到领导示范，齐抓共管；始终把"三农"工作作为统筹城乡发展的重要内容来抓，在谋划部署上，坚持"五年一规划，一年一计划，一年接着一年干"，切实做到一张蓝图绘到底，持续发力不松懈；始终把"三农"工作作为加快现代化生态型滨湖大城市的有力举措来抓，在协调推进上持续发力，切实做到精力投入更加大，财力保障更加强。

二是坚持走绿色生态的可持续发展道路不动摇。始终贯彻"绿水青山就是金山银山"重要思想，把绿色发展作为"三农"工作的内在要求，把美丽乡村建设作为推动绿色发展的有力抓手，大力发展高效生态现代农业，加快推进农业供给侧结构改革，转变农业生产方式；大力推进广覆盖、多形式、点线面结合，高水平实施的美丽乡村创建，加快转变农村建设方式；大力推进农村生活污水治理、垃圾收集处理和农民素养提升，加快转变农民生活方式，有力助推生态文明先行示范区创建。

三是坚持把改革创新作为强大动力不动摇。始终向改革要活力，向创新要办法，高举省新农村建设综合配套改革试点市这块牌子，在农村产权制度、农业经营体系、城乡发展一体化体制机制、农村社会治理机制等重点领域和重要环节上积极探索，大胆实践，取得了一系列的成绩，为全国积累了经验，做出了示范。

四是坚持尊重基层依靠群众不动摇。始终把人民群众对美好生活的向往作为奋斗目标，引导广大农民发挥好主力军作用，注重强优势、补"短板"，千方百计消灭贫困现象，促进农民增收致富，着力提升农民群众获得感、幸福感，更好地实现共建共享。

3. 四级联创

2011年以来，在总结全面小康示范村创建经验基础上，丰富创建内涵，提升创建标准，在全市广泛开展了美丽乡村创建和美丽乡村示范带建设，形成了市、县区、乡镇、村四级联动和点线面结合的良好局面。到2017年年底全市已创建市级美丽乡村622个，创建率达89.6%；建成19条美丽乡村示范带，其中安吉黄浦江源示范带、长兴太湖风情示范带、德清环莫干山异国风情示范带等已成为独具特色魅力的美丽乡村风景线；三县和二区全部创建成为省美丽乡村先进县；德清、安吉创建成为省美丽乡村建设示范县。各县区突出"一村一韵"建设主题，深入挖掘村落个性特点，注重特色建筑的修复保护、特色风貌的保持延续、优秀文化的发掘传承，让传统风貌、田野风光和良好生态相得益彰，义皋等省级历史文化村落保护利用重点村和一般村建设有序推进。

4. 产业支撑

牢牢抓住农村产业发展这个首要任务，全市以建设国家现代农业示范区和国家林业示范市为目标，组织实施现代农业"4231"产业培育计划和"1861行动计划"，推进农业"两区"和"一区一镇"建设，大力发展高效生态现代农业，全面提升农业现代化水平。目前，已培育238家市级以上农业龙头企业、146个市级示范性农民专业合作社和183个市级示范性家庭农场，农业龙头企业登陆资本市场达10家。大力发展休闲农业，全市225个休闲农业园区2017年实现营业收入30.7亿元，同比增36.1%，德清、长兴、安

第三章　新时代美丽乡村建设的实践探索与政策建议

吉县均成为全国休闲农业与乡村旅游示范县。安吉鲁家村"田园鲁家"入围全国首批田园综合体试点项目，吴兴区田园综合体项目被列入浙江省农业综合开发田园综合体试点；德清县东衡、安吉县"田园鲁家"创建为首批国家农村产业融合发展示范园。全面完成"五年强村计划"，其中市本级共组织100个欠发达村和2个市级扶贫重点村实施欠发达村物业项目26个，实现年经营性总收益932.02万元、村均年收益9.14万元，湖州发展壮大集体经济的做法及成效被新华社《内参选编》刊发，省委常委、组织部长任振鹤批示肯定，至2017年年底，全市1035个村集体经济资产总计260.72亿元，总收入为18.97亿元、村均183.29万元，其中经营性收入为7.24亿元、占总收入的38.17%。农村产业兴旺、农村经济发展，很好地支撑了美丽乡村建设推进和美丽乡村的后续管理。

5. 建管并重

按照"巩固成果、持续发展"的思路，各县区坚持美丽乡村一边创建一边管理、建管并重，着眼建章立制、探索创新、务求实效，重点探索建立了长效管理责任、督察考核和经费保障机制。在责任机制方面，全面推行"户集、村收、乡镇运、县区处理"的垃圾收集处理模式，把所有行政村纳入垃圾收集处理系统，到2017年年底全市农村生活垃圾分类处理实现建制村全覆盖；建立农村环境卫生长效保洁机制，着力落实县区、乡镇、村对辖区长效管理的主体责任，积极探索物业管理社会化、公司化运作模式，鼓励引导各地通过招投标确定保洁机构（人员）、建立专业保洁机构队伍、延伸城镇环卫职能推行一体化保洁等形式，提升农村环境卫生管理的专业化、职业化水平，德清县已全面实施"城乡一把扫帚扫到底"。在督察考核机制方面，建立市、县区、乡镇、村逐级检查督察机制，逐级落实督促检查人员，制定检查制度，定期不定期组织明察暗访，对存在问题督促改正，做好检查台账，作为考核奖惩的依据。建立逐级考核奖惩机制，通过经济、行政、荣誉等手段，罚劣奖优，增强各级抓好长效管理的动力，市里并将长效管理考核结果作为对已授牌村品牌管理的依据，对管理不力的村分别不同情形，实施美丽乡村黄牌警告、降级，甚至摘牌处理。在经费保障机制方面，在县区范围内采取环卫保洁费个人缴纳、长效管理资金村集体筹资、乡镇补助、县区奖励等方式筹措长效管理经费，并统一缴入专户，由各乡镇进行日常管理，严格执行专款专用，接受审计监督。市本级每年安排1800万元专项经费，给予1∶1配套补助；长兴县按县财政24元/人·年、乡镇财政配套12元/人·年的标准设立专户，统筹使用；德清县按县财政17元/人·年、乡镇财政同比例配套的标准实行补助；安吉县乡镇按不低于12元/人·年进行补助、县按最高3万元/村加4元/人的标准实行奖励。

第二节　新时代美丽乡村建设存在的问题及制约因素分析

一　新时代美丽乡村建设存在的问题

（一）美丽乡村创建呈现区域不均衡状态

湖州市由于各县区投入力度的不同，存在县区推进不平衡问题，市本级吴兴区和南浔区的美丽乡村创建比例远远低于安吉、德清和长兴三县，其中安吉、德清于2015年、长兴于2017年实现创建全覆盖，吴兴区的创建比例为79.5%，南浔区的创建比例只有67.3%。

南浔区于2017年开始美丽乡村建设力度大，但基础薄弱。2017年以来，南浔区按照省委建设"大花园"的总要求，大跨步大力度大手笔推进美丽乡村建设，引领推动全区美丽乡村建设。全区建成美丽乡村20个，美丽乡村小镇3个，美丽乡村景观线3条，开展美丽乡村扩面提质54个，将补齐"短板"与打造特色相结合、重点

◆ **第三章 新时代美丽乡村建设的实践探索与政策建议**

突破与整体推进相结合,但离兄弟县区还有一定的差距。一是创建覆盖率低。我区美丽乡村应创建村 159 个,目前已创建 107 个,创建比例为 67%,低于三县两区平均水平,和安吉、德清、长兴三县全域覆盖的创建规模差距比较大,同时美丽乡村精品村创建数量为 4 个,数量远远低于三县。二是创建基础薄弱。一方面,一些老村庄整体搬迁至新农村后未及时拆除老旧房屋,还有一些村庄居民搬迁至城镇后造成老旧房屋破损严重未及时处理,致使"一户多宅"和村庄的"空心化"现象严重。另一方面,由于"村企混居",低小散企业较多,乱搭滥建现场未能有效遏制,村企混居现象比较普遍,对环境负面影响很大。这两者导致我区环境治理的压力大、投入大,对整体的建设进度有很大的影响。三是森林绿化覆盖率低。南浔区自古农村有养蚕的习俗,农村土地普遍以种植桑树为主,无种植绿化习惯,2017 年我区森林覆盖率不足 9.7%,距离省委省政府的 18% 的覆盖率要求差距巨大。森林覆盖率低、绿化品种单一让原本就缺少山水景观的水乡平原显得更加单调。四是美丽经济转化不充分。美丽乡村建设如果没有产业支撑,建到最后就会是一个空心村。我区美丽乡村转化方面存在着产业规模效益不明显,农民增收渠道不宽阔和目前以政府投入为主,对市场资本、民间资本吸引力小,导致参与少,多元化、多形式的共建机制还未形成两方面的问题。

尚未创建市级美丽乡村示范村的薄弱村,面临更大的压力,一方面是自身的基础条件差,人才、资金等存在薄弱环节;另一方面是美丽乡村创建的标准和要求也越来越高,加上各级政府面对控制债务的压力,美丽乡村创建将成为一个大的挑战。

(二)美丽乡村创建成果转化不强,后续管理难度大

湖州市整体推进美丽乡村建设虽然起步较早,但总的设计水准、建设标准不高,乡村特色不明显,无法满足农民群众日益增长的美好生活的需求。一些村偏重硬件建设,工作主要停留在拆旧拆破、

立面出新的层面，对历史文化保留、挖掘和传承不够，缺乏地方特色的打造，建设、管理工作的内涵还不深入，进一步推进美丽乡村提标扩面，使之惠及更多农户的任务仍然较重。

部分村在策划定位、产品规划、业态招引、经营模式等方面缺乏专业人才，在新兴业态培育、产业转型升级方面要么谋划不够、要么脱离实际，真正通过美村兴业、实现村强民富的村还不多。东部平原地区不少村庄一户多宅、空心化现象较为严重，村落萧条、形态较差。一些创建村对村落空间整治力度不大、形象不佳、特色不显。不少农民新村疏于设计，布局单调，韵味缺乏，配套不足。东部水乡通村道路等级较低。一些地方虽然引进了乡村精品度假酒店等项目，但与村民仅为土地占用关系，带动农民增收作用有限。

调研发现，一些原先村集体经济收入较好的村成功创建美丽乡村后变成了穷村，甚至有些行政村举债全力创建美丽乡村，然而大多数创建村没有自己较强的特色产业，美丽乡村创建成果转化为实实在在的经济效益显然不强。从目前情况来看，很多村都将目标瞄准为发展乡村旅游，发展思路同质化严重，导致特色不鲜明，加上交通、区位、资金、宣传和基础配套设施的限制，很难吸引到稳定的游客，绝大多数美丽乡村的旅游产业还处在起步阶段，致使村集体和农民收入有待进一步提升，美丽乡村后续管理费用来源严重不足，长效管理难度大。

近年来，虽有一些美丽乡村先行者率先对美丽乡村经营方面进行了探索，取得了一定的成效，但创意引发的"蝴蝶效应"不足，整体缺少内生动力。多数村以引进项目、流转土地、盘活闲置房来实施村强民富，出现了"外在"乡村经营的雷同性，对乡村经营内涵认识不足，文化资源挖掘力度不够深入，未将本村丰厚文化资源汇集、包装、推广，造成"本地人不熟、外地人不知"的尴尬局面。如双一村是湖州市面积最大的毛竹产出村、国家级美丽宜居示范村庄、省历史文化村、省乡村记忆基地等，村内有朱氏宗祠、清

第三章　新时代美丽乡村建设的实践探索与政策建议

代古民居、宋代古道，党的十九大献礼片《青恋》电视剧在该村拍摄，正是这样一个极具文化内涵的古村落面对的却是"短暂的人流高峰期"。又如，大竹园村通过美丽乡村精品示范村创建，打造成"稻田蔬香、悠然人居"的浙北田园新民居，有农房试点区域、中心村文化礼堂、泥塑馆、村民广场等文化空间，有泥塑文化传承人、绘画艺术人，但目前文化空间未充分利用，产业发展与文化传承未有效融合。

（三）美丽乡村建设中人、地、钱作用的发挥有待加强

1. 农民主体作用发挥不强

发挥农民主体作用是美丽乡村建设的必然要求和根本所在。但是，在实际工作中，由于受客观条件制约，农民在决策层面上的参与度不足，特别是当前政府职能定位不准更是造成农民主体作用发挥受限主要原因。由于美丽乡村创建是全省当前的重点工作，各级政府，特别是基层政府往往将建设目的异化为完成上级下达的任务而开展工作，存在着急于求成的现象，要求基层大干快上，尽快出形象，急于看到质的飞跃而忽略了量的积累，导致了基层在建设中大包大揽，做了原本应该由村级组织和农民做的事情，承担了原本应该由村级组织和农民承担的资金，形成"政府热，农民慢热"的现象。致使农民在美丽乡村创建过程中和长效管理上的主动性不高、自觉性差，存在袖手旁观甚至因个人利益得到损害而不配合，阻碍创建工作开展等现象。

美丽乡村经营主体的能力提升不够明显。美丽乡村创建中，锻造了一支干事创业的干部团队，涌现了一批像鲁家村朱仁斌、高禹村李更正、横溪坞村裘松伟等"能说会干"的村支部书记，干部的威信在工作中不断建立和提高，基层组织的战斗力也不断提高。村干部在乡村经营中起到了至关重要的作用，虽然在经营村庄上有一套办法，但从长远看，专业的技术人才依然制约乡村经营发展。与台湾乡村经营相比，我们的美丽乡村建设大多在硬件上下功夫，台

湾则在软件上铆足了劲,一个桃米社区,做好深挖文章,培养了一支能包装善言表的队伍,做出了衍生产业。另外,多数村的经营主体是村经济合作社,公司化、市场化运作村庄的专业队伍缺少。

2. 土地资源不足

调研中发现,部分村没有可供利用的建设土地,土地使用指标主要安排用于工业和重点服务业项目,作为面广量大的美丽乡村平台,土地指标安排上考虑甚少,有些辅助设施建设及规模扩大均受到土地要素制约,导致乡村一些项目在建设中出现了违章建筑。

3. 资金成为美丽乡村建设的直接瓶颈

一是缺少一套工商资本引进的准入机制和村与工商资本两者合作的机制。目前,一些村通过招商引资来解决美丽乡村建设的资金缺口,但吸引的工商资本基本是通过乡镇(街道)一级招商或村域引商的形式引进项目。真正以美丽乡村为主体进行招商的相对很少,未真正实行以美丽乡村一个整体为推介主体进行招商,没有建立一套对美丽乡村引进工商资本的准入机制。现在很多村都在实行公司化运作,但面对的一个问题是,公司化的运作机制与村级管理体系融合难,下步合作运营中如果没有健全的合作机制将会对村一级资源资产产生一定的危机。

二是村级集体经济存在不足。村集体经济发展壮大是基层组织建设和治理的根本保障。目前,部分村集体经济实力不能满足村庄建设、运行、发展需求。截至 2017 年年底,吴兴区 100 万元以上的村 23 个,占比为 14.28%;50 万—100 万元的村 25 个,占比为 15.53%;35 万—50 万元的村 15 个,占比为 9.32%;35 万元以下的村 98 个,占比为 60.7%。目前,村级集体经济经营性收入渠道不广、来源单一,主要依靠物业出租、资源(山林、水面)发包、耕地保护补助等收入以及乡镇财政兜底等方式筹集,村缺乏经营管理的本领和洞察市场的眼光。尤其村级留用地政策落实难度较大,全区已享受村级留用地政策的只有 11.2%。部分村经济基础差,收

第三章 新时代美丽乡村建设的实践探索与政策建议

入缺乏稳定性,返贫的可能性较大。

(四)村庄环境治理局部不协调

1. 部分低、小、散乡镇企业成为乡村环境治理的难点

部分低、小、散区域块状产业在活跃地方经济的同时,也给乡村环境带来压力,如南浔废旧木料加工、吴兴童装加工等,或乱搭滥建,或产生大量废弃物,增加了环境治理难度。一些村委会主任管理不到位、环境状况欠佳。

2. 城郊村环境成"短板"

与大多数县区一样,我县城镇规划区内行政村不属于美丽乡村创建范围,在城市建设中也被忽略,整体环境较差,且基础设施较为薄弱,形成"灯下黑"现象,具体表现在:道路设施破旧、停车环境差,有碍观瞻建筑物较多、房前屋后杂物堆放杂乱无章,三线架设杂乱,路灯亮化未能实现全覆盖,河道周边环境无序,公共休闲场所缺乏,景观建设贫乏。据摸排,目前我县共有32个行政村未创建美丽乡村且未列入城市环境整治范围,环境需要进一步提升。

3. 农村生活垃圾分类整体质量需持续提高

在实现农村生活垃圾分类行政村全覆盖的基础上,分类质量尚需继续提高,机制体制尚需完善,户分、收运、清运、处理需进一步形成体系。

二 制约因素分析

(一)思想认识因素

特别是各级"一把手"的认识深度、重视程度、工作力度,决定了美丽乡村建设的推进力度、氛围和绩效。只有认识到位,工作就有主动性、积极性,才会谋划深、措施好、推进实、效果好;反之,则会任务观念、被动应付,上面给多少指标就安排多少工作,主体作用发挥有差距。特别是在县区农村工作综合部门建设上,在工作力量配备、思路抓手谋划、政策资源整合、督促指导评价等方面做得到位的,就能较好地发挥协调推进的作用。

（二）政策环境因素

一些政策、规定限制了村级发展空间、增加了建设成本、迟滞了建设进度，与推进农村加快发展的要求不相适应。在用地上，无用地空间、指标难落实是普遍现象，导致休闲配套设施占地建设难；在审批上，诸如"年度村级投入超过500万元需市审批立项、达到一定额度项目需招投标、村级经营性项目图审须国有土地出让手续"等规定，增加了时间、建设成本；在办证上，如"农家乐"办证需房产证，但由于一些农房超面积没有下发房产证而难以办出相关证件。

（三）指导服务因素

一些部门对乡村建设管理服务意识还不够强、指导服务不到位，与村级的实际需求不相适应。如现有村庄规划设计缺乏策划环节，导致村庄定位不清晰，引曝点缺乏，难以迎合市场需求。不少村庄景观风貌提升设计不考虑地域人文元素，一味照搬模仿。以"浙北民居"为风貌特色的农房示范改造项目启动量少，大量农民新村无风貌特色，乡村风貌管控滞后。一些部门的工作要求不符合每村实际，如文化礼堂、旅游集散中心等，造成村级资产闲置、绩效不高。"五线"整治有关单位惠农惠民意识有待增强、费用分担机制有待明确。村级组织经营人才缺乏、信息渠道狭窄、建立合适的经营模式和利益分享机制难度较大。农村闲置房屋等资源盘活利用还面临信息不通畅、政策不明确等制约。

第三节　新时代美丽乡村建设的对策建议

一　全面把握美丽乡村总体内涵和新要求

全市各县区、各区域，无论山区还是平原水乡的美丽乡村建设，都要把握好新的内涵和总体要求，以建设"美丽中国"样板区为目

第三章 新时代美丽乡村建设的实践探索与政策建议

标,坚持走"绿水青山就是金山银山"发展之路,大力实施农村人居环境改善工程,不断提升村庄规划建设水平;加大农村环境综合整治力度;坚持"产村人"融合、"内外魂"并重、"居业游"共进,以"美丽庭院、精品示范村、精致小镇创建、美丽乡村示范带建设和历史文化村落保护利用"等为基础,全面升级美丽乡村创建,努力打造"乐居、乐业、乐游、乐活"的美丽乡村升级版,提升乡村的"人文之美、富裕之美、和谐之美"。

(一) 着眼点要更高

新时代升级美丽乡村创建要按照建设美丽中国、践行"两山"重要论断高度来谋划、推进,重新为乡村塑性,抛弃单纯搞村庄整治的做法,要优化村庄和农村人口布局,科学编制村庄规划和设计,按照"生产空间集约高效、生活空间宜居适度、生态空间山清水秀"要求,统筹安排村庄生产、生活、生态空间,实现美丽乡村"生产、生活、生态"的"三生融合"。要把创建美丽乡村贯穿于乡村经济建设、政治建设、文化建设、社会建设的各方面和全过程,实现绿色发展、循环发展和可持续发展,建设山清水秀、天蓝、地绿、水净的美好家园,为乡村社会现代化提供自然和人文载体,为乡村注入更多现代文化元素,用现代文化来提升乡村品质,重建文明健康的农民公共文化生活,同时,要适应广大农民群众不断优化人居条件的需求,做好转变农村建设方式的文章,以"乡土味"的文化增添美丽乡村魅力,加强历史文化村落保护利用,深度挖掘传统文化内涵,注重融合提升特色文化。

(二) 覆盖面要更广

新形势下升级美丽乡村创建要从单村创建向多村联建、从乡村建设到区域推进、从一时创建到长效管理的转变,从强中心、强示范向强整体、强覆盖提升,以点带面、点线面结合推进全市美丽乡村创建。既要改善农村环境、发展美丽经济,又要按照城乡基本公共服务均等化要求,推进水、电、路、气、网以及教育、医疗、文体、便民等服务设施建设。要以精品村为支点，以美丽乡村示范带为轴线，以"四边三化"为基本面，全方位规范推进"户分类、村收集、就地减量处理"的农村垃圾收集处理体系，按照"有人做事、有钱办事、有章理事"的要求，加强对美丽乡村创建村垃圾收集处理长效机制建设，确保农村环境保洁持久长效。

（三）内涵要更丰富

新形势下升级美丽乡村创建要从大建设、大投入向大管理、大产出转变，既要适应湖州生态文明先行示范区建设的要求，做好生态保护建设和长效管理两篇文章，以"势如潮"的整治改善美丽乡村环境，突出抓好生活污水治理和生活垃圾长效管理，不断改善农村生活环境，展现美丽乡村"外在美"；又要适应"第六产业"发展方向，做好将美丽乡村创建成果转化为美丽经济发展文章，进一步激发农旅融合的潜力、农商结合的推力和要素流动的动力，以"更和谐"地追求美化美丽乡村生活，持续稳定促进农民增收和村集体经济发展，全面提升农村公共服务，着力深化乡村治理，提升乡村生活的"幸福感"，不断展现美丽乡村"内在美"。

二 全域提升美丽乡村规划水平和建设水平

规划创造的美是艺术的美，规划带来的效益是最大的效益。按照县域"一盘棋"的思路，对美丽乡村建设进行全域规划，是实现"一处美"向"一片美"迈进的前提和基础，打造美丽乡村升级版，要立足于城乡一体化发展，强化全域规划理念，把精品示范村、历史文化村落、精致小镇等打造成小景点，把美丽乡村示范带打造成风景线。

（一）优化目标定位

按照打造践行"两山"理念样板地、模范生的要求，拔高站位、提升标准、加快进度，努力为全省全国提供可复制、可借鉴的经验。

第三章 新时代美丽乡村建设的实践探索与政策建议

1. 持续改善乡村生态环境

着眼废旧木料加工、童装加工入村、水产养殖废水等行业污染顽症,一户多宅、违章乱建等建设乱象,持续发力,彻底治理;务实推进农村垃圾分类处理,提升就地减量化资源化处理水平,彻底消除垃圾滞留囤积现象;巩固农村生活污水治理成果,健全长效运维管理机制。

2. 着力提升乡村特色风貌

要以一般村、扩面村、精品村、宜居村创建、历史文化村落保护利用、美丽乡村风景线"四好农村路"建设为抓手,提升乡村景观风貌,体现区域特色和文化特征;高度重视农民新村规划建设,与自然协调、老村映衬,错落有致,意境悠远,体现新时代新农民居住品质。

3. 努力展现乡村发展活力

把转化建设成果、发展美丽经济作为重要任务来抓,打造有颜值、有风貌、有业态、有活力的乡村。以精品村创建为契机,注重策划、精准定位、科学运营、打响品牌、集聚人气,发展大众化惠民式的美丽经济;提倡通过多村联创、区域统建的途径,统一规划、集聚资源、扩大规模、丰富业态;比如市本级重点打造以义皋村为核心的溇港文化区块、以菰城村为核心的城源文化区块、以荻港村为核心的蚕桑文化区块等。

(二) 完善规划设计

1. 完善县域乡村建设规划

结合新一轮城镇规划体系修编,修编完善县域乡村建设规划,深入开展乡村功能、定位策划,完善功能布局,强化"多规融合",增强规划实施落地可操作性。在编制县域村庄布局规划时,要以重点项目征迁为契机,以农村土地综合整治、推进农房自然集聚为抓手,加大农房集聚改造力度,进一步优化村庄和人口空间布局,宜散则散、宜聚则聚、宜迁则迁,分类推进规划建设。

2. 强化村庄设计

要强化村庄设计，重视提炼乡村建筑、乡村文化的要素和符号，有机融入乡村建筑和景观设计，增强湖州特色乡村风貌识别度和影响力。编制好村庄建设规划，把村庄作为凝固的艺术、历史的画卷来对待，顺应自然、尊重历史、突出乡土、体现文化，研究确定村庄类别、功能定位、发展方向，塑造特色鲜明的美丽乡村；编制好农村住房改造建设规划，优化农村住房改建布局，形成错落有致、富有韵味、功能分区的浙派民居建设格局，建设一批空间形态与自然风貌相协调的生态社区。

全域村庄规划的编制和实施，要加强与土地利用总体规划、城镇体系规划、基础设施建设规划、产业发展规划等的衔接，实现县域范围城乡规划全覆盖、要素全统筹。有序推进农村土地综合治理，引导农民有序建房，不断优化村庄布局。要切实强化新建农房风貌特色管控，规范建设审批程序，全面推行"浙北民居"农房改造示范试点工作，实现湖州新建农房与自然和谐、有人文韵味、有湖州特色。

（三）全力打造不同区域美丽乡村精品亮点

1. 彰显美丽乡村特色

千村一面、千户一貌、千房一态，带来的是齐而不美、新而不美、富而不美，为改变这种状况，县区要根据本区域特点，因地制宜，筛选一批景观风貌佳、文化底蕴深、具有发展乡村休闲旅游业潜力的行政村，依托优美山水风光、利用传统人文资源、融会生态观光农业、依附休闲度假项目，对村庄进行景区化改造、对产业进行景观化提升、对设施进行旅游化配置、对人文进行体验式发掘，努力打造一批"特色品牌型"美丽乡村精品示范村。要按照"主题突出、特色鲜明、形象亮丽、可憩可游"的要求，通过新建、提升、延伸等途径，高标准全面建设美丽乡村示范带。

第三章　新时代美丽乡村建设的实践探索与政策建议

2. 历史文化村落的保护与开发

加大历史文化村落保护利用力度，强化政府资金扶持，积极探索建立古村落保护"外引内蓄"机制，通过项目引导、贴息引导、税收引导，鼓励社会资本参与历史文化村落的保护利用。深化"美丽庭院"创建，彰显新时期现代农民生活情趣与品质。

3. 发展新业态

要在"两山"重要思想指引下，推动美丽乡村从"环境美"迈向"发展美"，扩大美丽乡村建设成果，培育农村新型业态，立足各自的资源禀赋、生态条件和产业基础，顺应"互联网+"风起云涌的新趋势，适应新型业态萌发、三次产业融合、资源要素聚合的新态势，着力打造农业"两区"升级版、农家乐休闲旅游业升级版和农村电子商务升级版，不断拓展社区服务、养老养生、运动健康、文化创意等新业态，实现环境美化与经济发展互促、美丽乡村与农民致富并进，让更多的绿水青山变成金山银山。

三　不断提升美丽乡村生态环境

（一）全面提升农村生态环境

村庄美不美，首先要看整洁不整洁、干净不干净，能不能长期保持。打造美丽乡村升级版要紧紧抓住农村环境整治这个中心环节，既要深入推进农村污水、垃圾、厕所等治理，又要加快转变传统的发展方式、粗放的建设方式和落后的生活方式，还要促进长效机制的健全和群众良好行为习惯的养成，全面提升农村环境整治和管理水平。要以深入推进"三改一拆""四边三化""五水共治"为契机，加大农村环境综合整治力度，进一步彰显农村生态之美，以"无违建"创建为抓手，推进农村"一户多宅"、建新不拆旧清理整治。

要进一步完善农村生活垃圾集中收集处理运行模式，根据不同地区的实际，因村制宜开展农村生活垃圾减量化、资源化、无害化处理。深入推进农业面源污染治理，优化产业结构，调整种养模式，改变生产方式，努力打造"美丽田野"。

加大乡村污染行业、产业治理力度。加快实施平原绿化美化、森林抚育、湿地保护和生态修复工程，开展村庄生态化有机更新和改造提升，该拆除的坚决拆除，该复垦的足额复垦，该绿化的及时绿化，该清理的切实清理，形成整齐有序、绿意盎然、河水清澈的村庄新气象。

要加强农村精神文明建设，深入开展思想道德、法制观念、生态文明、科学文化教育，提高农民的精神文明素质，提升生态文明素养和科学文化水平，增强广大群众的节约意识、环保意识、生态意识，形成人人注重环境卫生、崇尚生态文明的社会新风。

（二）着力强化农村基础设施建设

按照城乡基础设施共建共享、同标同质的要求，提升城乡基础设施一体化水平。扎实推进美丽乡村路建设，提高农村公路建设管理水平。加快城乡供水一体化进程，通过实施城市管网向农村地区延伸、新建小型水源工程、改造提升农村小水厂制水工艺、建设集中水质监测设施等措施，实现广大农村地区饮用水全面提质增效。加大邮政基础服务网络建设，有效解决农村邮件投送难题。加强农村通信基础设施建设，提升宽带网络覆盖能力，实现"三网融合"。加快农村电子商务服务点建设，推进"网货下乡和农副产品进城"。

四 优化体制机制和政策保障

（一）不断完善美丽乡村创建体制机制

深化美丽乡村建设用地制度改革，深入实施农村"一户一宅"制度，扎实推进"一户多宅"清理工作，对整村已经迁出的、具有深厚历史文化渊源和保护利用价值的（特别是连片、整村）旧宅、老宅，建议由村集体集中收回，再统一招标开发利用。为保障美丽乡村创建项目用地，建议以全省"坡地村镇"项目试点为契机，扩大试点区域（低丘缓坡较多地区），加大建设项目用地的征、转分离和点状供地等土地管理新政策探索力度，减少各类项目建设对现

第三章 新时代美丽乡村建设的实践探索与政策建议

有耕地资源的占用，进一步拓展美丽乡村创建用地空间。建立健全以政府投入为引导，农民和集体投入为主体，社会力量多方支持的多渠道、多层次、多元化投入机制，持续有效推动美丽乡村创建。

（二）优化政策环境

围绕制约美丽乡村推进的关键要素、外部环境，积极锐意创新，构建制度规范，着力破解难题，为美丽乡村建设创造良好的政策环境。在环境治理上，要针对废旧物资收购、加工、租用农房兴办加工作坊、特种水产养殖废水等行业现象，要出台管理规范，加大整治力度；针对基层反应强烈的农村杆线随意搭建、杂乱无序现象，制定杆线序化的操作规范，明确责任主体、实施主体、协调主体，规范费用标准、资金来源、承担方式。在建设投入上，要坚持"真情实意地干、真金白银地投"，引导各地瞄准"短板"，创新投融资模式，加大对公共环境、设施的投入；发挥政府性投资公司作用，加强与镇村合作，参与投入美丽乡村建设、开发和经营。在资源盘活上，支持各地实施农村土地综合整治项目，新增用地指标优先用于本村，提高节余指标回收补助标准；对农民闲置用房、"一户一宅、建新退旧"房屋，鼓励村集体统一回收，并在符合规划的前提下保留集体建设用地性质，用于休闲旅游、养老养生、文化创意等产业发展，积极改革创新，提高集体建设用地的"国民待遇"，实现同地同权同价。在业态培育上，要针对本级房产证发证率低的问题，按照"尊重事实、一户一宅、妥善处理"的原则，提高房产证发证率，为民宿经济发展创造条件。

（三）强化指导服务

在项目审批方面，针对"自己的地自己用不上"的问题，创新村集体经济组织对集体经营性建设用地有关使用规定，优先落实用地指标，简化使用程序；简化美丽乡村建设项目审批和招投标程序，降低建设成本，确保工程质量；支持村级组织和农村"工匠"带头人等承接村内环境整治、村内道路、植树造林等小型涉农工程项目。在特色风貌提升方面，通过编制地域传统建筑元素导则，总结反思乡村营建正反案例，鼓励各类规划师、建筑师、艺术家、文创人士下乡参与乡建规划设计，加强农民建房审批管控、推行农民建房带方案审批等措施，提升乡村特色景观，留住有记忆乡愁的乡村。在乡村经营方面，针对存在的"短板"、问题，加大对美丽乡村建设成果的宣传力度，利用产权交易平台及各类招商平台，收集、发布村级闲置资产流转信息，广招各类人才共谋发展，探索建立村级资源资产量化评估机制，总结推广利于各方、可持续的合作模式。在长效管理方面，要制定农村生活污水治理设施标准化运行维护规范，落实好省《农村生活垃圾分类处理规范》（DB33），完善环境卫生委托"第三方"运行维护监管评估机制，注重发挥村级组织、村民就地日常监管作用，组织开展专业化培训，提高长效管理绩效。

（四）强化组织引领

大力发扬一笔写到底精神，健全人人负责、层层负责、环环相扣、科学合理、行之有效的工作责任制，坚持市级为指导主体、区县（市）为责任主体、乡镇（街道）为实施主体、村（社区）为创建主体，明确分工，落实责任，形成合力。要注意方式方法，充分尊重基层首创精神，充分尊重农民意愿，处理好顶层设计与基层参与的关系，激发广大农民和基层干部的参与热情，畅通参与渠道，健全参与机制，充分调动农民群众的积极性和创造性，让农民群众"自己的家园自己建、自己的家园自己管"，不断营造各方参与美丽乡村创建的浓厚氛围。

按照中央关于"五级书记"抓乡村振兴的要求，切实发挥县区在美丽乡村建设中的主体作用，围绕"在干部配备上优先考虑，在要素配置上优先满足，在资金投入上优先保障，在公共服务上优先安排""四优先"要求，不断完善考核评价体系，推动县区落实务实管用的工作举措，切忌虚招假招。借鉴日本、韩国新农村建设的

第三章　新时代美丽乡村建设的实践探索与政策建议

实践经验，推动各级把深化环境整治、美丽乡村建设作为实施乡村振兴的龙头工程、重要载体，"牵一发而动全身"，发实招促新招，推动乡村振兴取得实实在在的实效。

五　全面推进村庄景区化建设①

（一）统筹谋划布局

村庄景区化建设是基于美丽乡村和全域旅游的背景下提出来的一项创新工程，是以乡村景区化带动乡村旅游业等美丽经济培育促进农民增收的一项民生工程，全面推进村庄景区化建设，把湖州广大农村建成大花园、大景区，确保继续走在全省前列，需要在市旅发委的牵头抓总下，农办系统上下密切配合、齐抓共管。

要主动加强与旅委、发改等部门的联系对接，在工作谋划上，围绕全域旅游发展目标，发改、旅委、农办等职能部门要对本地区的村庄景区化建设进行系统谋划，结合本地的基础条件，加快制定创建工作实施方案，统筹推进美丽乡村建设与村庄景区化建设。在总体规划上，要把编制景区村庄发展规划与美丽乡村建设行动计划有机统一、与旅游等相关产业发展规划精确对接，一盘棋研究确定大景区今后怎么发展、往哪里发展问题，确定本区域村庄类别、功能定位、发展方向，完善规划体系并强化刚性执行。在建设布点上，要相互提前介入，将村庄景区化创建村与美丽乡村创建、精品村创建、美丽乡村示范带建设等年度计划安排相对应、相衔接，要将村庄生态环境优美、形态风貌良好、文化底蕴深厚、产业特色明显、村级班子战斗力强的作为村落景区创建村的必备条件，原则上要求争创3A级景区村庄必须从已建美丽乡村精品村中推介评选。在政策资源上，要加大整合力度，项目资金、工作力量要向精品村、景区化村庄建设倾斜，做到示范带、精品村景区化村庄建设推

---

①　参见湖州市农业和农村工作办公室吴云妹的调研报告《全力推进湖州村庄景区化建设》。

进到哪里，配套资金项目跟进到哪里。对于成功创建的A级景区村庄，旅委将研究出台相应的政策进行扶持和激励。

（二）协同建设管理

坚持以美丽乡村示范县、示范乡镇、美丽乡村精品村、美丽庭院"四级联创"为载体，以全面推进"精品村景区化建设"为抓手，力足高起点定位、高标准设计、高质量建设，全力塑造"点上更加出彩、带上更有韵味、片区更有特色、面上更加美丽"的美丽乡村建设格局。在建设标准上，要修订完善美丽乡村精品创建管理办法，将省出台的A级景区村庄创建标准中对旅游交通、环境卫生、基础设施与服务、综合管理等要求予以充分体现。在项目建设上，要立足把农家院落建成精致庭院，把村庄建成特色景点，把沿线建成风景长廊，对村庄进行景区化改造，对产业进行景区化提升，对设施进行个性化配置，对人文进行体验式挖掘；要围绕自然景观、田园风光、建筑风貌、历史遗存、民俗文化、体验活动、特色产品等A级景区村庄吸引物，强化公共服务设施和旅游配套服务建设，不断增强乡村旅游对游客的吸引力。在工作推进中，要协同旅委部门同部署、同督察、同考核、同认定。在精品村培育创建对象申报审核时，就要听取旅委部门的意见建议，共同确定创建名单；在精品村建设规划评审时，要邀请旅委部门专业人员参与，并积极吸其纳评审意见；在建设过程中，要协同旅委一起加强指导督促，市里将建立市旅委、市农办班子成员联系各县区创建工作机制，各县区加强对镇村的指导，确保创建实效。

（三）融合产业发展

美丽乡村需要产业支撑，美丽乡村也催生了一大批美丽产业，景区村庄建设除了硬件，还有软件和产业的跟进，村庄景区化建设最关键的要找到载体，将资源转换成产品，把生态优势转化为生态红利，把美丽风景转化为美丽经济，实现从生活之美到产业之美的延伸。要大力促进产村融合，在美丽乡村精品村景区化建设时要同

第三章　新时代美丽乡村建设的实践探索与政策建议

步考虑产业发展，突出"一村一品""一村一景""一村一韵"建设主题，因地制宜挖掘农村的生态资源、田园风光、农耕文化、特色产业等优势，开发特色产品，注重村庄经营。要大力促进第一、第二、第三产业融合，乡村旅游正在我国全面兴起，而且正从观光迈向休闲、度假和体验，"农家乐"民宿是乡村旅游、体验经济的重要业态，也是湖州市农民增收的一个亮点，但"农家乐"面临同质竞争、缺乏特色的问题，要通过不断创新，把"农家乐"发展与当地人文景观、自然景观相结合，在差异化中寻找市场空间，创造市场需求（长兴水口就是一个很好的范例）。要大力推动高效生态农业和休闲旅游、民宿经济、运动养生、物业租赁等美丽经济的发展，努力形成"美村"与"富民"共促的良好局面，不断提升广大农村的美丽度和农民群众的获得感、幸福感。

第四章 人文乡村建设的实践与探索

第一节 乡风文明建设的实践与思考

一 乡村社会主义精神文明建设

党的十八大以来,湖州市坚定不移践行习近平总书记提出的"绿水青山就是金山银山"理念,紧紧围绕按照"产业兴旺、生态宜居、乡风文明、治理有效、生活富裕"总要求,以培育和践行社会主义核心价值观为根本,以满足农民群众需求为导向,以改革创新为动力,有力推动了农民文明素质、农村文明程度的持续提升,探索形成了共建美丽乡村、共享美好生活的乡风文明新局面。本节内容主要基于湖州市乡风文明的调查,总结其经验,查找"短板",提出相应的对策建议。①

(一)践行社会主义核心价值观

突出"大爱湖州"主题,在全市广泛开展道德模范、身边好人、"最美系列""新时代好少年"等评选,涌现了全国道德模范6人、全国"时代楷模"1人、"中国好人"17人,浙江省道德模范8人、"浙江骄傲"19人、"浙江好人"44人,市级道德典型500

---

① 调研课题组主要由湖州市委宣传部、市文明办王有娣、卜爱军、孙弘勋、邓克洪、陆翔组成。

第四章 人文乡村建设的实践与探索

余人、行业最美人物2000余人,推动"最美风景"转化为"最美风尚"。深入开展文明乡镇、文明村、文明家庭等群众性精神文明创建活动,全市现有全国文明村镇14个、省级文明村镇113个、市级文明村镇398个,县级以上文明村镇创建率达85.%。以"家风正、品德好、书香浓、环境美、邻里和"为标准,选树"最美家庭"1200余户,引导农民家庭立家规、传家训、树家风、圆家梦。组建326支农村志愿者队伍,推动志愿服务向农村延伸。在全市70%的行政村建立"道德评议会",广泛开展乡风评议,形成了新人新事有人夸、歪风邪气有人管的良好社会氛围。

(二)倡导乡风文明新风

牢记习近平总书记提出的"人民对美好生活的向往就是我们奋斗的目标"。深入开展"文明出行、文明餐桌、文明旅游、文明用水"等活动,倡导文明新风。广泛开展节俭养德宣传教育行动,促进生活方式和消费模式向勤俭节约、绿色低碳、文明健康的方向转变。突出"讲道德·更健康""讲道德·更受益"的主题,实施诚信农产品工程、文明家庭道德信贷工程,切实加强诚信建设。持续深化法治湖州建设,扎实开展民主法治村创建。目前,已创建全国民主法治示范村8个、省级民主法治村(社区)60个,全市村务公开民主管理规范化建设达标率在99%以上。坚持跳出社会治理抓社会治理,以法治思维和法治方式推动平安建设,2017年,全市平安创建工作群众满意率达96.5%、安全感达97.17%,顺利实现"平安湖州"十一连冠。

(三)强化党的思想政治宣传教育

以"千场理论宣讲进村居"活动为载体,组织市县(区)兼职讲师团、中学骨干政治教师、百姓故事宣讲员、基层党校教员等宣讲队伍,下基层、进村居,开展主题宣讲,凝聚农民群众的思想共识,培植"红色细胞"。依托农村文化礼堂开展理论宣讲,发挥百姓宣讲团、大学生村干部宣讲团等队伍作用,采取故事宣讲、文艺宣讲、"微党课"等形式，推进党的十九大精神进基层。

（四）以乡风馆为载体提升乡村道德水准

乡村道德馆始于浙江省湖州市德清县。该县于 2009 年建立全市首个公民道德馆。后来，在社会主义新农村建设中把公民道德馆引向农村，建起一批"和美乡风馆"。德清县的"和美乡风馆"在全市乡村文明建设中起到巨大的示范作用，引发湖州其他县区乡村纷纷建设乡风馆。有条件的乡村在文化礼堂之外单独建乡风馆，条件不足的乡村把文化礼堂与乡风馆合并建设。到 2017 年年底，全市将近 50% 的村都建有乡风馆。

湖州乡风馆的主要内涵有：一是本村发展史，主要展示本村历史沿革、基本概况、中华人民共和国成立以来尤其是党的三中全会以来发生的巨大变化；二是古今精英榜，主要展示古往今来出生于本村的历史名人、专家学者、劳动模范、战斗英雄、优秀共产党员及具有一定影响力的其他先进人物；三是和美乡风榜，主要展示本村的"文明五心"好公民以及文明家庭、五好家庭、书香家庭、和睦家庭等特色家庭创建活动；四是村落文化榜，主要展示源自本村的民间故事、歌谣、戏曲、小说、历史古迹、文化人物以及各类文化盛事；五是名优特产榜，主要展示产自本村的各类名优特优农副产品、工业产品以及特色传统行业；六是生产先锋榜，主要展示本村的种养殖能手、优秀企业家和经营有道的工商业者；七是文风昌盛榜，主要展示勤奋读书、成绩优秀、考上重点大学并为国家、为家乡争光的本村学子，以及培养孩子读书方面特别出色的读书型家庭等。各村乡风馆在基本内容相同的情况下还体现出自己的特色和风格，从而形成了多姿多彩的乡风馆。

今天的乡风馆是新时代新农村建设新乡风的产物，也为新乡风确立新的价值导向。乡风馆是传承乡村优秀文化的平台。在乡村发展史上，曾经涌现出许多优秀人物，是他们谱写了乡村的光辉历史。在他们身上所展示出来的思想精神在今天的乡村文明建设中依

第四章 人文乡村建设的实践与探索

然具有重要价值。乡风馆歌颂他们，为他们立传，实质上就是在倡导他们的思想精神，以传统的优秀文化滋养新的乡村文明。乡风馆是现代乡村社会的"新祠堂"。什么样的人可以进入祠堂，什么样的人不能进入祠堂，就是向家族成员传递出一个强烈的价值导向，由此引导家族成员的思想行为。今天的乡风馆在某种意义上有类似祠堂的做法和作用，所以有人称它为"新祠堂"。乡风馆把文明家庭、和美家庭以及好婆媳、好邻里、好长者、好儿女、莘莘学子等入馆上榜，就是向社会明确传递出做人、做事的价值观。乡风馆在价值问题上爱憎分明，界限分明，立场分明，这就为乡村文明建设树立了标杆，指明了方向。乡风馆是乡村社会的文明高地，它照亮着乡村文明前进的道路。

二 生态文明建设提升乡风文明

（一）生态环境整治促进乡村和谐

习近平总书记指出，良好生态环境是最公平的公共产品，是最普惠的民生福祉。社会主义和谐社会不仅包括人与人、人与社会的和谐，也包括人与自然的和谐。生态环境问题，一头连着青山绿水，一头连着百姓生活，是至为现实、至关重要的民生。加强生态文明建设，是对自然规律及人与自然关系的遵循，是可持续发展的高级阶段和文明形态，是人类社会所追求的发展方向，不仅能保证人们有良好的生活环境与生活质量，促进人与自然和谐相处，而且能保证一代接一代地永续发展，实现代际公平与代际和谐，促进经济社会的协调发展。

最大限度地保障和改善民生，解决好人民群众最关心、最直接、最现实的问题，始终是湖州各级党委、政府工作的优先考虑和重中之重。湖州走生态文明之路，正确处理发展与保护关系，加大环境保护与治理力度，让老百姓喝上干净的水、呼吸新鲜的空气、吃上放心的食物、生活在宜居的环境中，是主动顺应广大人民群众从"求温饱"到"盼环保"的转变，从"谋生计"到"要生态"的转变，是对人民健康的尊重、对群众期待的回应，努力建设一个生产集约高效、生活宜居适度、生态山清水秀的湖州，努力建设一个百姓生活富足、人文精神彰显、社会和谐安定的湖州的需要，彰显了以人为本、人民至上的民生情怀。

生态环境是广大村民最大的公共利益之所在，而环境污染、生态破坏扩大了少数主体的私人利益，而损害了广大村民的公共利益，造成了农村社会贫富不公平的问题。以往，在建设乡村文明的过程中没有认识到这个问题的严重性、关键性。现在，通过生态文明建设，关停污染严重的企业、石矿、养殖场，开展植树造林、修复生态等活动，一方面天变蓝、水变清、地变净，另一方面农村社会的利益关系发生了深刻调整，广大村民的最大公共利益得到了维护，而原有既得利益主体的不合理利益得到了削弱，甚至消除。开展生态文明建设也有利于合理调整农村主体的利益关系，缓解农村社会中贫富不公的问题，从而促进了乡村文明的发展。

（二）绿色生活方式在乡村不断兴起

在传统乡村生活中，农村生活垃圾、生活污水的排放随意性较大。但现代乡村生活中，垃圾已经不是原来可自然降解的垃圾，污水也不是原来自然可容纳承受的污水。因此，现在的垃圾、污水已不再作为有机肥料循环到自然生态之中，而是作为有毒有害物质在毒害自然生态。

2014年11月4日，湖州在全市发起生态文明行动倡议，发布《湖州市民生态文明公约》，成为湖州市民生态文明建设的行动纲领。2017年，印发了《关于开展生活方式绿色化行动的实施意见》，从节水节电节材、垃圾分类投放、绿色低碳出行、餐饮光盘行动等公众参与度高的绿色生活行为入手，引导市民培养绿色生活习惯，促进绿色消费，加快形成人人、事事、时时、处处崇尚生态文明社会新风尚。同时，积极构建生态公益圈，整合企业、公益机构、志愿者等资源，动员各类生态社会组织积极开展和参与生态文明建

第四章 人文乡村建设的实践与探索

设,成为公众参与生态文明建设的"桥梁"。"绿色环保协会""蚂蚁公益""飞英环保队""爱飞扬""滴水公益""四叶草"等生态公益组织日益壮大,社会影响力不断提升。

三 乡风文明建设存在的"短板"

(一) 整体发展不够均衡

从文明村创建情况看,德清、长兴、安吉三县的文明村创建率都达到90%以上,在2020年前基本可以实现全覆盖。中心城区相对较弱,吴兴区和南浔区分别为83%和78%,而湖州开发区和太湖度假区由于体制的原因,文明村创建率比较低,分别为47%和30%。同一县区的乡风文明建设发展也存在较大差异,如吴兴区较好的几个全国文明村,如路村村、章家埭村、移沿山村、塘红村等典型都集中在八里店镇、吴兴区高新区等城区附近乡镇,从"盆景"穿点成线形成"风景"还有很长的路要走。

(二) 陈规陋习根除困难

目前,部分农村地区仍存在婚丧喜事大操大办、盲目攀比、迷信思想根除不彻底等陈规陋习。部分地区除操办16岁酒、36岁酒、婚嫁等传统喜事之外,有部分村民还要摆满月、周岁、乔迁、入学酒、大学酒、上梁酒、买车酒、祝寿酒等可办可不办的酒宴;农村操办婚丧喜事时,存在不同程度的聚众赌博行为;一些乡镇,操办白事为了讲排场讲面子,甚至"标配"和尚、道士、乐队等。

(三) 体制机制不够完善

近年来,在推进移风易俗上做了大量工作和积极探索,但"执行弱化、效果淡化、总结泛化、推进虚化"的现象还仍然存在,乡风文明建设的常态化制度化推进尚未形成。齐抓共管的力度还不够大,农村精神文明建设是一项需要长期抓、统筹抓的社会工程,在推进建设的过程中需要许多部门通力合作才能够取得一定成效。与美丽乡村建设、小城镇整治等硬件建设相比,精神文明建设投入见效慢,财政拨款经费极少。同时,乡风文明建设的主抓部门较少,主要集中在文明办、妇联、团委、民政等有关部门，力量相对薄弱。

四 深入推进乡风文明建设的对策建议

乡风文明建设是实施乡村振兴战略的重要内容，习近平总书记2017年12月在江苏省徐州市考察时强调，农村精神文明建设很重要，物质变精神、精神变物质是辩证法的观点，实施乡村振兴战略要物质文明和精神文明一起抓，特别要注重提升农民精神风貌，这才是最本质的东西。这一重要论述，不仅为实施乡村振兴战略指明了方向，更是对乡风文明建设提出了新的要求。我们要以习近平总书记重要讲话为指引，充分认识乡风文明在乡村振兴战略中的重要地位，准确把握新时代推进乡风文明建设的新要求，坚持"两山"理念，不断改善农村生产、生活、生态环境，坚持德治与法治相结合，按照"乡风民风美起来、文化生活美起来、人居环境美起来"的总要求，深入实施"农民精神风貌、文化惠民乐农、农村文明创建"三大提升行动，加快打造"生态引领、全域创建、成风化俗、和谐发展"的农村精神文明建设"湖州模式"，建设乡风文明新高地，展现乡村振兴新作为。

（一）实施农民精神风貌提升行动，助推乡风文明建设

1. 以科学理论武装提升农民精神风貌

运用典型案例、真实故事、准确数字和群众语言，采用民间艺术、地方戏曲、板报墙报、农村广播等农民群众喜闻乐见的形式，深入开展中国特色社会主义和中国梦宣传教育，开展爱国主义、集体主义和社会主义宣传教育，引导农民群众听党话跟党走。围绕乡村振兴战略，土地流转、农产品价格、征地拆迁、合作医疗等农民群众关心的热点难点问题，深入解读党和政府各项政策措施，凝聚农民群众的精气神。

2. 以道德实践活动提升农民精神风貌

发挥农村基层党校和道德讲堂、人文学堂等作用，生动活泼地开展社会公德、职业道德、家庭美德、个人品德教育，结合"我们

第四章　人文乡村建设的实践与探索

的节日",广泛开展孝老敬老、启蒙礼、成人礼、新婚礼、敬老礼、祈福礼等活动,引导广大群众知礼守礼、尊德崇德。结合各地道德文化特点,认真抓好吴兴"幸福文化"、南浔"礼文化"、德清"德文化"、长兴"和文化"、安吉"孝文化"区域道德品牌建设。建立完善道德模范和先进典型发现、选树、推广和关爱机制,定期选树宣传"最美人物""身边好人""好媳妇、好婆婆、好妯娌""新时代新农民"等,通过组织开展"道德走亲""身边人讲身边事"主题报告会、专题学习会等形式,大力宣扬道德模范的先进事迹,让讲道德、尊道德、守道德成为农民群众自觉追求。

3. 以文明乡风培育提升农民精神风貌

结合小城镇文明行动,推进移风易俗,弘扬时代新风。充分发挥村规民约、红白理事会、道德评议会、村民议事会、禁毒禁赌协会、乡贤理事会等作用,广泛开展乡风评议活动,推行文化礼堂准入机制,合理规划红白事消费标准,倡导"垃圾不落地、出行讲秩序、办酒不铺张、邻里讲和睦",倡导崇尚科学,反对封建迷信,严厉打击"黄赌毒"违法犯罪行为,引导广大群众逐步养成健康、文明、节俭的生活方式。积极培育新乡贤文化,广泛开展"举乡贤、颂乡贤、学乡贤"活动,吸引和凝聚各界成功人士、在外创业人士报效家乡、反哺桑梓,支持家乡建设。加强农村志愿服务站点的建设和管理,不断健全农村志愿服务体系,结合"五水共治""移风易俗""农村未成年人思想道德建设"等工作推进志愿服务工作向农村普及。开展绿色消费、诚信经营等主题乡村文明旅游活动,建立完善"农家乐""洋家乐"诚信经营考核机制,制定游客保护生态、绿色消费乡村旅游公约,倡导文明游客与美丽乡村的和谐共存。

4. 以改善农村环境提升农民精神风貌

坚持"绿水青山就是金山银山"理念,聚焦农村美化,大力建设具有诗画江南韵味的美丽城乡,打造全省"大花园"中的湖州"大景区",以良好的环境改善农民精神风貌。强化农村生态建设,把山水林田湖草作为一个生命共同体，全面落实"大气十条""水十条""土十条"等措施。强化镇村建设提升，以小城镇环境综合整治和特色小镇打造为抓手，着力推进小城市培育和中心镇发展，打造一批绿色、智慧、人文的美丽城镇。强化环境治理优化，推进生活垃圾分类处理，垃圾源头分类的村实现全覆盖。完善推广"一把扫帚扫到底""一家企业管到底"环卫管理模式，健全城乡生活污水治理长效机制。深入推进"四边三化""打造整洁田园建设美丽农业"行动等，巩固河长制，基本形成水清岸绿、生态良好、文景共融的河湖生态系统。统筹抓好治土、治固废等。巩固提升卫生县城和卫生村镇创建成果，深入推进"厕所革命"，推进农贸市场改造升级、背街小巷及乡村结合部环境卫生治理。

（二）实施农村文明创建提升行动，助推乡风文明建设

1. *深化文明村镇创建*

积极适应形势发展的新要求，深化创建内涵、拓展创建领域，加大对开发区、度假区、吴兴区、南浔区文明村镇的培育力度，推动创建工作均衡发展。完善文明村镇测评体系，修订完善《湖州市文明村镇管理办法》，加大软环境考核权重，细化软环境考核指标，实现软指标的硬约束。坚持创建为民、创建靠民、创建惠民，在吸引群众参与上下功夫，在解决实际问题上见成效，使创建工作成为干部欢迎、群众满意的民心工程。力争到"十三五"末，全市市级文明村比例达到70%以上，让文明村镇创建成为助推乡村振兴战略、推进农业现代化的强大动力。

2. *深化乡村文明示范带建设*

按照"望得见山、看得见水、记得住乡愁"的要求，在提升原有村镇规划、建设、生态的基础上，重点植入文化、文明的要素，根据地域相近、品位相似、文化相亲的特色，把这些村镇串联起来，成为具有传承文化、留住记忆、特色鲜明的乡村文明示范带，成为农村精神文明建设的新亮点。以安吉境内山区为主，兼顾长兴

第四章 人文乡村建设的实践与探索

西北、德清西部等山区，把周边一些各具特色的村庄连点成线，既体现绿水青山自然风光美，又凸显优秀传统人文精神美，打造独具西部山区风味的"水山人家"文明示范带；在太湖之滨，通过发掘沿湖村庄的渔文化、溇港文化、农耕文化等资源，打造具有太湖渔村特色的"太湖溇韵"文明示范带；在东部平原，把一些环境优美、生态优质、文化优美的村庄串联起来，打造一批庭院清丽、家园和谐的"梦里水乡"文明示范带。

3. 深化家庭文明建设

继续深化文明家庭创建，进一步完善《湖州市文明家庭创建工作管理办法》，健全创建机制，加强动态管理。按照"净化、序化、绿化、美化"的要求，充分发挥广大妇女在"美丽庭院"创建活动中的主力军作用，引导农户开展垃圾杂物整理、生活污水治理、庭院绿化美化等活动，打造一批绿色庭院、洁美庭院、文化庭院，和睦邻里关系，形成"处处风景、院院美景、家家和谐"的农村人居新环境。完善"星级文明户"评选机制，常态开展"星级文明户"评选活动，动员与引导广大家庭积极参与"最美家庭""文明家庭"创建活动。积极推进家风家训建设，深入挖掘和运用良好家风家训资源，广泛开展"传家训、立家规、扬家风"活动，组织家训与家风故事征集、评选活动，传承良好家风和家训，持续开展"家训亮厅堂、挂礼堂、驻心堂""家书抵万金""最美全家福""我有传家宝"等主题活动，以好家风支撑好民风，推动全县乡村形成"注重家庭、注重家教、注重家风"的普遍共识。

4. 深化城乡结对共建活动

按照《湖州市文明单位管理办法》要求，进一步规范文明单位与行政村结对的任务、要求，加强对结对双方共建活动的督促、指导和检查，推动结对工作的有效落实，通过实地交流、异地培训等形式，帮助结对村提升管理能力和服务水平。继续推进村企结对共建活动，发挥企业在经营管理方面的优势，帮助结对村拓宽经济收入渠道；结对村要协助企业做好员工的管理与服务，解决企业的后顾之忧，实现资源共享、成果共惠。积极探索本地高校与村结对共建的生动实践，通过志愿服务、公益活动、暑期春泥计划等形式，吸引大学生走进农村、深入群众，在农村文化建设、文明创建、村庄建设、品质提升等方面更好地发挥作用。

第二节　乡村文化建设的实践与探索

一　"文化礼堂·幸福八有"的实践与探索

湖州市一直把农村文化建设作为加强公共文化服务体系建设，改善民生和推进新农村建设的一项重要举措。2009年，湖州市开始实施农村文化"八有"[①]保障工程，让村民足不出村就可以看演出、看电影、听广播、读书看报。2013年，根据省委、省政府对农村文化礼堂建设工作的部署要求，湖州市启动文化礼堂建设，将文化礼堂打造成农民群众的活动公园、文化乐园和精神家园。"文化礼堂·幸福八有"[②]，成为湖州市推进文化礼堂建设的主旨。农村文化礼堂建设既是实现精神富有，打造"精神家园"的有效载体，也是文化强市的重要基石，更是巩固农村思想文化阵地的重要保障和提升农村文化建设水平的重要举措。

经过多年的探索与实践，湖州的农村文化礼堂建设规模不断扩大、内涵不断提升、效益不断显现，实现了省级农村文化礼堂建设工作先进县区全覆盖。截至2018年6月，全市共建成农村文化礼堂534家，覆盖率达53.7%。形成了"希望田野""山村印象""农园

---

① 文化八有：有演出看、有电影看、有广播听、有电视看、有书读、有报读、有文体活动室、有室外文体场所。

② 幸福八有：有文化礼堂、有展览展示、有文体团队、有文化走亲、有礼仪传习、有素质培训、有村规民约、有长效机制。

第四章 人文乡村建设的实践与探索

新景""太湖风情"四条文化礼堂特色示范带，使文化礼堂成为农民群众的文化公园、活动乐园、精神家园。本节内容主要基于湖州市农村文化礼堂的调查研究。①

（一）文化礼堂建设的体制机制不断完善

湖州市委、市政府高度重视农村"文化礼堂·幸福八有"建设工作，2013年，制定《湖州市农村"文化礼堂·幸福八有"建设五年规划》。随后，连续五年将其列入了市政府十大为民办实事项目，与美丽乡村建设同步规划、同步建设、同步考核、同步表彰。在规划中，坚持以"文化八有"托底保障"文化民生"，满足人民群众基本文化需求，凸显群众在文化建设中的主体地位，发挥群众文化建设主体作用的重要基础。湖州三县两区也把农村"文化礼堂·幸福八有"建设工作列入各级政府的实事工程，列入文明村镇、文化先进县（区）、示范村创建等相关评价体系。同时，为了贯彻落实乡村振兴战略部署，把农村文化礼堂建设作为乡村振兴的重要组成部分，对今后五年农村文化礼堂建设工作进行了全面规划，确保到2022年农村文化礼堂建设基本实现全覆盖的目标。

湖州从2014年开始探索开展农村文化礼堂理事会负责制，在5个村成功试点的基础上，到2017年年底已有458个文化礼堂建立了理事会负责制，农村群众自我组织、自我管理的成效已逐渐显现。实施星级礼堂管理机制，目前全市有五星级礼堂14个、四星级礼堂22个、三星级礼堂163个。同时，充分挖掘乡贤文化，鼓励乡贤参与农村文化礼堂村规民约制定、村训提炼、村歌创作、文化礼堂管理、文化活动策划等工作，建立开放参与的乡村治理机制。

（二）文化礼堂建设的特色不断彰显

1. 以"幸福八有"为基准规范建设

坚持一根经线到底，规定动作不走样。农村文化礼堂在整合村

---

① 调研课题组主要由王有娣、吴晓斌、徐良、林晖、唐甜甜组成。

庄原有礼堂、讲堂、祠堂、寺庙等基础上进行改建、扩建或新建，统一按照"两堂五廊"（礼堂、讲堂，村史廊、民风廊、励志廊、成就廊、艺术廊）、"五有三型"（有场所、有展示、有活动、有队伍、有机制，学教型、礼仪型、娱乐型）标准进行设计建造。严格按照建设农村文化综合体的要求，全面落实"幸福八有"的建设标准，立足实际，因地制宜，整合农家书屋、文化大舞台、特色展示馆和数字影院等硬件设施，形成"廊、墙、室、馆"等不同的展陈形态，规范推进文化礼堂标准化建设。通过文化礼堂外观"美化"和标识"亮化"，将文化礼堂打造成村落文化的新地标。农村文化礼堂内设置的道德榜、能人榜、学子榜等，将道德典型、最美人物、能人学子"入馆、上墙"展示，在潜移默化中感召村民、引领乡风。农村文化礼堂内的展示馆、村史馆，以图片、文字、实物等形式，全方位地展示历史沿革、村情村史、生产生活场景，让村民们在其中找寻儿时记忆，寄托浓浓乡愁。

2. 以湖州特色增亮点

根据省市标准，在完成规定项目上墙展示的基础上，充分挖掘村情村史，注重文化礼堂建筑风格与乡村风貌相协调，加强民俗文化与现代文明的融合创新，使文化礼堂体现文化品位、彰显文化内涵，使文化礼堂在建筑风格、展陈内容呈现出地域化特色和差异化风格。结合各地地域风貌，打造"希望田野""山村印象""农园新景""太湖风情"四条特色示范带，将文化礼堂由点到面、从小到大、盆景变风景，成为农村文化建设的一个亮点。

2015年开始，湖州围绕红色文化、传统文化、最美文化和休闲文化，依托"星期日活动"载体，广泛开展"民俗闹春、文化伴夏、秋季放歌、美德暖冬"四大主题活动，举办"跳排舞、唱村歌、颂村训、送村联"四大赛事，推动文化礼堂活动的常态化，形成了具有湖州特色的活动品牌。

积极组织开展"我们的村歌""我们的家训""我们的榜样"

第四章 人文乡村建设的实践与探索

"我们的村晚""我们的节日"等活动,通过举办村歌教唱、家风互评会、好人故事会、乡村村晚、礼仪传习等群众喜闻乐见的活动,最大限度地调动广大群众积极主动参与文化礼堂活动。大力培育礼堂文化,组织好人好事、好婆婆、好媳妇等评选活动,开展道德模范、最美人物、社会主义核心价值观进文化礼堂系列活动。

(三)文化礼堂建设的保障不断增强

1. 人才保障不断增强

加强以农村文化礼堂管理员、志愿者、专家指导团和基层文艺团队为主力军的队伍建设。目前,活跃在城乡的基层文体团队有1600余支,每个文化礼堂都配有3支以上的文体团队和1名专(兼)职管理员。全面推行志愿者驻堂制度,400名专家指导团成员,5000名文化志愿者组成的志愿者队伍充分发挥各自所长,积极参与文化礼堂的资料收集、设计建设、活动策划、礼仪辅导和日常管理。长兴县还创新开展了"1+1"的管理员工作模式,即一个兼职管理员配一个管理志愿者,并给予志愿者每人每年3万元的经费补助,为文化礼堂的长效运行提供了有力保障。

2. 资金保障不断增强

各级财政投入为支撑点,为新农村文化建设提供有力保障。市、县区财政每年统筹安排1500万元,作为农村"文化礼堂·幸福八有"建设专项资金,通过以奖代补的形式,对农村文化礼堂建设进行扶持。各县区、乡镇党委政府也把农村文化礼堂建设作为强基层基础的重要内容,加大对农村各项建设的整合力度,引导相关专项资金向文化礼堂倾斜。从2014年开始,各县区每年安排50万元左右的专项资金用于文化礼堂的日常活动开展,各乡镇根据实际情况,也配套了部分经费用于礼堂建设。据不完全统计,2013—2017年,县(区)、乡镇、村共投入5.3亿元用于文化礼堂建设。同时,动员企业和社会热心人士贡献力量,发动各级文明单位支援结对共建村,多方筹措资金,为农村文化礼堂建设和运行提供资金保障,推动各项工作的顺利开展。

二 传承创新优秀传统文化

近年来，湖州市不断加大历史文化名镇名村和"非遗"保护传承力度，深入挖掘湖州溇港圩田、桑基鱼塘、丝绸文化、茶文化等传统地域文化，培育形成了"长兴百叶龙""善琏湖笔之乡""新市蚕花庙会"等一批知名文化品牌。

（一）传承丝绸文化绽放时代华彩

湖州出土的钱山漾文化遗址距今4700多年历史，遗址中出土了原始社会时代的残绢片和丝线，为我国迄今最早发现的丝织品，说明当时湖州地区丝麻织品和养蚕、桑苎种植已经相当发达。遗址还出土了石、陶瓷制成网坠、骨制的鱼标、丝线或亭麻线编织成的渔网，说明湖州先民已经有了多种捕鱼工具，过着"饭稻羹鱼"的生活。2015年，钱山漾文化遗址被命名为"世界丝绸之源"。近年来，湖州主动参与"一带一路"倡议，充分发挥丝绸文化底蕴深厚、丝绸产业基础扎实等优势，加大开放融合发展力度，加快打造集丝绸产业、历史人文、生态旅游为一体的"东方丝绸之都""世界丝绸之源"必将绽放更加夺目的光彩。

（二）挖掘太湖溇港文化引世人注目

在历代劳动人民的辛勤耕耘下，湖州境内形成了"纵浦（溇）横塘，位位相接"的棋盘化水网圩田系统。《太湖水利技术史》记载："塘浦圩田是古代太湖劳动人民变涂泥为沃土的一项独特创造，在我国水利史上的地位可与四川都江堰、关中郑国渠媲美。"以七十二塘浦（溇港）为代表圩田系统，是太湖流域地区桑基鱼塘、桑基圩田的重要基础，也催生了吴越文化、"鱼米之乡""丝绸之府""财赋之地"的重要载体。2014年，湖州桑基鱼塘入选第二批中国重要农业文化遗产。因溇而生，因港而兴。近年来，湖州加快推进水生态文明试点城市和太湖治理水利建设，并以"申遗"为契机，做好挖掘、规划、修复、建设、利用文章，太湖溇港这1000年水利

第四章 人文乡村建设的实践与探索

遗产焕发了新活力。2016年,太湖溇港成功入选世界灌溉工程遗产名录。

(三)弘扬茶文化推动产业融合发展

湖州是茶文化的发祥地之一。早在1700多年前的晋代,湖州就产贡茶"温山御荈",唐代由于陆羽《茶经》的问世与流传,加速了茶知识的传播和普及,促成了世间饮茶之风盛行。同时也带动了茶叶生产的发展,唐代也是湖州名茶历史上的鼎盛时期,被称为中国东部茶都、中国贡茶之冠,名茶之源。近年来,湖州将茶产业列入优先发展的特色优势产业,形成了以安吉白茶、长兴紫笋、莫干黄芽为主的茶叶公共区域品牌,茶产业蓬勃发展,影响力日渐扩大。湖州还持续深化茶文化的研究与保护,不断弘扬茶文化价值,不断壮大茶产业经济,加强茶衍生品开发,打造茶产业全产业链。如安吉白茶开发了茶饮料、茶含片、茶酒、茶食品、功能性产品等一批新产品。长兴也推出多种类茶品;德清借助景区优势推出茶旅游路线,不仅延伸了茶产业链,更提高了茶叶的附加值。

(四)历史文化名村名镇与非物质文化遗产保护开发

湖州市是一座具有悠久历史的文明古城,自战国时春申君黄歇于公元248年建菰城县始,迄今已有2200多年的历史。东晋、南朝以后,当时的吴兴郡成为"东南望郡","其冠簪之盛,汉晋以来敌天下三分之一"。[①] 在漫长的历史发展长河中,各地都遗留下了分布广泛、数量繁多的历史文化村落,这些历史文化村落不仅是悠久历史和灿烂文化的物质见证,也充分保留和体现了湖州悠久历史文化的内涵。2013年,湖州市农办与有关部门摸排确定了34个历史文化村落,其中6个重点村、28个一般村,34个历史文化村落共计户籍数21816户,658栋古建筑。按照"保护建筑、保持肌理、保存风貌、保全文化、保有生活"的要求,有计划地共分五批启动保护

---

① (唐)顾况:《湖州刺史厅壁记》。

利用工作，目前第一、二批23个村已通过省级评估（其中4个重点村全部被评为优秀），基本实现了"修复优雅传统建筑、弘扬悠久传统文化、打造优美人居环境、营造悠闲生活方式"的目标。第三批2个重点村、8个一般村已基本完成项目建设任务，第四、五批4个重点村、11个一般村项目进展顺利。

湖州市不断加大"非遗"保护传承力度，培育形成了"长兴百叶龙""善琏湖笔之乡""新市蚕花庙会"等一批知名文化品牌。百叶龙是一种浙江长兴的传统民俗活动，2006年6月10日，我国第一个文化遗产日，百叶龙被批准列入我国第一批非物质文化遗产。"湖笔"是湖州毛笔的简称，以制作精良、品质优异而享誉海内外，已成为毛笔的代名词，地处浙江湖州市的善琏镇，是湖笔的发源地和主要产地，素有"笔都"之称。新市镇蚕花庙会是一种古老的传统民俗及民间宗教文化活动。源自春秋战国时期，相传范蠡送美女西施去姑苏，途经新市，给养蚕的姑娘、嫂子送过鲜花，祝愿她们风调雨顺，蚕茧丰收。此后，方圆百里的当地蚕农为纪念西施，每到清明时节，都要举办盛大的蚕花庙会。为推陈出新，弘扬蚕乡文化，德清县旅游局和新市镇人民政府于1999年联合举办首届蚕花庙会，此后每年一届。

三 "文化走亲"带动乡村文化兴盛繁荣

（一）"文化走亲"模式

"文化走亲"是在湖州市政府指导下，2008年由德清县试点开创，并于次年推及全市的群众文化活动区域联动品牌项目。开展"文化走亲"活动，举办湖州市农民文化艺术节，打破群众文化活动"单一、封闭"的老套路，以"互访"形式在不同区域间开展群众文化交流，构建起多主体、多层次、多样化的群众文化活动新格局，开创"文化走亲"的"湖州模式"。

其主要做法是，以湖州市为一级行政主体，在全市各县区内，实现村（社）间、乡镇（街道）间、县（区）间群众文化活动

第四章 人文乡村建设的实践与探索

"走访"交流;在地级市外,实现跨地市、跨省际间的群众文化活动"走访"交流,从而构建"相熟、相助、相融、相亲"群众文化区域整体联动、多维交流的大格局。具体操作上,"文化走亲"活动通过"选亲、招(送)亲、结亲、留亲"四类样式,促进文化的交流互动,为群众文化活动注入新鲜血液。"选亲"即由有意向开展"文化走亲"活动的主体,根据本地域或本部门的文化特色,选择文化"血缘"相近或疏远的"亲友"主动进行"走亲"。"招(送)亲"即有意向开展"走亲"活动的主体对外发布"招亲"信息,召唤其他主体的联系并促成"走亲"活动。"结亲"是指通过开展"文化走亲"活动,两地域或部门间建立起"文化亲缘"关系。"留亲"是对"结亲"成果的巩固与推广,建立起两地域或部门建设发展互帮共进的友好关系。

(二)"文化走亲"的成效

十多年来的实践,"文化走亲"在湖州市乃至全省范围内活动形成了基层群众文化活动市内联动、市外互动的局面,营造了内容更丰富、形式更多样、方式与更灵活群众文化活动的良好境界。到目前为止,全市累计组织"文化走亲"1500余场,参与演出的文艺节目9300余个次、人员5.5万余人次、观众190万余人次,可谓深受欢迎。

2011年浙江省文化厅在湖州启动全省"文化走亲"活动,并将该活动纳入浙江省"十二五文化发展规划",给予每年600万元的专项扶持。"文化走亲"成为浙江省三大公共文化服务品牌之一,荣获"首届浙江省基层公共文化服务创新奖"一等奖,"宣传思想文化工作'三贴近'""十佳创新案例奖"等,入选2011年度浙江省十大民生工程,并荣登文化部"群星奖"之列。

"文化走亲"项目不仅带动了全市群众文化活动兴盛,而且在下述几个方面促进了公共文化服务体系建设和创新。一是群众参与满意度高。由于"文化走亲"项目对群众吸引力强,群众参与率、满意度随之水涨船高。南浔区菱桶舞队、鱼灯舞队、蚌壳舞队，在吴兴、德清、长兴等地的水乡"走亲"时，受到当地群众"热捧"，出现了年轻人"追星"般的场面。二是基层团队成长较快。"文化走亲"活动激发基层群众参与热情，台下观众上升为台上主角，基层特色文艺团队不断涌现，全市共培育成长特色文娱团队865支，文化示范户1170户，较"文化走亲"模式创新前分别增长52.6%、82.2%。三是活动基层效应强。以"文化走亲"为主的活动贯穿全年，铺遍全市各村，辐射面十分广泛。

四 乡村文化建设存在的问题及原因分析

（一）活动常态化和吸引力有待加强

随着时代的发展，农民的精神文化需求越来越高，人们已经不满足于在家里看看电视、上上网这种单一的娱乐活动，农家书屋、文化礼堂等为村民提供了一个很好的娱乐场所，在晚间或者周末，村民有了新去处，去文化礼堂坐坐，到农家书屋看看书，在文化广场跳跳舞，大大丰富了村民的文化生活，逐步改变着村民的思想观念和生活方式。

1. 乡村文化生活不丰富

但相对而言，乡村文化生活并不丰富，除了聊天、打牌外，农民没有其他文化活动，部分群众沉迷赌博和庙会活动，农民参与麻将、扑克等棋牌活动的比例高于城市居民，许多农民大部分时间是在牌桌上度过的。

2. 文化礼堂作用发挥有待提升

部分文化礼堂开展的最常见的文化娱乐活动就是跳广场舞。文化礼堂的主要活动分为两类：一类是文化下乡、送戏下乡和文化走亲等上级单位和部门的"送文化"活动；另一类是村里自发组织的活动。"送文化"活动由于政府资源有限，每年送下去的活动场次也有限，文化供给仍然不能满足农民群众日益增长的文化需求，农民群众的积极性得不到有效的发挥。且大部分遵循的是资源优先原

第四章　人文乡村建设的实践与探索

则，首先考虑的是掌握的或可获取的资源状况，有能力提供怎样的活动，很少关注农民喜不喜欢，欢不欢迎。从群众参与的现实情况来看，部分活动存在质量不高、新意不够、形式单一等问题。村里自发组织的文化活动，普遍反映缺乏策划、组织、编排等高水准的业务指导，对省市县（区）送来的优质文化产品需求旺盛，各类培训也供不应求。

3. 村级文化设施相对落后

通过实施农村文化"八有"保障工程，乡村舞台、农家书屋、文体活动室等基层文化服务设施建设基本实现了全覆盖。截至目前，全市所有乡镇基本建成拥有一定场地设施的综合文化中心（文化站）。100%行政村建有文体活动室；广播电视实现了"村村通""村村响"，农村有线电视入户率达100%；农家书屋覆盖率达100%。虽然各级政府大力推进村级文化建设，覆盖面越来越广，但老百姓对文化阵地不足的呼声和意见仍然十分强烈。部分村级文化活动室只是挂一张牌而已，形同虚设。而且原有的文化设施普遍老化。原因是由于条块分割、部门分割，不少文化设施闲置浪费，没有发挥应有的作用；由于保障机制和运行机制的问题，存在文化设施"建而不用、挪作他用"等情况。

（二）基层文化专业人才比较缺乏

1. 基层文化人才数量不多、质量不高

基层的文化队伍比较薄弱，文艺团队人员流动性大，文化人才的数量和质量区域之间发展不平衡，能够积极引导、组织农民群众开展文化活动的人员有限。

2. 对人才队伍建设认识滞后

调研发现，文化礼堂管理员基本上是兼职的，大部分由大学生村干部和村委兼任，管理员任用还比较随意，缺乏统一的选拔、任用机制。同时，由于管理员是兼职的，基本没有报酬，工作积极性不高，导致文化建设大量"缩水"。乡镇文化站站长大部分也是兼职,很难有效发挥作用。文化礼堂的活动组织、文艺人才队伍的培训主要依靠乡镇文化站的指导和组织,但县区反映,目前乡镇文化站站长往往是身兼数职,很难把精力放在文化礼堂上。由于各级领导对文化工作在经济社会发展中的地位认识不足,特别是在以经济建设为中心的口号下,相当多的人认为文化工作是软任务,是花钱多效益少的社会公益事业,可搞可不搞,找人兼任应付了事,又不愿意花钱投入,致使农村文化阵地建设滞后,从事文化事业的同志心灰意冷,缺乏积极性,大多放弃主业改做乡镇中心工作。

(三)经费投入相对不足

1. 经费来源不足

农村公共文化设施建设以基层政府投入为主,而各县区间的乡镇财政能力有一定的差异,农村文化礼堂建设投入往往缺乏规划性和连续性。文化礼堂设施后续维护更新和日常活动的组织,特别是周周有活动的要求,都需要充分的资金和资源支撑,虽然现在有市、县区以奖代补的资金补贴、乡镇配套、村自筹等资金来源方式,但县区、乡镇财政能力地区间存在一定的差异,同时村一级更是将有限的财力用于经济和其他社会事业的发展,对文化礼堂及活动投入十分有限。部分村反映资金缺口较大,村自筹能力有限、渠道不多,特别是集体经济薄弱村,难以保证礼堂活动的常态化及高质量、高水平开展。此外,社会力量和民间资本对文化礼堂的支持也是先天不足,文化建设缺乏社会力量支撑。资金问题是在本次调研中基层群众反映较为强烈的问题之一。

2. 重视硬件投入,忽视软件投入

目前,村级文化建设中,普遍比较重视文化设施的投入,验收合格后,财政有一定的以奖代拨资金,但开展日常文化活动的经费大多不足。建成图书室乡村图书室后,但新书的添置和管理人员的劳务支出没有经费保证,影响了图书室功能的发挥。在欠发达地区的村子,乡镇财政捉襟见肘,村集体经济收入来源少,根本没有资

◆第四章 人文乡村建设的实践与探索

金用于文化活动支出。

五 进一步繁荣乡村文化的对策建议

（一）加强平台建设，强化长效机制

乡村文化是农村的发展动力，发挥农村文化礼堂、乡村学校少年宫、农家书屋、农村文化广场等文化阵地作用，进一步整合农村宣传文化、科普教育、体育健身等各类资源，推进基层"六文"阵地建设，构建和完善农村公共文化服务网络。文化礼堂建设已经成为农村文化建设的重要载体，对于丰富农民文化生活发挥了重要作用。机制建设是确保农村文化礼堂常态长效，可持续发展的重要保障，应按照"合力办事、有人管事、遵章行事"的要求，创新符合村情民意的管理方式，探索推行"理事会""文化众筹""乡贤驻堂""志愿服务"等管理机制，健全完善各类工作机制，保障平台的长效运行。

1. 完善运行管理机制

完善理事会负责制，坚持自主自治的管理模式，实现群众的阵地群众建、群众用、群众管的目标。建立健全群众文化需求跟踪反馈机制，开展菜单式、订单式服务，提供更多为群众喜闻乐见、充满正能量的优秀文化产品和服务。探索建立活动奖励激励制度，开展星级文化礼堂评定管理，对于活动常态、内容常新的农村文化礼堂给予奖励，促进文化礼堂内容建设，努力实现送种结合、以种为主，让群众真正喜欢文化、参与文化、创造文化。建立乡镇文化礼堂统筹协作机制。充分发挥乡镇综合文化站服务功能，建立由乡镇党委政府统一领导、乡镇综合文化站为依托的文化礼堂建设统筹协作机制，强化乡镇文化服务资源利用，组织文化礼堂管理员培训，建立"文化走亲"等互动交流机制，促进资源力量的共建共享。

2. 打造"互联网＋"文化平台

拓展提升文化礼堂设施建设，加强数字技术的应用，建好"网上文化礼堂"，打造湖州网上文化礼堂网站、微信公众号和移动端微网站的"一网二微"的互联网应用平台，推进文化礼堂 WiFi 全覆盖，打造一个信息化、时尚化的立体式农村文化礼堂，让更多的年轻人了解并愿意走进文化礼堂。同时，完善文化产品网络配送平台的建设，整合部门资源，形成农村文化礼堂志愿服务大"菜单"，提供文化礼堂"点餐式"服务。服务项目包含文艺演出、科学普及、体育活动、政策宣讲、应急救护知识等，使农民群众能更加便捷高效地享受"精神家园"服务，使宣传教育从指间加以渗透。

3. 深化"三支队伍"建设

探索文化礼堂专管员准入制，配好配强懂文化、会管理、热心文化事业的专管员，负责对农村文化礼堂的日常管理服务，落实日常管理经费。实施文化礼堂专家驻堂制度，选择业务精、能力强、情况熟的文化工作者加入文化礼堂专家指导团，确保每个文化礼堂有一名专家结对，保障文化礼堂建设的资料收集、设计建设、活动策划、礼仪辅导和日常管理。加强志愿者队伍建设，动员和鼓励农村工作指导员、大学生村干部、乡土文化能人、文化活动积极分子投身文化礼堂建设，确保每个礼堂有两名以上的形势政策宣讲员和一支五人以上的志愿者队伍。积极利用市内外高校资源和返乡大学生资源，在暑假组织开展"千名大学生服务百个文化礼堂"专项行动，让大学生走进农村文化礼堂，开展学科辅导、思想教育、劳动技能、文体活动、文明礼仪等丰富多彩的主题活动。

4. 探索多方参与机制

探索多元投入模式，创新运行管理方式，积极发挥社会热心人士作用，引导更多的社会、民间的力量参与文化礼堂建设管理和公共文化产品创作生产及供给，在人力、物力上借力用力、共同谋划，形成全社会共同参与的良好氛围。探索设立公益基金与购买服务、项目补贴、以奖代补等方式形成竞争机制，使资金从文化系统"内循环"逐步转向面向社会的"大循环"，推动文化礼堂自身常态化运行发展。发挥文化专业人才、基层文化能人、民间艺人和宣传

第四章 人文乡村建设的实践与探索

文化员的作用,加强对农村文体团队、文化骨干的培训辅导,提高专业技能。

5. 探索"文化礼堂+"工程

探索开展"文化礼堂+"系列,拓展文化礼堂功能,增强文化礼堂吸引力,实现文化礼堂可持续发展。如推出"文化礼堂+电商",让创业礼堂助力"富"起来;"文化礼堂+法律",让法制礼堂关系"和"起来;"文化礼堂+微心愿",让红色礼堂氛围"暖"起来;"文化礼堂+旅游",把文化礼堂建设与生态文化、"非遗"保护项目、农家乐综合体、文化产业培育以及乡村旅游相结合,引入专业的文化公司,通过市场化的运作,包装、推广旅游线路,打造文化品牌,使文化礼堂从服务本地村民向文化输出功能延伸,带动乡村旅游,推动当地经济发展,实现"以堂养堂"。

(二)加强乡土文化传承与创新

重视乡土文化、挖掘和利用好乡土文化,才能使其成为乡村振兴的不绝源泉、为乡村振兴提供持续的精神动力,并让村民在感受乡村振兴带来的生产生活巨大变化的同时,重拾乡情与归属感。

1. "挖掘和保护"上下功夫

每个村都有一脉相承的历史沿革,都有各具特色的村落文化。要加强对民间文化的保护和发展,做好非物质文化遗产传承保护,逐步建立民间文化传承基地和传统节日标志地,打造地方特色文化品牌。要不断挖掘整理、整合创新,讲好具有村庄特色的先贤故事,挖掘好积极健康的家训、族训,创新民俗文化样式,形成与历史文化相传承、与时代发展相一致的乡风民俗。同时,要积极发挥专家指导团、党史、方志、档案等部门的作用,为文化礼堂整理历史文献、发掘乡村记忆提供帮助。要大力开展历史文化村落保护建设,全面开展特色建筑的修复、特色村庄的保护、特色风貌的延续,努力把历史文化村落培育成为与现代文明有机结合的魅力乡村。探索农村古建筑、古民居流转机制,鼓励引进社会资本投入,实现古建筑、古民居的科学合理利用，加快特色文化开发利用和产业转换，培育壮大乡创文化经济新业态。

2. 在"展示+传承"上做文章

调研中，我们发现许多传统的旧祠堂、旧戏台，经过翻修被改造成农村文化礼堂，还有一些文化礼堂设置了村史馆、展览馆、非遗馆，这不仅是对乡村文化的展示，更是对乡村文脉的保留和传承。要利用好农村文化礼堂这一平台，把反映村庄、家庭甚至个人发展历程的标志性物品展陈出来，把独具地域特色的非物质文化遗产传承下来，形成属于乡村共有的独特的集体记忆。

3. 在"利用+发展"上求突破

深入挖掘历代"先贤"，继承和弘扬有益于当代的乡贤文化。推举农村优秀基层干部、道德模范等时代新乡贤，发挥新乡贤的示范引领作用。设置"乡贤榜""文化长廊""乡村记忆馆"等展陈载体，展示乡贤先进事迹。同时，培育好礼仪文化，结合农民群众生产生活实际，创新设计一些内涵丰富、形式新颖的现代礼仪活动，推动礼仪活动成为弘扬中华优秀传统文化和社会主流价值、凝聚农民群众情感寄托的重要载体。

（三）实施文化惠民乐农提升行动

1. 加强产品供给

统筹城乡公共文化设施布局、服务提供、队伍建设、资金保障，均衡配置公共文化资源，推动公共图书馆、博物馆、文化馆、纪念馆、美术馆等向城乡居民免费开放。建立健全公共文化产品配送和送文化下乡长效机制，常态化开展"送文化""种文化""赛文化""送体育下乡"活动，发挥各级教育、文化、体育、新闻出版、文联及协会等单位职能优势，发动广大文艺工作者、文化志愿者深入基层、深入农村，创作生产更多更好反映农村生活、蕴含乡土气息、深受群众欢迎的文化产品。协调各级各类传媒，加大对反映农村生活、弘扬文明新风、群众喜闻乐见的戏曲、小品、影视剧、综

第四章 人文乡村建设的实践与探索

艺节目的播放，让广大群众享受到丰富的文化盛宴。

2. 完善"菜单式"文化配送体系

应重视群众的需求导向，制定与农村群众需求相匹配的文化礼堂服务菜单。要加强对部门间的资源整合，强化市、县、区的三级联动，发挥集聚和辐射效应，合理设置服务项目和平台，汇集形成"大菜单"服务体系，推动教育教化、乡风乡愁、礼节礼仪、家德家风、文化文艺、法制宣传、全民健身、科学普及等进农村文化礼堂。建立文化礼堂活动群众意向反馈机制，定期征求村民的意见和建议，根据农民群众需求和评价，及时调整充实各类服务项目内容。加强对基层优秀业余文艺团队管理和品牌团队建设，支持他们扎根民间、深入基层，通过开展"文化走亲"等活动形式，深入城乡开展低偿、无偿文艺演出，让更多群众享受到地域接近、人文相近的乡土文化。

3. 推进"送种赛"文化品牌活动

开展"送文化""种文化""赛文化"活动，开展"民俗闹春、文化伴夏、欢歌庆秋、美德暖冬"为主题的"四季四赛"活动，通过举办跳排舞、唱村歌、颂村训、送村联四大赛事，推动文化礼堂活动的常态化。利用好"星期日活动"载体，促进村民形成相对固定的活动参与习惯。开展"我们的"系列活动，过好"我们的节日"，办好"我们的村晚"，唱响"我们的村歌"，弘扬"我们的传统"。

第三节　湖州市乡村人才集聚与培育

乡村振兴关键在人才。湖州既有在全国率先开展美丽乡村建设、基本实现农业现代化的优势基础，也有更好地解决农业农村发展不充分、不平衡矛盾的迫切需要，更有争当打造实施乡村振兴战略示范区的光荣使命。乡村振兴必须人才振兴。

一 创新乡村人才培育，形成"湖州模式"

湖州这几年加大了人才工作力度，特别是对农村领军型、高端型人才和新型职业农民的培育力度，创建了全国设区市第一所农民学院，建立了浙江大学湖州南太湖现代农业科技推广中心，在全国走在前列。湖州市成功探索出了一些具有借鉴意义的新型职业农民培训和新型农业经营主体培育"两新融合"的培育经验和做法，形成了具有一定可复制性的"湖州模式"。

2014年，湖州市被农业部批准为全国首批新型职业农民培育试点市。市委市政府不断加强领导、强化引导、加大投入，在农村新型人才培育机制体制方面开拓创新突破，取得了明显的成效。2016年，全市完成初级新型职业农民培训2227人，认定初级新型职业农民2159人，其中新型农业经营主体带头人认定（生产经营型）总人数1606人，占比为74.4%，专业技能型职业农民认定总人数311人，占比为14.4%，专业服务型职业农民认定总人数242人，占比为11.2%。2017年全市完成初级新型职业农民培训2132人，认定2117人。4年来，湖州全市累计完成初级新型职业农民培训9311人，认定9593人。在此基础上，按照农业部印发的《"十三五"全国新型职业农民培育发展规划》关于"新型职业农民的培育要建立初级、中级、高级'三级贯通'的新型职业农民培育制度框架"的要求，湖州市探索"分段式、导师制、双创型"培育模式，2017年先后从初级新型职业农民中共选拔145名学员参加了中级新型职业农民的培训。

二 湖州乡村人才振兴面临的五个"短板"

（一）乡村人才基础不厚

一是农村从业人员和第一产从业人员呈逐年下降趋势。从2000年到2016年，农村从业人员从108.79万人减少到77.62万人。第一产业从业人员从62.98万人大幅下降到21.98万人（见图4-1）。

第四章 人文乡村建设的实践与探索

其中，乡村第一产从业人员19.71万人。

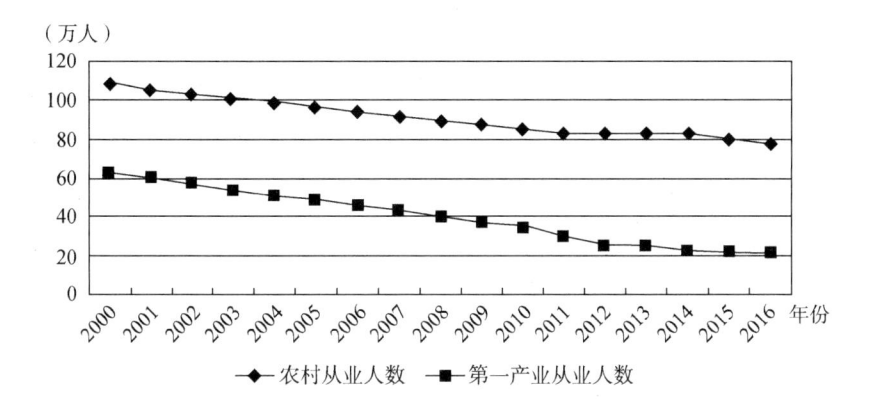

图4-1 2000—2016年湖州市农村从业人数和第一产业从业人数

资料来源：根据湖州统计信息网和《湖州市统计年鉴》整理。

二是农村劳动力偏老，随着青壮年农村劳动力向城镇转移，农村人口老龄化明显快于城镇，农村劳动力年龄偏大的现象比较突出，第三次全国农业普查数据显示，农业生产经营人员中年龄在55岁以上的占52.9%，35岁以下的仅占4.4%，与全国数据比较，年龄35岁以下的劳动力占比低于全国平均水平14.8个百分点，年龄55岁以上的比全国平均水平高19.3个百分点，与所处的东部地区水平相比高15个百分点，结构明显老化（见表4-1）。

表4-1　　　　　农业从业人员年龄结构比较　　　　单位:%

农业生产经营人员年龄构成	全国	东部地区	中部地区	西部地区	东北地区	湖州
年龄35岁以下	19.2	17.6	18.0	21.9	17.6	4.4
年龄36—54岁	47.3	44.5	47.7	48.6	49.8	42.8
年龄55岁以上	33.6	37.9	34.4	29.5	32.6	52.9

资料来源：根据第三次农业普查数据整理。

(二)农村人才先天不足

第三次全国农业普查数据显示,湖州市农业生产经营人员受教育程度偏低,未上过学的占4.6%,小学文化占50.5%,初中文化占37.6%,高中及以上占7.4%。2014—2017年,全市累计完成初级新型职业农民培训9311人,认定9593人,仅占第一产业从业人员的4.4%。特别是与全国普查数据相比,我们也存在明显的差距。农业从业人员人均受教育年限低也是湖州市农业现代化实现度测评中的一个"短板"(见表4-2)。

表4-2　　　　　　农业生产经营人员受教育程度

农业生产经营人员受教育程度	全国	东部地区	中部地区	西部地区	东北地区	湖州
未上过学	3.6	3.4	3.7	5.2	1.0	4.6
小学	30.6	28.8	26.9	35.7	28.6	50.5
初中	55.4	56.5	56.8	48.6	64.3	37.6
高中或中专	8.9	9.9	11.2	8.4	5.2	6.2
大专及以上	1.5	1.3	1.4	2.1	0.9	1.2

资料来源:根据第三次农业普查数据整理。

(三)农村人才分布不均

1. 农村劳动力从业结构主要集中于产业链低端

图4-2所示,在农村从业人员中第二产业从业人员占31.4%,农业生产经营人员占25.4%,传统服务业占27%,教育、卫生、文化和社会工作者占8.2%,而信息传输与信息技术服务、现代商务、金融、公共设施管理、科学研究和技术服务等仅占8%。农业生产经营人员中从事农林牧渔生产的占98.6%,从事相关生产服务业的仅占1.4%,低于全国平均水平0.5个百分点,低于东部地区0.9个百分点。

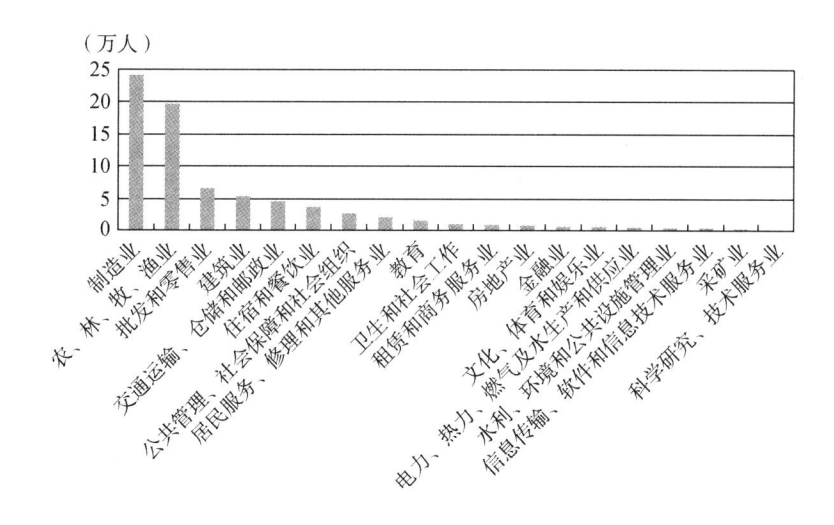

◆第四章 人文乡村建设的实践与探索

图 4-2 2016 年湖州市乡村从业人数分行业分组情况

资料来源：根据湖州统计信息网和《湖州市统计年鉴》整理。

2. 满足农村经济社会发展和人们对美好生活需求的人才缺乏

科研和技术服务类从业人员仅 2600 人，仅占从业人员总数的 0.3%。有 34.4% 的建制村没有执业（助理）医师服务，36.8% 的建制村没有农民业余文化组织，有旅游接待服务的建制村仅占建制村总数的 14.2%，而乡村文创、规划设计、乡村经营、民宿管家、营养和保健、户外运动指导、社会工作者等专业人才更是稀缺。农民大学生和新型职业农民培育主要集中于农业实用技术，经营管理、市场营销、品牌战略、智慧农业、现代物流、电子商务等培训虽有所涉及，但未系统化、专业化，美丽乡村建设特别是乡村振兴所急需的其他方面的人才培育还未纳入农民大学生和新型职业农民培训的范畴。

（四）农村人才队伍不强

1. 农村基层党员干部队伍不够强

一些党支部战斗堡垒作用发挥不明显。部分干部创新创业的能力、群众工作的能力、经营管理的能力、社会治理的能力以及带头致富、带领群众致富的能力不足,全市还有软弱落后的村党组织52个。村级集体经济年经营性收入不足30万元的还有393个村,占全市村级集体经济组织的38%。

2. 农村实用人才队伍不强

据普查数据显示,全市农业经营户43.79万户,其中规模农业经营户1.29万户,经工商注册登记的家庭农场有1010家,市级以上示范性家庭农场121家,其中省级71家。工商部门注册的农民合作社1928个,其中以农业生产经营或服务为主的农民合作社1282个,市级以上示范性农民专业合作社123家。市级以上农业龙头企业236家。2016年全市家庭承包经营的耕地面积1661018亩,农户数488650户。流转面积1023689亩,即还有38.5%的耕地未流转,按户均3.4亩计算,由187445户耕种。整体反映出农业经营性人才素质偏低、能力偏弱。而农村文化人才、社会工作人才等方面的人才队伍更弱。

3. 高技能人才队伍不强

依托市校合作建立产学研联盟,全市共引进浙江大学等省内外高校、科研院所农业专家、教授103名,从事农业科技推广、农业实用人才培育和农村改革创新服务,实现湖州市农业主导产业全覆盖。但是,本地农业科技人员年龄老化、人员不足等问题没有根本上解决,一些主导产业的高职称人才青黄不接。农副产品加工业、食品制造业以及酒、饮料、茶叶制造业中科研机构的从业人员459名,占全市企业科研人员总数的2.86%。

(五)农村人才政策不力

1. 人才培育政策不能满足实际需求

目前,湖州市执行的农村人才培育政策,主要针对农村实用人才培育和新型职业农民培育,政策支持范围为劳动年龄阶段的农村劳动力,以及农业实用技术方面的培训。这就造成三种情况,其一,农村青壮年劳动力学历层次相对较高,主要经营家庭农场、领

第四章 人文乡村建设的实践与探索

办专业合作社、在其他农业经营单位就业，他们更需要的是经营管理、市场营销、文化创意、第一、第二、第三产业融合发展以及互联网技术的运用等方面的培训，一般的生产实用技术不能吸引和满足他们的需要。其二，农村从事农业生产的老龄劳动力需要的实用技术培训，以及超过现行劳动力年龄标准的非经济活动老人需要的家政等方面的培训，得不到政策的支持。导致培训机制"以老代青"，追求培训人数的完成，严重影响了培训的实效性。其三，农业从业人员数量逐年下降，乡村农业从业人员同步下降，然而，城镇劳动力中农业从业人员这些年基本平稳、稳中有升，据统计2016年年底达到2.27万人，从城镇到乡村，他们对农业实用技术培训的需求更为强烈，却处于政策补助的边缘。

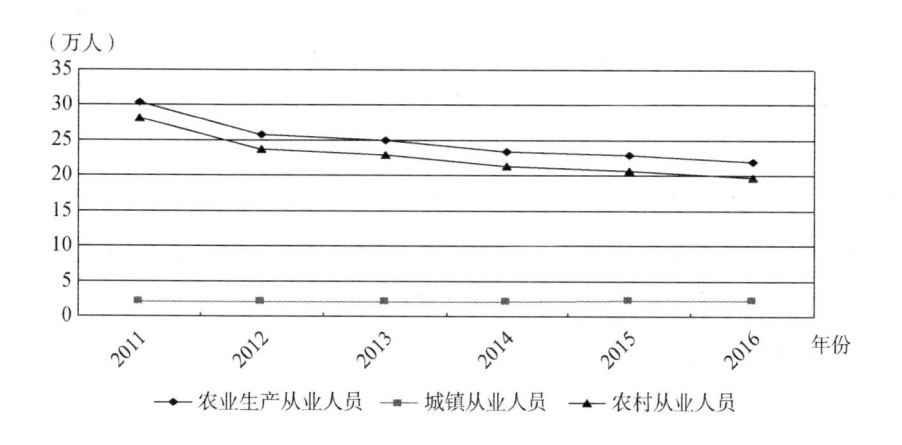

图4-3 湖州市农业生产从业人员数量变化情况

资料来源：根据湖州统计信息网和《湖州市统计年鉴》整理。

2. 人才培育、使用的政策相对滞后

2014年，湖州市成为全国第一个新型职业农民培育试点的设区市，创新了新型农民培育模式，建立了新型职业农民培训的补助政策及认定标准。但是，新型职业农民的配套扶持政策，新型职业农民晋级培训的方案、认定标准及相应的支持政策迟迟未能出台。

3. 人才培育和激励政策不配套、不贯通，难以发挥聚力效应

农村党政人才队伍、专业技术人才队伍、企业经营管理人才队伍、技能人才队伍、农村实用人才队伍、社会工作人才队伍六支人才队伍，分属不同的主管部门，实际中存在边界交叉、重叠的情况，加上受长期城乡二元结构的影响，一些主管部门、责任部门对农村人才培育重视不够，导致政出多门，轻重不一，资源分散，难以统筹形成合力。另外，受绩效工资、国家机关和事业单位工作人员不得在企业兼职、不得以劳务等方式从企业获取报酬等政策的限制，国家关于促进科技成果转化、允许技术要素参与分配等激励科技人员创新创业、促进科技成果转化的意见，没能及时转化为可执行的政策，严重制约了科技人员、专兼职农民培训教师参与技术推广、人才培育的积极性，导致湖州市承担的省级农科推广制度机制创新试点中，农技人员技术入股改革创新难以有实质性的进展，形成不了可复制、可推广的经验和方案。

三 加快乡村人才振兴的对策建议

乡村人才振兴，就是要育强本土人才、引进领军人才、留住有用人才。就是要激发立志成才、发奋成才、岗位成才的内生动力。就是完善尊重人才、使用人才、包容人才、关爱人才、激励人才成长的政策体系，营造人才成长的良好社会生态。

(一) 发挥优势引人才

中国"三农"看浙江，浙江"三农"看湖州，投身湖州"三农"就是走在了"三农"工作的前列，站在了"三农"创新的前沿，这是湖州吸引"三农"人才的最大优势。

1. 将绿水青山优势转化为吸引人才优势

湖州生态环境良好，碧水蓝天、绿水青山，古有"寻遍江南清丽地，人生只合住湖州"，今有生态宜居的创新实践，"千万工程"从湖州起步，"美丽乡村"在湖州发源，湖州成为习近平"两山"

第四章 人文乡村建设的实践与探索

重要理念的诞生地、生态文明的先行示范区,这是湖州乡村集聚资源、吸引人才的最大品牌。我们要充分发挥品牌效应,实现品牌招人。

2. 将金山银山优势转化为吸引人才优势

湖州自古尊重自然、遵循自然生态,创造了精耕细作的传统农业文明,进入新世纪,致力于在生态经济化、经济生态化的创新探索,城乡融合、产村融合、第一、第二、第三产业融合,走出了精致的生态农业、绿色的农产品加工业、"生态、生产、生活"三生合一的乡村服务业的高质量发展之路,"村庄美、农业强、农民富",这是湖州乡村集聚要素和人才的最大底气。我们要变底气为人气。

3. 将"绿水青山就是金山银山"优势转化为吸引人才优势

按照中央关于乡村振兴战略的总体要求和习近平总书记关于一定把南太湖建设好的殷切希望,湖州依托区域和先发优势全力推进农业全面现代化、环境全域美丽、生活全民幸福、要素全效流动,致力于打造实施乡村振兴战略示范区,为实现"两山"转化提供湖州的经验、湖州的方案,成为人才大展宏图的平台,这是湖州乡村实现要素和人才集聚的最大魅力。我们要化魅力为同心力。

(二)致力发展聚人才

优势只是一种可能,化优势为胜势,关键是趁势而上,致力于创新发展,使人才能作为、有作为。

一是深入贯彻习总书记"三农"重要思想,按照省委"八八战略再深化、改革开放再出发"的要求,坚持生态优先、人才优先,坚持绿色发展促进生态有效保护和永续利用,当好践行"两山"重要理念的样板地模范生。以供给侧结构性改革为抓手,以深化农村产权制度改革为突破口,构建城乡融合发展的体制机制,促进城乡要素的有序流动和优化配置,进一步完善农村土地"三权分置"办法,拓展农村产权综合交易平台功能,积极推进共享经济发展,整合闲置、分散的资源,突破乡村发展的要素"瓶颈"。让人才有空间、进得来，有资源、能作为。

二是深入推进生态文明先行示范区建设，按照乡村振兴战略的总体要求和省委大花园建设的战略部署，以满足人们对美好生活的需要为目标，深化"千万工程"，改善人居环境，实现生态宜居为突破口，优化村庄、产业、生态空间和功能布局，推动生态循环，第一、第二、第三产业融合，打造乡村绿色产业集群、丰富农村新业态，实现产业振兴；深化党建引领、促进"三治"结合，完善乡村治理体系、提升乡村治理水平，构建文明、和谐的社会生态环境。依托绿色产业集群打造高素质人才生态圈，依托"三治"结合，打造人才参与社会治理大平台，让人才有作为、留得下，有平台、能融入。

三是深入实施《打造乡村振兴战略示范区行动方案》和2018年行动计划，围绕"扬优势、补'短板'、强弱项"，工作上突出打造美丽乡村升级版的难点，产业融合发展、提质增效的关键点，全面激活农村发展内生动力的着力点，提升乡村治理水平、不断改善民生的重点；在路径上突出全域规划、创意设计、"互联网+"的深度融入、"产业+"的融合发展、"自治+"的有效治理、"生态+"文明风尚；在载体上着力打造文创空间、星创天地、微创总部、创业孵化器、现代农业高科技园区、生态循环农业示范区、乡村休闲旅游集聚区，打造智慧农业、智慧管理和乡村电子商务平台；在方法上，坚持目标引领、项目主导、明晰责任、要素配套。切实让人才有挑战、能成长，有价值、留得住。

（三）精准施策育人才

致力于乡村六支人才队伍的建设，加强本土人才的培育。坚持需求导向、细分对象、精准施策、注重实效；坚持统一规划、多元发展、资源整合、提高效能。

1. 突出党建引领，强化乡村治理人才培育

贯彻落实《关于全面加强基层党组织和基层政权建设的意见》，

第四章　人文乡村建设的实践与探索

以农村基层党组织书记为重点，发挥党校主阵地作用，建立完善任期轮训、年度集中培训制度；以深入实施"百村示范、千村晋位"行动为载体，在实际工作中锻炼，在相互比拼中学习；以完善第一书记选派、农村工作指导员制度为抓手，强化政策理论辅导、发展思路指导、工作方法帮带，全面提升"领头雁"的综合素质。

关键是要培养一支"懂农业、爱农村、爱农民"的"三农"干部队伍。加强干部队伍建设，尤其是要强化农村基层干部的梯队建设，加强优秀年轻干部的选拔和培育，加强党性修养、政治理论和法律法规学习，特别是学习习近平"三农"重要思想，学习优秀农村基层干部的优良传统和作风，搭建平台、提供舞台，让年轻干部在乡村振兴的实践中学本领、长才干。

要着眼夯实基层，加强农村社会组织领办人、社会工作者、乡贤的培育。要按照乡村社会治理体系、治理水平现代化的要求，强化"三治"结合的理念，注重专业知识、专业技能的培训，使之胜任新时代乡村社会治理的要求。注重在城镇返乡、学成归来、部队退伍、外来创业务工人员中发现人才苗子，纳入我们培育的范围，使之成长为乡村社会治理有效的生力军。

2. 以产业融合发展、高质量发展为导向，提升农村实用人才培育的针对性

要加强新型农业经营型人才的培育，关键是提升农业新型主体的三种能力，即提升品牌经营能力，善于运用先进技术提高质量和效率、降低生产和管理成本，提升产品的科技和文化附加值，增强其核心竞争力；提升先进理念和先进科技运用能力，注重先进的生产、经营、管理理念的培训，加强产业发展和农业科技发展前沿知识的培训，互联网技术、智能化控制技术、生态和生物技术、电子商务技术的培训，以及先进生产技术和生产模式的培训。提升履行社会责任的能力，加强依法经营、科学管理方面的培训，引导其正确处理企业、社会和个人的关系，积极参与社会治理，依法维护权

益，主动承担社会义务。

进一步拓宽新型职业农民培训的内容和范围。要提升农业实用技术和技能培训的针对性、实效性，要把实用技术的培训和推广与产业发展导向，与功能区空间布局和农业主导产业布局规划的实施结合起来，与产业融合发展的趋势和实际需求结合起来，与推进现代生态循环农业发展，与农业标准化生产，实现绿色、生态、高质量发展结合起来。不断提升农业实用技术和技术能力培训的层次，形成多层次、梯度化的培训体系。要扩大新型职业农民培训的范围，要适应实现乡村全面振兴的需要，加大农村急需型人才的培训。要加强乡村生产性服务业专业技能人才的培育。大力培养农村创意、电子商务、农事体验指导、生态知识辅导、民宿管家、健康营养、园艺及养护、民俗文化讲解、传统民间工艺制作、非遗传人、户外运动教练、应急救护等专业型人才。要把专业技能培训与创业能力培训结合起来，把能力提升与工匠精神、职业素养培育结合起来。造就德、智、体、美、劳有机统一的新型劳动者。

要强化农业高技术、高技能人才培育。要加强在职农业技术人员的晋级培训，完善在职进修、培训制度，促进其知识更新、技能提升。落实基层农技人员、农业技术推广人员职称晋升和评定的相关政策，加快相应的实施办法的制定和完善，并组织实施针对性的培训。要从新型职业农民和农业现代经营主体中选拔人才、制订个性化的培训方案，通过组织进高校集中学习、出国研修、发挥产业联盟优势配备高校专家"一对一结对辅导"等方法，加快成长步伐，成为高技术、高技能人才。

3. 着眼于文化振兴，加大农村文化人才培育力度

要着眼于繁荣农村文化，弘扬社会主义核心价值观，反映美丽乡村转型升级、乡村全面振兴的现实生活，宣传身边的典型和模范，传递正能量，鞭笞假丑恶，注重培育具有乡土气息的文化创作人才。通过组织培训、城乡文化创作人才结对交流等多种方式，提

◆第四章 人文乡村建设的实践与探索

升其创作水平。要结合地方戏剧保护与传承,结合送戏下乡、文化走亲等活动和载体,加强农村文化演艺人才的培育,促进农村文化演艺队伍的建设。要结合农村文化礼堂、幸福舞台等文化阵地作用的发挥,培育一批热心农村文化事业的专、兼职文化服务人才,加强群众性文化活动的辅导和指导,组织开展群众性文化活动,丰富群众精神文化生活。

(四)服务成长留人才

树立人才是第一资源,服务人才就是服务发展的理念,制定和完善人才政策,优化人才成长环境,激发人才创新创业的内生动力。要厚植人才成长基础,贯通人才培育、使用、成长、晋级渠道,创新以人才为主导的"项目+"要素配置机制,完善激励成才的人才队伍建设政策体系,优化人才服务、保障措施,营造尊重人才、人人成才的良好社会生态。

1. 厚植人才成长基础

要坚持城乡融合发展,政府在投入和政策支持上,要改变过去长期累积形成的偏向城市的做法,推进优质公共资源向乡村配置,优化乡村基础设施、基础教育、公共服务和医疗保障。提升乡村义务教育整体学水,使乡村不仅环境美、产业强、能创业,而且能享受城市的公共服务和社会保障,真正生态宜居、人人安居乐业,减少乡村向城市的"教育移民",吸引更多的城镇劳动力到乡村创业。积极推进农村职业教育、构建终身教育体系,让不同年龄段的农村居民想学、能学、优学。特别是要在各年龄段中强化生态、农业、传统优秀文化及技艺的教育与培训,把学习融入生活,润物细无声的耳濡目染和规范有序的课堂教学的有机结合,因材施教,化兴趣为志向,厚植"懂农业、爱农村、爱农民"的基因。

2. 创新以人才为主导的"项目+"要素配置机制

完善人才评价体系,切实改变唯学历、唯论文的人才考评办法,精准识别人才。尊重人才,积极搭建平台、提供载体、配置资源使各类人才的作用得到充分的发挥。变人才奖励为项目支持、项目申报资质审核为项目可行性评估，引导和鼓励各类人才通过合作、联合等方式申报和实施项目，形成开放平台，给每人一个舞台，以人才带项目、以项目聚人才，在项目实施中促进人才成长、促进人才队伍壮大。政府投入和要素配置向服务和推进项目实施倾斜，建立健全公共财政和公共资源配置与项目主体履行社会责任、实现社会效益挂钩机制，促进共建共享，形成发展合力。

3. 构建完善的人才政策体系

解决人才问题，关键是公平和正义，重点是发展权和收益权的充分实现和有效保障。要树立人人是才、人尽其才、才尽其用的理念，不以产业、学历、职称、年龄论亲疏，在当前"高层次"人才抢夺大战的形势下，既要从"三农"发展的需要和实际出发，高度重视高层次人才的引进，更要加强战略定力，着力推进"抢、育、用、留"和"人才战略、产业布局、学科建设、基础配套"两个层面"四位一体"的整体推进，既要突出重点，又不顾此失彼。特别是要弘扬"工匠精神"，实现农业"劳动模范"、农民"土专家"与技能等级、技术职称相互贯通、有效衔接，引导和鼓励岗位成才。

完善人才权益实现和有效保障的政策，依法保障人才的发展权、知识产权、专利权，以及技术成果转化、推广的收益权，技术成果入股的分红权，尽快出台技术要素参与分配、鼓励科技人员创新创业的政策，尽快出台技术成果价值评估办法，建立相应的评估机制。市人才办要发挥统筹协调职能，市级农口部门、市人力社保局等相关部门，以及纪委、监察委，及其相关院校、科研院所要相互配合，梳理相关政策之间不衔接、不配套，相互抵触、互相制约，不合时宜、阻碍发展的问题，处理好如绩效工作总额限制与技术要素参与分配个人收入取得、单位工作人员不得兼职获取收益与从事技术服务等应得的劳务报酬的关系问题，既严格执纪、执法、强化

第四章 人文乡村建设的实践与探索

监督，又要有致力于为发展保驾护航的责任担当，形成能落地、可操作的政策意见，具体的操作规范，明确负面清单，使中央的政策意见得到及时的贯彻落实。对采取"多一事不如少一事"，为"避责"而不履职、不担当的相关职能部门和责任人要严肃追责、问责。

及时修订和完善相关的人才培训政策。坚持实事求是，主动适应新时代新目标，根据乡村全面振兴的要求，进一步明晰乡村各类人才的界定，充实乡村人才名录，建立开放的人才资源库。根据人才的类别和培训的需求，设置培训专业、制订培训方案、完善培训课程、落实培训政策。要根据城镇劳动力到乡村以及农民工返乡创业就业的情况，尽快修订目前执行的农村劳动力培训补助政策，制定乡村人才培训补助政策。要根据农村人口老龄化、农村老龄劳动力越来越多的实际情况，适当延长农村劳动力劳动年龄界限，同时，要根据农村劳动力，特别是老龄劳动力等非经济活动人员的学习要求，开展相应的培训，并予以相应的培训补助。

4. 营造有利于人才成长的社会生态

要以深化政府机构改革为契机，以深化"最多跑一次改革"为抓手，促进服务型政府建设；围绕乡村振兴战略总体要求，着力推进法治、德治、自治"三治"结合，提升乡村治理水平，不断优化乡村营商环境，打造社会生态、政治生态的"绿水青山"，以招引更多项目，集聚更多人才。

着力营造新时代人才文化，传承尊贤爱才、耕读传家的优秀传统文化，弘扬"风声雨声读书声声声入耳，家事国事天下事事事关心"的家国情怀、"铁肩担道义，妙手著文章"的人文精神和"天下兴亡，匹夫有责"的责任担当，形成个个爱学习、人人立志成才、全社会尊贤爱才的文明风尚，关爱人才、包容人才，信任人才、使用人才，让人才拥有一份归属感，获得一份成就感。

着力为人才发挥作用提供平台和载体。任人唯贤，知人善任，要让专业的人干专业的事，让能干的人有施展才华的合适平台。新乡贤不仅是各类社会贤达，更是立志乡村创业发展的各类人才，要结合乡贤理事会、议事会建设，为人才提供参与乡村振兴规划、创意设计，参与产业发展谋划布局、参与乡村社会治理的平台和机会。要注重在人才中发展党员、把优秀的党员人才纳入后备干部培育，提增党员干部的整体素质和能力水平。要注重人才成长的生态系统建设，发挥人才的人格魅力，挖掘人才背后的人脉资源，集聚更多的人才，形成线上线下的人才集群，形成乡村全面振兴的强大人才支撑。

第五章　乡村有效治理的实践与探索

第一节　乡村治理"三治融合"的现状与思考

一　乡村治理概述

党的十八届三中全会明确提出要实现社会治理能力和水平的现代化，用"社会治理"替代了过去习惯使用的"社会管理"。新的概念代表了一种新的理念，表明了我们党和政府对社会及其发展规律的深刻认识，充分肯定了在我们国家不同阶层、不同社会组织、不同民族、不同人群在社会发展目标上的一致性，彰显我们对中国特色社会主义的理论自信、道路自信和制度自信。维持社会的正常运行和满足个人和社会的基本需要，是一个动态的、发展的过程，是一个持续不断、与时俱进的过程，在不同的发展阶段、发展水平，会面临不同的问题和矛盾，需要用不同的方法来解决，不可能一蹴而就，也不可能用"一刀切"的办法，借助于政府的强势就能够一劳永逸地解决。

联合国全球治理委员会在20世纪90年代对"治理"的界定是："个人和各种公共或私人机构管理其事务的诸多方式的总和。"并列出了"治理"概念的四个特征：其一，治理不是一套规章条例，也不是一种活动，而是一个过程。其二，治理的建立不以支配为基础，而以调和为基础。其三，治理同时涉及公、私部门。其四，治理并不意味着一种正式制度，但确实有赖于持续的相互作用。即治理具有"过程""调和""多元""互动"的特征。[1] 由此，目前国内比较认同的"社会治理"的界定是：在社会领域中，从个人到公共或私人机构等各种多元主体，对与其利益攸关的社会事务，通过互动和协调而采取一致行动的过程，其目标是维持社会的正常运行和满足个人和社会的基本需要。

中华人民共和国成立以来，我国农村基层组织管理体制经过了从人民公社时期的"社队制"到村民自治时期的"村组制"，以及构建社会生活共同体时期的"社区制"的重大变革。随着1982年宪法的修改，乡镇体制代替了人民公社体制。村庄通过建立村民委员会实行自治，接受乡镇政权的指导，协助乡镇政府的工作，由此形成了"乡政村治"的基层政治结构。《宪法》第30条在行政区域划分中将乡镇规定为最小的行政区域；第95条规定，作为权力机关的人民代表大会和作为行政机关的人民政府设置至乡镇一级；第111条规定，村民委员会是基层群众性自治组织。"乡政村治"模式中乡镇成为依法设置在农村最基层的一级政权，村民委员会是由村民直接选举产生的群众性自治组织。该模式的目的是通过乡镇政权与村民委员会的合作，实现国家意志与村民意志的有效融合，保证农村社会的有序发展。[2]

二 乡村治理"三治融合"的实践与探索

（一）湖州市乡村社会治理的基础发生变革

改革开放以来，特别是随着农村改革的不断深化、美丽乡村建设的不断推进，湖州市乡村社会发生了深刻的变化。

---

[1] 唐钧：《社会治理的四个特征》，《北京日报》2015年3月2日。
[2] 沈月娣、罗景华、李官金：《农村基层治理法治化建设研究》，《浙江师范大学学报》（社会科学版）2017年第1期。

第五章 乡村有效治理的实践与探索

1. 乡村经济结构从第一产业为主逐渐向第一、第二、第三产业融合发展转变

随着乡村经济结构的调整与升级，农业所占的比例逐渐下降，农产品加工业、乡镇工业、乡村新兴服务业不断发展，工商资本开始进入农业领域，带来了农村社会组织的多元化，组织人（村级集体组织成员）与社会人（企业引进人才、随工商资本进入的人员、外来打工人员）等并存，要确保农村社会的稳定、和谐发展，对传统乡村社会的治理提出了挑战。农村居民就业结构也随之变化，大量农业劳动力或创业，或就业，转移到了第二、第三产业，甚至成为城市居民，城市化率达到62.2%。农村劳动力非农化达到80%左右，农村社会老龄化现象突出，有的建制村达到25%。

2. 农村产权制度发生改革，"三权分置"开始实施

随着"农民土地承包经营权、农户宅基地用益物权、农民对集体资产股份占有、收益、有偿退出及抵押、担保、继承权""三权"的"确权到人、权随人走、带权进城"，农村居民的流动性（自由迁徙度）增加，农村居民、村委员、村级集体经济组织之间形成多重性的社会关系，传统的乡村社会治理模式需要重新架构。农村土地制度的变化，带动了土地承包经营权的流转，原来的集体经济组织与成员之间的关系转化为纯粹的契约关系，乡村社会治理面临了许多新的问题。

3. 农村家庭结构发生变化

随着时间的推移，"70后""80后"的独生子女开始成为农村家庭的主要劳动力，在家庭中的话语权得到加强，地位得到提升，由于其接受过良好的教育（受教育程度明显优于其父辈）、绝大多数已经转移到第二、第三产业、进入城市生活，或成为家庭工业、家庭农场的经营者，视野开拓、接受信息量大、思路敏捷、独立意思强，对未来的发展和乡村社会的建设有着自己独特的见解和诉求，在增加乡村社会活力和创造力的同时，也对传统的乡村社会治

理方式提出了新的挑战。随着人家庭口结构的变化，农村居民的居住结构和空间布局也随之变化，居住逐渐向社村新社区集中，建制村的地缘关系被打破，大量建制村被撤并，有的直接转化为城市社区，但在这变化过程中，却也存在这样的情况，虽然集中居住了但仍分属不同的建制村，建制村合并了但仍分属不同的经济组织，有的村级经济合作社也合并了但具体账目仍按村民小组分设。现实中，各种利益群体的混杂，迫切需要乡村社会治理的创新。

4. 城乡一体化下农村公共服务发展发生变化

随着城乡发展一体化的推进，农村公共服务和社会事业长足进步，财政转移支付的力度不断加大，基础设施、社会保障和公共服务平台向乡村延伸，村级组织承接的公共服务和公益事业不断增多，政府与村级组织在集体公益事业发展中的职能存在交叉、重叠的成分，村民自治与集体组织在乡村社会治理中的职能定位和作用发挥都需要进一步厘清，城乡公共服务和社会保障一体化的水平有待于进一步提高。

随着信息化的快速发展，农村信息渠道不断拓宽、信息传递速度不断加快、信息量成爆炸式递增，"互联网+"越来越深刻地影响着农村居民特别是农村中青年居民的价值评判、自我认识、社会定位，以及生活方式的形成、人际关系的协调、权利与义务的认同、社会归属感的建立，如何引导和组织他们参与到社会治理中来，并在社会治理中发挥主体作用，是一种急需解决的崭新课题。

随着农村经济的发展、农村面貌的巨变、农村社会结构变化，优秀传统文化的传承基础、乡规民约的作用机理、乡土文化的创作条件，以及人们的文化认同和文化自信都发生着深刻的改变，农村文化建设方兴未艾。近年来，虽然各级政府虽然加大了对农村文化建设的投入力度，加大了农村文化发展机制的创新力度，农村的文化生活得到了丰富，但乡村特色文化体系和乡村文化服务体系建设还不完备，其"内化于心、外化于行"的"教化"功能有待于进一

第五章 乡村有效治理的实践与探索

步实现。

（二）湖州市乡村治理构建"三治融合"的实践

1. 以标准化建设规范乡村治理

为进一步加强乡村治理工作的规范化，湖州市以安吉县为试点，探索制定全国首个民主法治村创建县级地方标准《美丽乡村民主法治建设规范》。在此之前，2015年安吉县发布《美丽乡村村（社区）便民服务中心运行规范》（DB330523/T13—2015），规范了社区服务内容和运行准则。2017年安吉县在全省率先编制《农村社区建设指南》地方标准，明确了基础设施、服务设施、生态环境等指标，进一步规范了农村社区建设。长兴县在全省率先发布了《社区服务热线管理与服务规范》并升格为市标（DB3305/T38—2016）。德清县在全省创新发布了《幸福邻里中心建设与服务管理规范》地方标准并升格为市标（DB3305/T57—2018），进一步规范了服务内容和运行准则。目前，全市乡镇、村级社区服务中心实现全覆盖。

2. 不断提升基层党员干部的综合素质

各级政府高度重视村党组织建设，做到农村基层组织建设与新农村建设一起谋划、一起部署、一起考核。扎实提高村书记的能力与素质，围绕"服务意识强、服务能力强"要求，全面深化"党员人才工程"，建立健全农村党员培养链，有效提升了农村党员干部队伍的综合素质。如湖州市委常委会每年至少组织两次专题活动，研究基层党建工作，围绕加强村党组织建设主题，多次召开现场会、座谈会进行专题部署、专项推动，有效发挥了村党组织的战斗堡垒和核心领导作用。湖州市连续十五年举办全市村书记示范培训班，定期举办"美丽乡村带头人"论坛，广泛开展向"百名好书记"学习的宣传活动。

3. 结合美丽乡村创建强化乡村治理考核

结合市对县（区）综合考核、平安建设、法治建设等考核，将农村民主法治建设作为前置条件纳入市级美丽乡村精品村创建考核体系，有效激发基层创建积极性。以"四民主三公开"为核心，实施"村村通"工程，实现财务公开等内容，极大地保障了群众知情权、参与权和监督权；同时，将服务保障生态文明建设作为深化民主法治村创建工作的出发点和落脚点，将"三改一拆""五水共治"、生态文明先行示范区建设等工作写入《村规民约》《自治章程》，明确为检查考核的必检内容，坚持围绕村级事务决策、执行、服务、监督、业绩五个方面开展"阳光村务指数"评价引导群众主动参与创建，真正实现"法治与自治"有效对接、"法治与德治"良性互动，为基层依法治理注入强大的动力。

4. 积极推进"民主法治村"创建活动

近年来，湖州市不断加大各级财政投入，推动政府工作重心下移、资源下沉，强化基层保障。以《美丽乡村民主法治建设规范》为标准，一方面，在全市范围内开展市级民主法治村标准化建设示范点评选，每年命名 10 个左右市级民主法治村建设标准化示范单位；另一方面，在全省范围内积极推广，为全省其他地区开展民主法治村创建提供借鉴，使民主法治村创建做到有标可依、有据可考，法治文化阵地和公共法律服务也可实现有章可循，民主法治村创建成果将得以有效巩固和持续发展。

5. 不断优化体制机制

通过建立择优遴选机制，有效激发创建单位热情。建立部门联动机制，构建部门各负其责、各尽其能、齐抓共管的工作格局。建立品牌培育机制，加速地方特色、文化传统与法治建设三者有机融合。建立顾问帮扶机制，深化"法律顾问进农村"为重大决策、重要合同诊脉把关，为困难群众保障维权。建立共治共享机制，着力提高村民自我管理、自我教育、自我约束的能力，使全体村民共享基层依法治理的丰硕成果；建立动态考评机制，提升评优创先的公信力和社会影响力。

安吉余村以习总书记"两山"重要思想为指引，以民主法治村创建为载体和抓手,通过修订、实施村规民约,切实加强了村民的自我管理、自我教育、自我服务、自我约束。健全"村村通""村村看""村村响""村村用"等信息化载体,及时收集信息、处理问题,做到"小事不出村、天天都平安",12年来,余村村民"零上访",每年村里矛盾纠纷仅10余起。

(三) 湖州市乡村治理"三治融合"的成效

截至2017年年底,湖州市共有农村社区994个,农村社区社会组织4909个,农村社区社会工作室486个,农村社区工作者5639人。湖州市已建成全国民主法治示范村(社区)12个,省级民主法治村(社区)83个,市级民主法治村(社区)825个,县级以上民主法治村、社区达标率分别为98.35%和93.6%。长兴县、安吉县被评为全国农村社区建设实验全覆盖示范单位,德清县被评为全国社会工作服务综合示范地区,安吉县被评为全国农村幸福社区建设示范单位。德清县、安吉县正在分别创建全国社区治理和服务创新实验区、全国农村社区治理实验区。

1. 村民自治制度得到完善

一是村民的法制意识不断增强。多年以来,湖州市通过广播、电视、报纸、网络等各种媒体的宣传和有关宣讲、培训,《村民委员会组织法》在湖州市广大乡镇得到了广泛深入的传播,被越来越多的村民所了解熟悉和掌握,促使农民群众的法制意识和民主意识不断增强。农民群众对民主选举程序的要求上越来越严格,在运用法律手段来保护自身的民主权利方面越来越"较真"。实践表明,尽管湖州市农村换届选举工作总体上进行得较为顺利,但人大和民政部门仍接待了一些信访村民,这也从一个侧面说明了农民的民主素质和能力得到提高和增强的可喜势头。

二是村务公开力度不断加大。目前,全市所有的村都建立起了相对规范的村务公开制度。在村务公开的内容上,做到了真实全面,突出重点。各村把与群众切身利益相关、村民关心的敏感问题作为公开的主要内容，并在此基础上，重点突出财务公开这个重点；在村务公开形式上，做到了灵活多样、方便群众。各村村务公开栏设置率达到100%，按政务、财务、党务等类别定期逐项公开，不少村在村务公开栏旁边设立意见箱，征集村民的意见。一些调整后区域较大的村，仍保留原被撤并村的村务公开栏，实行多点公开。有些村通过召开党员大会、村民代表会议、民主听证会等，将有关事项和账目在会上进行公开。还有一些村采取印发资料、发放监督卡等形式，进行补充公开；在村务公开的程序上，按照"预先审核、定点公布、征询意见"这一基本程序和方法，进一步规范完善，努力做到严格操作、规范有序。

三是创新乡贤参事会制度。2013年起，湖州市创新工作机制，激活乡贤资源，引导农村社会组织积极参与基层社会治理，着力打造"乡贤参事会""村民议事厅"等富有特色的基层自治组织。"乡贤参事会"来自基层自治的实践，诞生于2011年德清县洛舍镇东衡村。该村借助本土、外来、外出乡贤的集体智慧，协助推动村基层治理工作，收到良好效果。该村经验引起德清县委县政府的高度关注，并于2013年开始在全县推行，2014年出台《培育发展乡贤参事会，创新基层社会治理实施方案》。其一，明确乡贤参事会的功能定位：协调农户与龙头企业、合作组织、村委会之间的关系，协助党委、政府开展农村公益事业建设，协同参与农村社会建设和管理。其二，明确乡贤参事会成员的产生：采取个人荐、群众推、组织选等方式，从德才兼备的身边典型人物、致仕经商的外出成功人士、投资兴业的外来创业精英三类乡贤中推选产生。每届任期3年，自愿参与事务管理，不享受任何补助。其三，明确乡贤参事会的参事程序：以"村事民议、村事民治"为导向，引导各村按照民意调查"提"事、征询意见"谋"事、公开透明"亮"事、回访调查"审"事、村民表决"定"事、全程监督"评"事6个规定环节。同时，要求各村都要建立乡贤参事会，形成村党组织领

第五章　乡村有效治理的实践与探索

导下的群策群议、一体运作的新型自治体制机制。建立乡贤参事会不局限于建制村，可以根据实际情况，以片区为单位，成立片区乡贤参事会。到2017年年底，德清全县151个村庄已成立"乡贤参事会"59个，有上千名德才兼备、热心发展的乡贤致力于德清县乡村治理。德清县的乡贤参事会获得民政部"2014年度中国社区治理十大创新成果"提名奖。

2. 村级党组织的桥头堡和领导核心作用不断强化

村级党组织是乡村社会治理的领导核心。长期以来，湖州市一直重视村级党组织的建设，不断探索党建新路子。2015年开始，湖州市部署开展村级党组织"百村示范、千村晋位"专项行动。到2018年，完成985个村级党组织全面晋位，其中重点培育100个左右先锋示范村，实现基层党建"整乡推进、整县提升"的局面。

伴随美丽乡村建设的不断推进，"党建+生态""党建+治理""党建+服务"等党建实践模式在湖州破土而出。"党建+"实践模式的推出，有效检验出村级党组织和党员干部的思想素质、能力素质和作风素质。通过发展实践的检验，人民群众的选择，村级党组织和党员干部得到了优化。

党组织建设，关键在"书记"。党建补"短板"，必须强"书记"。2015年以来，湖州市先后调整30多名村党组织书记。被调整的人，有的干事缺热情，有的班子不团结，还有的不敢碰问题……让这些人"下岗"的同时，让一批想干事、能干事的人选拔上来，担任书记。同时，还从市县区党政机关中选出一批优秀的党员干部，向全市60多个软弱落后村，派驻第一书记。第一书记在县区委组织部门和乡镇党委领导和指导下，紧紧依靠村党组织，带领村"两委"成员开展工作。抓班子治软，抓发展治穷，抓服务治乱。驻村"第一书记"，一方面打破了导致发展落后的乡村权力结构，强化了村级党组织的领导核心；另一方面让机关党员干部深入了解乡村实际，在破解难题的实践中增强政治意识，提升服务本领，锤炼工作作风。

在湖州，近千个行政村被分为先锋示范村、全面晋级村和后进整转村三大类，实现精准施策、分类推进。先锋示范村重在高位求进，全面晋级村侧重查漏补缺，后进整转村的首要任务是帮扶前进。把近千个村的发展程度做一个分层分类，实质上就是对村级党组织做了一个分层分类。根据不同先进程度的党组织，可以有的放矢加以建设，可以集中力量抓好后进党组织。实践证明，分层分类建设，符合客观实际，已经收到实效。

3. 乡村综合治理成效显著

改革开放以来，农村居民开始富起来了，但偷盗、赌博、迷信等危害农村社会平安的问题层出不穷。针对这些问题，湖州市采取强有力的措施加以铲除。一是运用现代技术。在全市建立起城乡一体化的社会治安网络视频监控系统，在乡村所有的重要部位、重要路口都安装电子摄像监控探头，在广大农村地区散下天罗地网。这极大地震慑了犯罪分子，有效地防范各类犯罪活动，尤其是偷盗活动。二是运用法治手段。政府高度重视对乡村社会"毒瘤""顽疾"的铲除，运用法治手段，加大打击力度，做到有案必破，使犯罪分子受到应有的惩罚，付出巨大的代价。同时，规范搓麻将等活动，明确赌博与娱乐之间的界限。加强法治教育，强化广大村民的法治意识，增强遵纪守法的自觉性。三是采取综合措施。大力发展生产，扩大村民就业，消除村民贫困，改变乡村社会发展不平衡不公平的问题，从根本上铲除滋生社会"毒瘤""顽疾"的土壤。同时，加强文化礼堂建设，改善文化活动条件，不断丰富广大村民的精神生活。

4. 清廉乡村建设成常态

农村腐败是乡村干部利用手中权力谋取不当利益的行为。农村腐败形式多种多样，有巧立名目、骗取项目资金的，有吃拿卡要、敲诈勒索的，有截留社保、扶贫等资金的，有假公济私、办理假低保的，有贱卖集体资产或变更其所有权的，有对征地补偿、惠农资金等进行贪污的，等等。湖州市重视农村腐败问题，把乡村清廉建设作为美丽乡村建设的重要任务。特别是2017年以来，湖州市把全面从严治党推向乡村基层，进一步强化农村清廉工作，着力解决乡村群众反映最强烈、对党的执政基础威胁最大的突出问题，制定并实施《关于建设清廉乡村为实施乡村振兴战略提供坚强保障的指导意见》。一是抓住乡村党员干部这个关键。乡村党员干部既是乡村腐败的高危群体，又负有乡村清廉建设的主体责任。抓住乡村党员干部，就抓住了乡村清廉建设这个关键。对乡村党员干部，严明党的政治纪律，严肃基层党内政治生活，压实管党治党主体责任和监督责任，着力提高他们的政治意识、责任意识、核心意识、看齐意识。发现苗头，及时提醒约谈，做到抓早抓小。二是走群众路线。村民群众是反腐败的主力军，他们的监督无时不在、无处不有。充分发挥广大村民的主体作用、监督作用，有效形成人人反腐的社会局面。三是推行阳光村务。推行村务公开，尤其是把基层收费、农村财务、惠民资金等村务详详细细向村民公开，严查"暗箱"操作。四是突出严查严办。加强巡查力度，深入推进县区巡察工作，深化农村基层作风巡查。严肃查处发生在群众身边的腐败案件，采取全面自查、专项倒查、挂牌督办等方式，始终保持惩治和查处高压态势。五是深化标本兼治。加强制度建设，构建清廉乡村建设标准体系，形成不敢腐、不能腐的制度体系，等等。现在，湖州乡村腐败大为减少，清廉乡村建设取得明显成效。

三　乡村治理"三治融合"存在的问题

（一）村级民主管理工作还需常抓不懈

村级重大事项集体决策、一事一议等工作还需要进一步完善，决策的民主性、广泛性、规范性需要进一步加强。村民行使民主权利、参与村级事务的渠道还需要进一步畅通。"三务公开"的流程步骤等规范化程度还有待进一步提高。

（二）农村社区治理人才较为缺乏

湖州市按照"一村一社区"的思路来建设农村社区，目前农村社区管理人才基本为村干部，对社区建设和治理方面的知识储备不足，"治村"方式比较单一，缺乏较为系统的社区建设和治理知识，"管"的思维重于"治"。农村社区引进专业社会工作机构开展服务较少，社区治理和服务专业人才都非常缺乏。

（三）村规民约的约束力还不够

村民自治章程和村规民约俗称治村"小宪法"，换届后，每个村都修订完善了村规民约并发放到户，但现在大多数村规民约还停留在纸上、张贴在墙上，没有真正印在农村群众心上。村规民约的宣教工作还不够生动具体，与家规的衔接度还不够高。

四 提升乡村治理"三治融合"的对策建议

（一）强化领导

认真贯彻落实市两办《关于进一步加强全市基层"民主法治村（社区）"创建工作的实施意见》，建立创建工作领导小组，明确部门创建职责，落实创建奖励配套政策，为创建工作提供强有力的组织和经费保障。积极争取人大、政协的支持和监督。充分发挥人大、政协的依法监督和民主监督的作用，主动邀请人大代表、政协委员视察指导农村基层民主法治创建，听取意见和建议，在民主法治村创建工作中，努力实现党委、政府领导，部门实施，人大、政协监督，全社会共同参与的工作格局。

（二）夯实基层基础

依托农村基层"全科网格"建设特别是专职网格员队伍建设，进一步深化拓展网格服务管理功能，构建"全要素网格"，实现大事全网联动，小事一格解决。将基层法治与德治、自治更紧密地融合，形成了以村党组织为核心、村民自治组织为基础、村级社会组织为补充、村民广泛参与的现代农村多元治理新格局。

◆第五章　乡村有效治理的实践与探索

（三）打造品牌

根据湖州市《美丽乡村民主法治建设规范》要求，通过市、县区合作的形式，进一步规范提升，打造一批创建的典型和盆景，共同引领全市基层民主法治的再提升。认真总结推广农村基层依法治理"余村经验"，在全省现场会成功召开的基础上，做好全市基层民主法治建设工作推进会的筹备工作。同时，加大相关创作，制作发行首日封、宣传画册、宣传片等作品，丰富品牌创建形式，提高品牌含金量。

（四）营造氛围

充分发挥电视、报纸等新闻媒体的作用，加大对各地创建民主法治村工作的宣传力度，围绕"美丽乡村无法不美"这一品牌，开展多形式的宣传。通过实景打造、树立标识等形式，实现品牌知晓度的有效提升。

第二节　乡村民主管理实践与探索

实施乡村振兴战略，治理有效是基础。必须把夯实基层基础作为固本之策，建立健全党委领导、政府负责、社会协同、公众参与、法治保障的现代乡村社会治理体制，坚持自治、法治、德治相结合，以自治"消化矛盾"，以法治"定纷止争"，以德治"春风化雨"，实现乡村稳定、和谐、发展的最终目标。近年来，湖州市因地制宜，创新思维，在深度推动自治、法治、德治的"三治融合"，构建基层创新治理上，正展现出蓬勃的探索能力和实践力量。本节通过对安吉县高禹村的剖析，提炼"三治融合"的经验。[1]

安吉县高禹镇高禹村，是由原东阳村、和平村、四庄村合并而

---

[1] 调研课题组成员主要由湖州市农业和农村工作办公室姚红建、毛毓良组成。

成的一个行政大村，位于高禹镇北部，东邻吴址，北靠长兴，04省道穿村而过，村域面积达15.8平方千米，全村共有1518户5558人。过去的高禹村一直被人称为湖州的"北大荒"，2004年天子湖现代工业园的成立，继而发展成为安吉县第二大工业平台，村级集体经济得到了一定程度的发展，2010年集体资产50万元，经营性收入达到13万元。2011年新一届村班子上任后，以乡村治理为抓手，以产业发展为重点，以村强民富为目标，推进美丽乡村创建，昔日的"北大荒"变成"明星村"，村集体经济收入2017年达到285万元，村集体资产超过6000万元。今年集体资产和经营性收入可分别达到8000万元、350万元。高禹村的华丽转身，得益于新一届村班子在书记李更正的带领下，坚持"从形聚到心聚""从塑型到铸魂""从做好人到当主人"，形成了一套支部坚强领导、党员骨干模范带头、村民自治有效实现的制度构架和工作方法，走出了一条"三治融合"激活新动能，齐心协力推进乡村振兴的有效路子。

一 从形聚到心聚——既要依法办事，更要齐心干事

走进高禹村，带给人的第一个震撼是全村有173个姓，是一个名副其实的"百"姓村。高禹村是一个移民村，大多来自河南、安徽等地；高禹村是一个合并村，2010年由原来的东阳村、和平村、四庄村合3个村并而成；高禹村是与天子湖工业平台接壤的村，全村外来务工人员达到6000余人。

俗话说"人多力量大"，然而，百"姓"如何齐心是个问题。2011年，根据县里美丽乡村精品村创建的有关政策，新一届村班子想争取1500万元的创建资金，提升高禹村美丽乡村创建水平，为此，召开村民代表大会，征集村民意见。没想到很多村民代表都表示"村里想怎么干就怎么干，只要不违规违纪就行"。这种近乎冷漠的"同意"，与已无关的"无所谓"态度，引起了村班子的反思。

美丽乡村建设的深化就是要不断满足群众对美好生活的需要，就是要补齐事关群众生产、生活的发展"短板"。村干部不违纪违

第五章 乡村有效治理的实践与探索

法这是底线。但是，村级班子是党员大会、村民大会或村民代表大会的执行组织，必须执行决议、依法办事，既要程序合法，又不能仅仅满足于程序的合法。党员大会、村民大会或村民代表大会的决议必须充分、真实反映党员、群众的想法、愿望、需求和意志。每个村民都要有"当家人"的意识，履行好"主人翁"的法定职责，团结一心才能把集体的事情办好。不能干部在忙、专业队伍在干、群众在一边看。同为一个村的村民，既然大家走到一起来，大家的事情就必须齐心协力一起干。

怎样才能让同在一个村居住的人，心往一处想、劲往一处使？村班子思想统一后，采取循序渐进的方法，实现由人聚到心齐的跨越。

（一）搭平台

开展丰富多彩的文体活动，吸引村民离开麻将和牌桌，走出家门，聚到一起参与活动。2011年，村里建起了安吉县第一座、全省规模最大的集电影、文艺演出、会议于一身的多功能的数字影院，足不出村，就能看到电影、欣赏到戏曲和文艺演出；举办了有史以来第一次村级运动会，如用废弃的可乐瓶、吸管，加上一个小皮球，组合成乡村保龄球比赛、室内插秧比赛。到去年已经办了三届。每年春节期间，还有村里的春（村）晚。贴近生活人人能参与、趣味性人人乐参与，文体活动吸引了大人小孩、男女老少、村民与外来务工者玩在了一起，欢笑在了一起。

（二）建团队

以文体活动为突破口，组建群众性组织，增进团队意识、集体意识。根据村民不同兴趣爱好、年龄差别、特长特点，组建排舞、老年活动、民俗展示、文艺演出、才艺表演、青年志愿者服务等群众性组织。由成员推选召集人，实行自我管理、自我服务，村班子成员、骨干参与其中。在活动中大家一起提建议、出主意，谋划活动、分工协作，增进了团队意识、协作意识，也增进了彼此之间的了解、培植起乡亲近邻的感情，更拉近了干群之间的距离。用李更正书记的话说：有的时候在做工作时，老百姓不认识你，或者从没到过你这边来，他不一定配合你工作。我们每次有文化演出，有让村民参与的文化活动，时间长了，人都是有感情的。有感情有交流了，对开展工作的帮助就相当大。这是一种向心力和凝聚力的形成和提升。

（三）强骨干

发挥骨干作用，以骨干带群体，形成五支队伍聚力，干群齐心谋发展。第一支队伍是村党委、村委会，高禹村把村两委会建设放在突出重要的位置，坚持每周工作例会。李更正书记放下自己的产业回村当书记，重病治疗仍牵挂村里的事务，他的名言就是"我的身体就是为村民服务的。"书记率先垂范，村两委会建设成为坚强的战斗堡垒。第二支队伍是村民小组长、村民代表和党员、老干部。作为合并村，村里担任过村书记、村主任的干部有18位，进过村两委班子的干部有62位。这支队伍有很大的能量，村里形成了"所有事情都商量"的制度，充分听取他们的意见建议，发挥他们的影响力和带动力。第三支队伍是乡贤"乡绅"队伍，村里聘请在机关任职的干部、在外经商办企业的能人、回乡的老老师、退休返乡的老干部担任乡贤，组成乡贤理事会。第四支队伍是妇女骨干，由于劳动力的分工分业，妇女在家庭的地位提高，村内事务的主力是妇女，妇女组织起来了，家庭就带动起来了，集体的事情干起来也顺心了。第五支队伍是青年队伍，村两委会不仅把村里的年轻人组织起来，更注意把外出求学的学子组织起来，大一大二的学生通过假期组织"春泥计划"活动，为中小学生辅导，走进农家，熟悉农户；大三学生到村便民服务大厅实习，熟悉村情、熟悉村务；大四学生进村入户搞调研，收集民情民意，为村集体发展献计献策，参与村务讨论。这两年共有40多位大学生参与了各项活动，使大学生们更加了解农村、熟悉农村、热爱农村。

第五章　乡村有效治理的实践与探索

二　从塑型到铸魂——既要环境面貌大改变，更要构筑共同的精神家园

"文化自信是一个国家、一个民族发展中更基本、更深沉、更持久的力量。"移民村的"根"在哪儿？不同的居住和耕作习惯，如何构建起共同的精神家园？村班子从凝聚人心的成功实践中对文化发展的重要性有了深刻的理解。自觉把文化融入美丽乡村建设，以共同的价值取向构筑共同的精神家园。

（一）村庄建设中文化认同的着力培育

作为移民村就是要做好移民文化，让不畏艰难、吃苦耐劳、互助友爱、拼搏创业的移民精神在安吉的土壤里扎根、成长。村里结合美丽乡村创建的提升，规划建设了移民博物馆、移民公园从高禹村所在地人口数量的变迁，移民迁徙的路径，简陋的运输工具，缺吃少穿的生活场景，展示了从清末到1949年之前，社会动荡带给人们流离失所的生活苦难；展示了移民不怕艰辛、负重前行，相互扶持、为生活美好而拼搏的历程；博物馆的介绍有普通话、安吉话、安徽话和河南话可供选择，强化了一种"根"的意识，也凸显了移民文化的包容性。美丽乡村建设（乡村振兴）文化室，展示了高禹村这些年，特别是美丽乡村创建以来发生的巨大变化，以及在村班子带领下，全村群众共同探索、实践、努力，共商共建共享的成果。投资建设藏书量超万册的村图书馆，配备了电子阅览室，建设了书画室，村民在这里欣赏书画艺术，学书法学画画，促进了移民文化与安吉本土文化的融合，也提高了村民的文化品位，增强了文化自信。

（二）产业发展中共建共享的倾力打造

产业发展是基础，村强民富是目的，百姓心齐，为了共同的目标共商共建共享，促进了资源要素的优化配置，激活了经济发展的内生动力，集体经济得到了快速发展壮大，个人收入水平不断提高。不仅增强了村民的权利、义务意识，也增强了村民的归属感。

利用土地整理政策,村里引导和鼓励分散居住的700余户家庭,占总户数的46%以上,按规划向中心村集镇集中建房,有效地集聚,改善了居住环境和公共服务水平,节余的建设用地指标加上盘活的集体资产,改建新建物业8000平方米,年租金收入超过70万元。通过集体回购个人经营的农贸市场,改为村集体经营,促进了市场有序健康发展,村集体年收益超过40万元。引导土地流转,提供经营服务,村集体年收入50万元。村农业合作社集中村民流转的土地7000余亩,村里剩余的2400亩耕地由天禹粮食专业合作社经营。流转面积占耕地总数的80%,引进美维达农业开发有限公司、金果农业有限公司、国强蔬菜合作社、天莱家庭农场等农业经营主体,村民有了土地流转收入,而且,在农业企业就业获得工资性收入,仅金果农业有限公司就吸纳村民就业60多人,月收入达到3000元。2017年,村里人均可支配收入达到35000元。针对老年人不断增多,家庭照料负担重的情况,2013年,村里修建老年公寓,并配备了活动场所和设施,村里60岁以上老人可以免费申请入住,首期200多个房间全部住满。老人得到了很好的照顾,子女安心就业,相互之间的关系也更加和谐,子女家里都为老人留了房间,只要老人愿意随时可以回有居住。良好的服务和经营,使老年公寓实现了盈利,步入良性循环的可持续发展轨道。

(三) 日常生活中道德模范的典型示范

以榜样的力量引导人,以高尚的精神塑造人,传承中华民族传统美德,践行社会主义核心价值观。自己的事情自己做,别人的事情帮着做,大家的事情一起做,党员带头,从自我做起。村党委明确要求每个党员每年参加志愿服务的时间不少于16小时,每个党员每月走访自己联系的群众不少于1次,倾听群众的意见,了解群众所需,解决群众困难,对于村里议决的事情要带头支持,其参与志愿服务、走访群众的时间、质量,纳入对党员的年终考核,不达标的要进行谈话提醒。为了推进公共场所禁烟,村班子集体承诺带头戒烟。每个党员结合"挂牌亮户"活动,把"双禁""五不准"等相关规定、要求,写入家规家训,既公开公示,接受监督,又率先垂范,示范带动。同时,结合美丽乡村建设的不断深化,大力推进美丽家庭星级户创建,评选好婆婆、好媳妇,设立道德墙、好人榜,宣传好人好事,弘扬社会正气。使社会公德、家庭美德、职业道德深入人心,不断成为人们的行动自觉。

三 从做好人到当主人——既要典型示范,更要制度管事管人

众人的事情众人商量。这是听取民意、集中民智,坚持以人民为中心,为民谋幸福的必然要求,也是深化村务、财务、党务"三务"公开,给群众一个明白,保干部一身清白的客观要求,更是基层民主自治的法律规定。提升集体凝聚力,培植村民向心力,核心的问题是让集体组织成员不仅成为知法、守法、用法的公民,成为自觉践行社会主义核心价值观,模范遵守道德规范的"文明人",更要树立主人翁意识、增强民主管理能力,履行当家做主的权利和义务,即不仅要"做好人",更要"当主人"。通过落实主人权利,明晰主人义务,调动和激发乡村发展新动能。

(一)五个所有:从服务模式到自治模式的跨越

2011年,新一届村班子结合服务型党组织建设,着眼解决好为群众办实事、解难题,创新了"多元化受理、个性化帮办、动态化评估"的"三化便民服务法"。在落实过程中,村班子发现许多群众需要办的实事是村里发展规划的问题,许多村民碰到的难题是集体利益与个人利益、整体利益与局部利益的关系问题,许多群众反映的问题是具体工作推进中细节和流程不透明、群众不知晓的问题。2014年,村班子从民主管理、制度管事、自我教育、有效监督的角度,对"三化便民服务法"进行修订完善,提出了"自我管理组织化、自我监督制度化、自我教育多元化、自我服务社会化"的目标要求,开始了从"为民服务"向乡村基层社会民主治理的转变。并逐步形成了"所有讨论都参与、所有决策村民定、所有决定

都签字、所有干部不碰钱、所有财务都公开""五个所有"的组织构架和制度建设。村干部说这"五个所有"真真切切规范了村级事务，是基层民主法治的真正体现。

（二）健全组织：为民主治理搭建平台提供载体

"在乡村治理机制构建中体现村民意志、保障村民权益、激发村民创造活力，需要为他们参与治理搭建平台、拓展渠道、丰富形式。"为了"五个所有"落地落实，村里在村党委、村民大会、村民代表大会、村委会的基础上，建起了"乡贤参事会""村务监督委员会""民主监督理事会"。在村委会二楼，设立了村民议事室、监督室、乡贤课堂、乡贤参事室等。包括村级议事流程图、乡贤参事会工作规程，村监委、民主监督理事会规章制度、"组账村管"手册等都上墙公示。

为了拓宽村民参与渠道、强化村民监督力度，经村班子提议，村民代表大会表决通过，村里组建了村民民主监督理事会。民主监督理事会由退职村干部、党员、村民小组推荐的村民代表等组成，目前共有52名，下设村务监督小组、民主理财监督小组、工程管理监督小组、村务公开监督小组。村务监督委员会和民主监督理事会全程参与村民代表大会决议的形成、签字、执行，工程项目和村务、财务相关制度的执行，村务公开的落实等监督，通过相互监督、有效制衡，提高了村民的信任度。

（三）规范流程：完善权力制衡机制

规范决策程序、执行程序、监督程序，是民主治理有效实现的重要保证。村班子在反复听取村民意见，征求退职村干部、党员、乡贤意见的基础上，制定了《高禹村村级议事流程》，对决议事项的提出、决议事项的民主商议、决议的形成、决议的公示、决议的执行、执行结果的公示和评议以及全过程的民主监督都做出明确的规定。

所有决策村民定。无论是村书记、主任，村两委员、村民代表

第五章　乡村有效治理的实践与探索

的提议，都要经村两委会联席会议商议，并由党员、村民代表、民主监督理事会、乡贤参事会讨论，在广泛听取意见的基础上，交由村民大会或村民代表大会讨论，形成决议。形成的决议由参加会议的全体村民或村民代表签名，并向全体村民公示。村两委会负责实施，实施过程接受村监委和民主监督理事会全程监督，实施结果向全体村民公示并接受评议。2017年，全村31个建设项目、7项管理制度、3类村规民约，包括酒席减负、双禁、公共场所禁烟等全部按照流程图商议、表决、组织实施、有效监督。

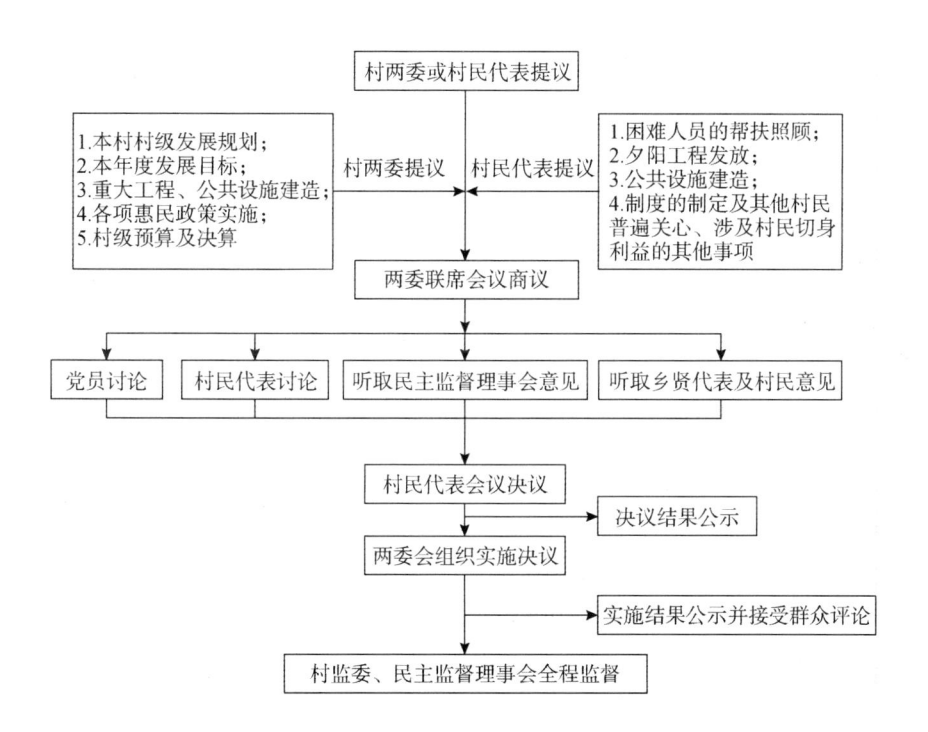

图 5-1　高禹村村级议事流程

（四）完善制度：为程序规范、权力实现提供保障

牢固树立制度管人、管事、管钱的意识，把制度建设与严格依法办事、与弘扬社会主义道德规范、与充分发挥家规家训作用结合

起来，切实解决群众关心关注的突出问题，事关群众生产生活的重点问题，群众不满却无力解决的难点问题。如为了干部干净干事，处事公正公平，密切干群关系，树立干部威信，村里明确规定：村两委会干部及其近亲属不得参与村收购价任何工程，村内所有材料采购，所有干部不碰钱。这些年村里和周边的土建项目多，村里规定所有党员干部不得购置挖掘机，从事相关经营。针对经济条件好转，人情支出越来越大，人们往往相互攀比，成为一项沉重的负担，经村民提议，村民代表大会表决通过，将"酒席减负"的倡议写进村规民约，为农户酒席、亲戚朋友间相互随礼等，详细制定10条具体标准：除红白事外，不提倡摆宴；如果摆宴，酒席在10桌以内，菜品16个，每桌菜价不超过400元；不提倡消费高档烟酒和燃放烟花爆竹；内亲外的村民不相互随礼，不提倡使用高档回礼包等，倡导勤俭节约的良好风尚。为让倡议落到实处，周金荣等6位在村里有威信的老人组成乡风民议小组，还为摆酒的村民安排"酒席总管"，帮助村民按村规办席，同时对执行情况进行监督、评议。

这几年来，村里制定了财务管理、工程管理、小区环境管理、印章管理等管理制度20多项，建立了乡贤参事会工作规程、民主监督理事会工作职责等制度性规定。同时，为了落实党要管党、从严治党的要求，更好地发挥党员模范带头作用，根据《党章》和相关党内法规，结合村里的实际，制定了《高禹村党员管理制度》。

（五）公开透明：形成阳光下操作的良好社会生态

制度上墙、村务、财务、党务公开，形成所有事务在阳光下操作的思想自觉和行动自觉，确保群众的知情权、监督权，有效促进了社会的公平正义，营造了良好的社会生态。为了真正做到所有事情都公开，在财务公开方面，村里规定必须公开所有的收支明显，公开到每一张票证。为了保证向每一个村民公开，村里设置"三务公开栏"，利用"村村用"平台，让村民在家里通过电视能够查看公开内容，并且建立了"三务"大会通报制度，在村民大会、党员大会、村民代表大会上进行公开通报；对于外出打工的村民，特别是年轻人，村里通过村微信公众号、QQ群等信息化手段进行公开；对于腿脚不便、不习惯或不会使用信息（移动）终端的老年人，村里还专门办了每月一期的村报，利用村报登报公开，每期投递到户，2015年以来已经投递48000多份。

村务、财务、党务等信息的透明公开，确保了村民的知情权，也是"众人事情众人商量"村民参与事务商议和决策的前提，也是村民行使民主监督，实现监督权的基础，也是实现党员、干部、群众自我约束、自我管理的有效途径和载体，而不断完善的流程规范、制度建设的保障，以及展示出来的良好的党风、民风，不断提升的社会和谐度，更增添了村民的认同感和归属感，村民当家做主的意识不断增强、行使权力和履行义务的自觉不断强化、决策和监督水平不断提升，巩固和夯实了乡村基层社会民主自治的基础，激活了立足自身实现高质量发展的内生动力。

党组织领导、"三治融合"、充满活力的村民自治机制将进一步推动乡村走上振兴之路、展示振兴风采。

第三节　创新乡贤文化探索民主协商制度

成功的现代乡村治理，需要现代公共治理和传统人文精神深度融合，需要吸收中国传统文化的"合理内核"。中共中央、国务院《关于加大改革创新力度加快农业现代化建设的若干意见》指出："创新乡贤文化，弘扬善行义举，以乡情乡愁为纽带吸引和凝聚各方人士支持家乡建设，传承乡村文明。"乡贤文化是一个地域的精神文化标记，在当前城市化浪潮下的乡村治理中，发挥乡贤文化的精神原动力，对推动乡村治理法治化、建设文明乡村、实现乡村治理现代化具有重要意义。本节以德清县为例，对新形势下如何打通乡贤文化与基层民主建设的有机结合，实现政府治理与村民自治的良性互动进行研讨，期待对转型期的乡村治理现代化有所裨益。

一 乡贤文化与现代乡村治理

（一）乡贤文化及其特征

乡贤是由先贤演变而来的。在古代，先贤是指被崇尚的有才德之人。明清时，凡是品学高尚并对家乡有较大贡献的人，在其去世后，由地方推崇，报请礼部批准，方可成为乡贤。随着时代的演变，乡贤主要指居住在乡村、德高望重的人。比如说，德高望重的还乡高官、耕读故土的贤人志士、农村的优秀基层干部、道德模范、热爱家乡反哺桑梓的成功人士等。德清历史悠久、文化灿烂、民风淳朴、名人辈出，孕育了一批批关爱民生福祉、践行道德风尚、弘扬乡村文明的乡贤精英。

乡贤文化是中华民族优秀传统文化的组成部分，是一个地域历代乡贤积淀下来的榜样文化、精英文化和先进文化，是这个地域有激励作用的思想、信仰、价值的一种文化形态。它植根乡土、贴近百姓，蕴含着见贤思齐、崇德向善的力量，具有地域性、人本性、亲善性、现实性的特点。

第一，地域性。这是乡贤文化的一个重要属性，不同的地域具有不同的乡贤。乡贤文化研究的对象，只限于本地区的历史名流与当代时贤，这些名流时贤应是在该地区出生，并在该地区长大，以后走出家乡走向五湖四海；或留在家乡，服务贡献桑梓。因此，这些名流时贤生于斯长于斯，具有本地域的唯一性和占有性。

第二，人本性。乡贤文化的研究对象主要指在本土有威望和才能的人。乡贤文化是一种人本文化，区别于地域文化、方志文化、旅游文化，体现以人为中心，围绕本籍名流时贤做文章，而不涉及其他，以历史名流当代时贤的生平业绩、生活故事、精神品行为重心，通过志书、村史、宗谱以及乡间的口碑流传。

第三，亲善性。乡贤文化十分强调研究对象——乡贤"善"的

第五章 乡村有效治理的实践与探索

本性,在关注乡贤业绩贡献的同时,还要考究他们的道德操守、思想品质、爱国爱乡,把乡贤个人价值的实现放在整体关系的良性互动之中,放在一定的伦理政治关系中来考察。他们既是名人,同时必须是好人、善人。

第四,现实性。乡贤文化研究一方面是"发思古之幽情",表达对乡贤的崇敬与仰慕,所谓"见贤思齐""恭敬桑梓"。但更重要的是直面现实,为当今社会经济文化的发展服务。乡贤文化研究的现实性既是发展本地区的社会经济文化的现实需求,同时也是乡贤文化研究本身得以存在的价值依据。

(二) 乡贤文化与现代乡村治理的契合

伴随城镇化的进程,乡村社会受到的最大冲击,就是人留不住,特别是人才留不住。在新时期,乡贤的内涵和外延发生了较大变化,被称为"新乡贤"。新乡贤主要包括以下四类:一是出生在农村、成长在农村、工作在农村,在乡民邻里间威望高、口碑好,受到当地百姓的广泛认同和推崇,这些人正日益成为新乡贤的主体。二是在外面闯荡、功成名就之后,年老"树高千丈,叶落归根"者。他们生于斯、长于斯,但最终从农村走进城市,或当官,或经商,成为乡民们眼中的成功人士。他们返乡后热心故乡的公益事业,能为乡民树立起人生和道德的榜样,被冠以"乡贤"可谓当之无愧。三是虽不生于斯长于斯,但长期工作在乡村,比如支教支医帮扶人员、在乡镇政府及其他有关机构工作且做出突出贡献者。在社会主义新农村建设中,这些人以乡音开路,用乡愁牵线,带乡情进村,奉献自己的青春和才华,受到村民们的拥护和爱戴。这样的人,被称为"乡贤"一点也不为过。四是村里一些年纪大、辈分高、德高望重的人,家里也许并不富裕,一辈子也没成为"精英、大儒",但在村里大事小事上都有着"吐口唾沫是个钉"的作用,令后辈唯其马首是瞻。这些长者,也被称为"乡贤"。

文化是凝聚人心的力量,乡贤文化的发展繁荣,成为延续数千年的传统基层治理中的有效方式。众所周知,作为一个传统农业社会,乡村治理是中国历朝治国理政的重点。在中国古代社会,自秦朝开始形成"县、乡、亭、里、什、伍、户"基层社会治理体系,但"皇权止达于县",封建政权主要依靠乡村中有威望、有能力、有财富的贤达士绅来管理基层的赋税、治安、户籍等事务,乡贤成为维系古代中国基层社会运转的主导力量。中宣部部长刘奇葆在2014年召开的一次全国性会议上指出,乡贤文化植根乡土社会,紧贴乡村基层,其中,"见贤思齐、崇德向善"这些正面、向上的力量构成了乡贤文化中最主要的文化内核。基于此,刘奇葆指出,在现阶段乡村治理和建设中,要继承和弘扬有利于当代的乡贤文化,要注重发挥新乡贤在新农村建设中的示范和引领作用。新的历史条件下,乡贤文化对乡村治理的推动作用主要体现在以下几个方面。

1. 乡贤文化有利于乡村治理的现代化

乡贤文化是一种具有鲜明地域特色的榜样文化、先进文化。在当前"乡政村治"的治理模式下,充分发挥乡贤在"乡"和"村"以及"官"和"民"之间的桥梁纽带作用,十分契合法治、德治、自治有机结合的时代精神。乡贤是本乡本土的精英人物,乡贤由党员干部、企业法人、"返乡走亲"机关干部、社会工作者、经济文化能人、科教工作者等构成,本着"村事民议、村事民治"的宗旨,协助推动群众参与基层社会治理。乡贤回归参与乡村治理,可以凭借他们在乡村"熟人社会"中的话语权,协助政府解决"想办而无力办"的事情,更好地发挥桥梁纽带作用。乡贤文化中蕴含的友善、诚信、互助、和睦、公道、安康,是乡村社区民众乐于接受、愿意遵守和易于传承的价值信条。乡贤为村两委决策出点子、提意见,是村两委议事的好帮手,同时也是村两委的有力监督者。乡贤参事会纳入村两委议事程序之中,防止村级事务决策"一言堂",使村民意志有效进入决策程序,由此强化村民在村事务中的"话语权"。所以乡贤治理能够成为政府公共治理的一种有效补充,

第五章　乡村有效治理的实践与探索

在乡村治理中形成多元治理主体的合力。

2. 乡贤文化有利于乡村治理的协商民主

乡贤参事会在乡村自治体系中的嵌入，增加了乡村议事的环节，形成了村民与两委协商的机制。乡贤参事会成员来自不同的村民群体，具有广泛的代表性，他们在协商中代表着不同村民群体的利益诉求，因而他们参与协商充分体现出民主精神。2017年12月15日，德清县再次制定并实施《关于深入推进乡贤参事会完善城乡社区协商的实施意见》。要求推进德清县乡贤参事会参与城乡社区协商的制度化、规范化、精细化水平，全面完善和提升"乡贤参事会"协商机制和协商实效。

3. 乡贤文化有利于文明乡风的塑造

乡贤，多是饱学之士、贤达之人，因品德、才学为乡人推崇敬重，具有亲缘、人缘、地缘优势，具备丰富的经验、学识、专长、技艺、财富以及良好的文化道德修养。德清历史悠久、文化灿烂、民风淳朴、名人辈出，孕育了一批批关爱民生福祉、践行道德风尚、弘扬乡风文明的乡贤精英。他们不仅热心公益事业、积极捐资助学、主动扶贫济困，还纷纷个人出资设立民间奖项。自1997年乡贤马福建在武康镇太平村设立"孝敬父母奖"，至今，已涌现爱国拥军奖、好家风奖、助人为乐奖、治水英雄奖等39个民间奖项，用以奖励好人善行。"民间设奖、奖励百姓"，实现了基层群众的自我示范、自我激励、自我养成，进而形成温和醇厚的民风，很好地引领了整个社会的风尚。

4. 乡贤文化有利于促进乡村建设的发展

自省委省政府全面实施"千村示范、万村整治"工程的重大决策以来，广大乡贤们凭借自己的学识、技艺、经验和财富参与社会主义新农村建设，促进乡村建设和治理的协调发展，为乡村治理提供正能量。莫干山镇燎原村、高峰村乡贤分别为本村联系企业开展"帮扶共建"，通过合作项目推进、困难农户结对等途径，为所在村提高经常性收入20万元以上。洛舍镇东衡村乡贤参事会提出了《东衡村农户土地统一流转入股实施方案》《三年发展规划》等思路，将全村村民土地经营权入股统一流转到村股份经济合作社，充分利用和整治荒芜、废弃土地，形成"地成方，路成行，树成林"的格局。

二 以乡贤文化推进现代乡村治理的实践探索

近年来，随着城市化进程的快速发展，乡村精英大量流失，农村出现了"空心化"现象。农村"空心化"的原因之一是人心离散、精英流失，究其根源则是传统乡村文化的衰亡。城市化浪潮下的乡村路在何方？乡村社会如何实现治理现代化？这一命题，正在叩问中国。为此，浙江省德清县出台《德清县培育发展乡贤参事会创新基层社会治理实施方案（试行）》，积极培育发展农村基层社会组织——乡贤参事会，把发挥乡贤作用纳入其中，以延续传统乡村文化的文脉，使返乡的乡贤成为基层治理的重要力量。

（一）成立乡贤参事会

1. 坚持以群众需求为导向，拓展治理主体

乡贤会员主要包括"德高望重的本土精英""功成名就的外出精英""投资创业的外来精英"三类，应呼吁退休的官员、专家、学者、商人回乡安度晚年，以及在农村投资兴业的外来生产经营管理人才等加入乡贤参事会。充分发挥他们的经验、学识、专长、技艺等反哺桑梓，发挥乡贤参事会的补位和辅助作用，及时发现社会治理问题和反映群众利益诉求，推动"村事民议，村事民治"，延续传统乡村文化的文脉，提高基层社会治理的科学性和民主性。

2. 坚持以规范管理为基础，健全组织架构

乡贤参事会是在党组织领导下，以村民自治为基础，以乡村精英为主要组成，对现有基层组织体系做出有益补充的社区协商平台。乡贤参事会以章程为依据，在乡镇党委、村党组织的领导下开展工作，并接受乡镇政府、县民政局的监督管理和村民委员会的业

第五章　乡村有效治理的实践与探索

务指导。乡贤参事会实施"六环节"参事议事制度，即按照民意调查"提"事、征询意见"谋"事、公开透明"亮"事、回访调查"审"事、村民表决"定"事、全程监督"评"事，构成乡贤参事会参与村级事务的完整流程。

3. 坚持以服务发展为目的，明确职责任务

明确乡贤参事会在弘扬优秀传统文化、推进乡风文明，组织慈善公益活动、开展扶贫济困等活动，积极引智引才引资、助推农村经济社会发展，参与公共事务管理、为村"两委"提供决策咨询，推动实施村规民约、维护公序良俗，了解村情民意、反馈群众意见建议，承办政府和主管部门委托的其他事项七个方面的主要职责任务。积极搭建乡贤参事会这个平台，进一步优化社会资源配置，凝聚人心人力，增强基层自治能力，创新社会治理，推进多元协同共治。

（二）引导乡贤参与社会治理

1. 畅通渠道，强化民情沟通引导

民心是最大的政治。"乡贤"就是实实在在的民心所向，他们从群众中来到群众中去，作为农民的代言人，及时掌握反馈农民的利益诉求，促使群众呼声要求及时回应。如新安镇新桥村乡贤参事会通过设立民声信箱，开通民声热线，召开民声恳谈会，开展民声走访，掌握民声热点及民情需求，打通了乡土社会与现代社会的有效衔接，推动了政府治理与村民自治的良性互动。

2. 集思广益，强化民主协商议事

乡贤参事会主要突出"协商"与"参议"，在村党组织领导下，积极参与农村公共事务管理，培养农民的公共合作精神，维护农村社会的公共秩序。如武康镇民进村确定每周三为"村务议事日"，邀请乡贤理事、党员组长和村民代表共同召开村务议事会，把复垦房屋补助、安置房分配、工程项目招投标、建设资金管理等事项摆在桌面上商议，通过集中智慧、群策群力、协商解决，推动各项决

策科学化、民主化、制度化。

3. 化解矛盾，强化民诉疏导调处

乡贤参事会积极推动村两委制定落实法制教育规划，为村调委会处理村民纠纷提供法律指导，定期向农民群众宣传法律法规知识。同时配合村两委召开民声恳谈会，针对前期收集掌握的意见建议和矛盾纠纷进行协调化解。如禹越镇依托各村"法制学校"，充分发挥乡贤优势特长，利用党员、村民小组长、村民代表会议等各类会议前的10分钟开展"法制讲座"，以土地征用、社会保障等各类群众热切关注的法律法规政策为宣讲主题，从源头上减少和控制了矛盾的发生。

(三) 鼓励乡贤助力经济社会发展

1. 凝聚智慧力量，助推经济发展

乡贤参事会广泛吸纳社会资源，协同参与公共事务管理，全力助推家乡建设。2015年莫干山镇燎原村乡贤出资出力，联系9家企业开展"帮扶共建"，引进合作项目22个，推动落实资金970多万元，村集体经济年收入同比增长47%。洛舍镇东横村乡贤参事会的每位成员获权列席村两委会和村民代表会议，先后参与完成中心村天然气站建设、废弃矿坑填埋等重大事项决议20余项，并全程参与监督。

2. 弘扬传统文化，推进乡风文明

在全国首创农村"和美乡风馆"，以"和美"为馆藏主线，把村史、村落文化及古今乡贤的事迹，以各种"榜"的形式陈列在馆内，促使群众进一步熟知和传承本村历史与文化。同时，开展"民间设奖、民奖民评"活动，奖励了尊老爱幼、拥军爱国、热爱环保等品行优良的基层道德模范已逾6000人次。并且通过获奖者现身说法，百姓效仿学习，形成由点到面、由少到多、由个体到群体"滚雪球"效应，有效地推进了乡风文明。

3. 参与社会治理，促进社会和谐

雷甸镇洋北村乡贤参事会成立后，积极推动修订村规民约工作，并修编洋北村训，提炼出10条洋北村民公约，切实传承好家风好家训，助推农村文明新风尚。同时组建了"德清嫂"美丽家园行动队、"新财富"兴业帮扶指导队、"老娘舅"平安工作队、"喜洋洋"文化社4支乡贤服务队，以"只要乡亲需要，服务队就在"为原则，已开展结对帮扶、调解矛盾纠纷等活动10余次，架起了政府和农民直接的桥梁和纽带。

三 对进一步弘扬乡贤文化推进现代乡村治理的若干思考

乡村治理是国家治理的基础和重要组成部分。改革开放40年以来，尤其是随着城镇化进程的全面展开与深入，我国农村在空间状态、人口格局、社会结构以及利益诉求等方面都发生了深刻变化，以村落为生产生活共同体的治理生态，遭遇严重的冲击，滋生、诱发涉及乡村治理的诸多困难与挑战。一是"强干弱枝"问题突出。目前，我国农村主要是一些党政组织（如村党支部、团支部、妇联）和村民自治组织（如村委会、治保会）参与村庄治理，党政组织代表党和国家贯彻执行党和国家的路线、方针、政策，村民自治组织则在很大程度上代表村民实行自治。但目前农村其他组织不仅数量不足，也缺乏参与农村公共事务的积极性、主动性和创造性。二是乡村治理对象"缺席"。伴随着社会的现代化转型，乡村村民利益逐渐分化，乡村精英大量外流，在农村有知识又年轻的劳动力几乎全部进城打工，留在农村的大都是妇孺老弱这批"386199"部队，乡村空壳化，导致乡村活力丧失，农民在乡村治理中的"缺席"，内生的治理基础弱化。三是公共服务设施滞后。有的村农民基本生产、生活条件较差；有的教育、卫生服务设施落后；有的农业科技信息设施缺乏，农业生产经营存在盲目性。四是民主监督机制缺乏。部分农村基层党组织干部选拔机制不健全，存着"暗箱操作"、上级指派、家族利益均衡、帮派妥协或纷争、贿选以及黑恶势力介入等不合理现象。部分村干部封建家长作风、专制思想严重，村务公开不及时、不全面，甚至有失真、造假现象，尤其是村级财务、低保发放、各项惠农政策补助等都存在不规范现象，损害了人们的切身利益，也不利于乡村社区的稳定。如何创新乡贤文化，进一步发挥乡贤文化在现代乡村治理中的独特作用，是一个值得认真探讨的问题。

（一）切实加强乡贤参与乡村治理的组织领导

基层党组织是我们党全部工作和战斗力的基础，是农村各类组织和全部工作的领导核心。所以，我们要理直气壮地加强对各类乡贤组织的正确领导和统筹管理。一是要加强对乡贤组织牵头人等关键人物的遴选，规范乡贤组织会员的发展，通过办实事办好事，引导其积极参与乡村公益事业。二是要加强对乡贤组织的教育管理，注意把政治觉悟高、热忱为乡民服务的人培养成党员，使其成为乡村治理的生力军。同时，要把农村党员干部培养成为带头致富和创业发展的模范。三是要在有条件的乡贤组织中成立党支部，使党支部与乡贤组织的领导关系由"被动引导"向"主动领导"转化。四是要防止个别人或个别组织利用自己的威望和经济实力，越俎代庖抛开基层党组织，随意插手村级事务，甚至干扰基层党组织的正常工作。

（二）大力弘扬乡贤参与乡村治理的善行善举

任何一个区域、任何一个村落，千百年来，都会涌现许多乡贤。他们的善行义举，如办学、助教、扶弱、修桥、铺路等感人事迹，以及他们教育子女的家训家规，都是贴近百姓、扎根乡土，引导民众守道守义向上向善的最朴素的精神原动力，应给予大力弘扬。一是要保护乡贤文化遗产，努力挖掘整理本乡本土、从古到今、有地域特色的乡贤的感人事迹的史实资料。二是要大力宣传乡贤参与乡村治理的善行义举，把弘扬乡贤文化作为农村社区思想道德建设的重要内容。三是要培育新乡贤，表彰身边好人、道德模范和优秀乡

第五章　乡村有效治理的实践与探索

村干部。这些新乡贤生活、工作在村民身边，他们的一言一行对当地村民影响极大。对他们进行表扬，就是对新乡贤传递正能量的肯定。四是要创新宣传载体，通过乡贤文化长廊、村文化礼堂、户家训教育点的建设，广泛宣传乡贤的善行义举。

（三）建立健全乡贤参与乡村治理的激励机制

乡村治理工作千头万绪，除乡、村、组干部外，农民是最重要的主体。但随着我国推进城镇化建设步伐的加快，许多乡村留守下来的大都是妇女、儿童、老人，俗称"386199部队"，乡村治理中存在严重的"主体缺位"现象。为此，我们在弘扬乡贤文化时，应鼓励、支持新乡贤返乡创业反哺乡村，使之成为乡村治理的重要力量。一是新乡贤要增强反哺家乡的自觉性和主动性，要认识到返乡参与新农村建设既是大有作为的善事，也是不可推卸的责任。正如习近平总书记在江西视察时所指出的那样："要鼓励引导从农村走出去的农民企业家回馈故里、支援农村建设。"要建立健全各种激励机制，鼓励支持新乡贤主动参与新时期乡村治理的伟大实践。二是有必要出台乡贤反哺的配套措施，为新乡贤反哺家乡提供良好的政策扶助、基础条件支撑。比如出台帮扶资金相关配套制度，为项目跟进提供组织保障等。目前，农村医疗卫生条件相对较差，使一些走出乡村工作或创业的年龄相对稍长的乡贤，担心返乡后万一生病闹灾没有良好的医疗卫生保障。因此，必须改善乡村医疗卫生条件，切实解决他们返乡的后顾之忧。

（四）积极探索乡贤参与乡村治理的有效模式

在这方面要做的工作主要有：一是建立乡贤参与乡村治理的组织机制。鼓励有意愿的优秀乡贤参加村"两委"的换届选举，选拔优秀乡贤挂职"镇长助理""村委会主任助理"，选拔优秀村干部和大学生村干部担任乡镇领导班子成员。二是搭建乡贤参与乡村治理的活动载体。特别要做好新乡贤的档案资料整理工作，逢年过节走访慰问新乡贤，鼓励他们返乡参与新农村建设和乡村治理。可组建乡贤调解工作室、乡贤慈善基金会、乡贤参事会等各类乡贤组织，为乡贤参与乡村治理提供"用武之地"。三是探索乡贤参与乡村治理的评价机制。可以以村民为主体，定期监督评价乡贤参与乡村治理的实效。这样，既能发挥乡贤的榜样作用，又能激发村民共同参与乡村治理的热情。

第六章 乡村居民生活富裕多元实现的实践

第一节 农民持续增收存在的问题与对策

一 农民增收取得的进展

近年来，湖州市农民收入迎难而上，总体保持了持续稳定增长态势，农民生活水平不断提高。全市农村居民人均可支配收入从2013年的20257元提高到2017年的28999元，年均增长9.38%。随着农民收入的不断提高，城乡居民收入差距持续缩小，从2013年的1.77∶1缩小至2017年的1.72∶1。在收入持续增长的同时，收入结构、形式、内容也发生了变化。一是工资性收入比重稳步提升。随着经济的快速发展，农村劳动力向第二、第三产业加快转移，农民收入中工资性收入所占比重不断提高，由2013年的63%提高到2016年的65.6%，工资性收入在占比和拉动作用上均占主导地位，成为农民增收最直接、最重要、最稳定的推动力。二是财产性、转移性收入比重逐步提高。随着财政对"三农"投入的增加、农民财产的增加、农村改革红利的显现和政府各项保障措施的实施，农村居民财产性转移性收入比重持续增加，由2013年的7.3%提高到2016年的8.6%，尤其是房屋租金、红利、土地流转等收入的快速增长，为农民增收积蓄了持续动力。本节内容主要基于湖州市农民增收的调查研究。①

（一）发展产业为农民增收搭建平台

以推进农业供给侧结构性改革为契机与动力，深入实施现代农业发展"1861"行动计划，不断创新农村产业体系、生产体系和经营体系，着力做大做强绿色现代农业，为农民增收搭建平台。一是优化产业结构。发展生态高效现代农业，现代种植业、渔业、畜牧业和林业发展空间不断优化，水产、茶叶、蔬菜、笋竹产业产值稳步提升，水果、花卉、中药材、蚕桑等产业发展模式不断优化，农业产业发展层次逐步提升。二是绿化生产方式。农业科技创新能力不断加强，农牧结合、农渔结合生态种养模式不断推广，畜牧业、渔业转型升级能力不断强化等。三是强化经营主体。加快农业龙头企业、农业小微企业、专业合作社和家庭农场培育发展。

（二）强农惠农政策为农民增收提供支撑

制定出台一系列惠农政策促进农民收入的持续稳定增长。2017年市政府出台《关于深入推进农业供给侧结构性改革促进农业绿色发展的十条意见》，通过实施10条政策意见来促进农业提质增效、农民持续增收。2013年市委、市政府出台《关于促进农民收入持续普遍较快增长的若干意见》，明确要求全市各级各部门合力促进农民经营性收入、工资性收入、财产性收入和转移性收入增长。近年来还相继制定实施了加快土地经营权流转推进农业规模经营、大力培育现代农业经营主体，大力发展生态养殖业、完善鱼塘经营机制实施老鱼塘改造，加快集体经济薄弱村发展、壮大村级集体经济、低收入农户收入倍增十二条政策意见等一系列政策措施。市级有关部门、各县区因地制宜，也相继出台了一系列扶持政策来促进农民增收。

---

① 调研课题组主要由湖州市农业和农村工作办公室沈国忠、何新荣组成。

第六章　乡村居民生活富裕多元实现的实践

（三）美丽乡村创建为农民增收优化环境

推进美丽乡村示范县（区）、示范乡镇、市级美丽乡村和精品村、美丽庭院、示范带建设，大力开展农村生活污水治理，积极推进农村生活垃圾分类处理，不断改善农村人居环境。全省美丽乡村创建先进县实现县区全覆盖，成为全省第一个有两个省美丽乡村示范县的市；16个乡镇成为省示范乡镇，11个乡镇成为市示范乡镇，2017年确定13个乡镇为新一批示范乡镇创建对象进行重点培育；54个村成为省精品特色村，大力培育86个市级精品村；到2017年年底预计创建市级美丽乡村累计614个，占城镇规划区外建制村数的85%以上；已基本建成美丽乡村示范带19条。美丽环境为农民增收创造了良好空间。湖州市拓展"两山"转化路径，注重加快"美丽乡村建设"向"美丽乡村经营"转变，大力发展美丽经济，推进农家乐休闲旅游业、农村电子商务、农村养老产业发展，不断释放"生态红利""绿色福利"，让美丽乡村大创建联动农民增收。农村电子商务蓬勃发展，全市农村各类电商经营主体达到6000余家，县区电商服务平台实现全覆盖，省级电子商务专业村43个，村级电商服务覆盖755个建制村，覆盖率高于全省50%的平均水平。

（四）新型职业农民培育为农民增收提高技能

工资性收入是当前农民收入的"半壁江山"，对于促进农民收入普遍较快持续增长具有不可替代的作用。着眼于解决企业招工难与农民满意就业难这对矛盾，着力在创新农民培训阵地上作探索、在强化有针对性的农民技能培训上下功夫，努力让农民多渠道实现充分就业、高质创业。一是依托湖州农民学院，重点培养具有大专以上学历文凭和具备职业资格证书的"学历+技能+创业+文明素养"型农民大学生，培育新农村建设领军型人才队伍，目前学院开设10个纯农、涉农专业和本科、农推硕士教学点各1个，共建立农民大学生创业基地65家，在籍学生3162人、农推硕士学员93名，已毕业农民大学生6200余名、农推硕士50名。二是以湖州成为全国整市推进的职业农民培育试点市为契机，加快职业农民培养工作，累计培训初级新型职业农民9265人、中级新型职业农民120人。2017年5月，湖州农民学院被农业部认定为首批全国百家新型职业农民培育示范基地之一。三是深入实施农民素质提升工程，不断提高农民的创业就业素质和增收致富能力，2017年以来全市完成各类农民培训15769人，其中农村实用人才培训7210人，转移就业技能培训6476人。

（五）农村综合改革为农民增收注入活力

加快推进农村综合改革，为增加农民财产性收入打下坚实基础。一是深化"三位一体"改革。推进"三位一体"农合联建设，在全省率先建立市县镇（乡）三级"农合联"体系，三级农合联共发展会员4291个，其中农民合作经济组织会员达2800多个，明确3000万元的农民合作基金，县区资产经营公司基本组建完成。长兴的葡萄、芦笋产业农合联、安吉的"两山"农合联、有力地促进了农民增收。二是推进农村确权赋权活权改革。围绕明晰集体产权归属，赋予农民更加充分的财产权利，"三权"确权基本完成。农村土地承包经营权确权工作全覆盖，农村宅基地登记发证和农房确权发证基本实现"应发尽发"，德清县"农地入市"国家级试点敲响全国"第一槌"。截至2017年年底，全市农田流转比例达61.3%，亩均流转收入超1100元。建立了农村综合产权流转交易体系，建成县级中心、镇（街道）分中心、村（社区）服务站、农户"四位一体"农村产权交易示范平台。到2017年年底，共有10类权种进入流转交易平台，累计交易3015笔、共计8.50亿元。出台《关于深化农村综合产权金融创新的指导意见》，积极开展农村住房抵押借款、林权抵押贷款、土地承包经营权抵押贷款和农村信用体系建设等工作，截至2017年年底，全市农村产权抵质押贷款余额32.5亿元，授信余额38.9亿元。深入推进农村集体资产股份化改革，2016年全市集体经济总收入达到16.36亿元，全市19个建制村（不包括吴兴区八里店镇的湖东村）实现股份分红，分红总金额达到2140万。三是加大金融支农力度。围绕建设国家绿色金融改革试验区，不断完善金融机构、创新金融服务、强化绿色金融支持，形成了特色农业的创新型保险、"金融创新与美丽乡村升级互促共进"示范点等特色亮点，2016年年底，全市涉农贷款余额1556.77亿元。

（六）农村社保为农民增收减轻负担

加快城乡公共服务均等化发展步伐，持续增加农民转移性收入。完善农村社会保障体系，城乡居民最低生活保障标准于2016年实现区域性同标，市区为每人每月664元，县为每人每月615元。城乡一体化教育、医疗卫生、养老、就业等制度不断完善。深入推进扶贫开发工作，2013年全市共认定低收入农户62973户、152896人，扶贫重点村52个，市政府专门出台《促进低收入农户收入倍增和加快扶贫重点村发展十二条政策意见》，通过加大产业扶持、支持就业创业、持续改善民生、健全社会帮扶、强化财政金融支持等措施，帮扶扶贫对象加快发展，2016年全市低收入农户人均可支配收入12509元、同比增16.6%，提前一年完成收入翻一番的目标。2017年，认定新一轮低收入农户22948户、41432人，占农村人口的2.55%。加大财政支农和民生改善力度，2006年至2016年，全市财政预算内用于"三农"的资金达691.12亿元，保持投入资金每年不断递增。

二　农民增收存在的主要问题

（一）农民收入不高、支出不少

1. 农民收入结构较为单一

湖州市城镇化率不高，城镇化建设不足，吸纳农村人口的能力有限，大量的农村劳动力被束缚在有限的土地上，其结果是农业劳动生产率难有大幅提高，农民的非农产业收入不高、获取途径不广，收入结构较为单一，制约了农民持续增收。

2. 低收入农户持续增收难度大

低收入农户除了受地理位置偏僻、交通不便、信息不畅等客观因素影响之外，通常存在家庭成员重大疾病、意外事故、年老体弱、文化程度低、缺乏劳动力等影响因素，使得低收入农户持续增收难度较大。低收入农户尽管绝对量不大，但增收难度大，依然是农民增收短板。

3. 外出务工收入增长空间变小

多数农村外出务工人员文化程度低、劳动技能不强、适用技术应用差，职能从事一些劳动强度大、环境相对恶劣、收入相对不高的工作。随着产业结构的升级、用工单位对劳动力素质的要求越来越高，越来越多的企业实现"机器换人"，农村外出务工人员的就业难度不断加大，收入增长空间也将受到挤压。

4. 通过村级集体经济再分配的收入不高

目前，湖州市部分村村级集体经济总量较低，集体存量资产少，以资产租赁收入、股份合作为主要内容的经营性收入，主要集中在城郊村、资源型村和极少数原有工业基础较好的村，其他大部分村级集体经济增加收入的办法和渠道仍然不多，只能通过土地发包、鱼塘发包等方式获得收入，增收能力相对薄弱。而随着农村综合治理、环境卫生等村级事务管理刚性支出不断增长，使农民难以通过集体经济再分配获得更多的收益。

5. 农民负担较重

目前，浙江省经营10亩以下的农户占比高达71%，在相当长的一段时期内，小农户仍是农业生产经营的主要组织形式。近年来农民承担的生产费用支出一直呈现上涨趋势，一些不必要的开支也影响了扩大再生产，如小农户在固定资产上重复购置。

(二) 农村居民经营性收入增长不快

1. 农村第一产业效益不高

传统的种植业和养殖业的抗风险能力弱，亩均收益不高，特别

第六章 乡村居民生活富裕多元实现的实践

是粮食种植业，如果没有补贴，基本处于亏损状态，土地"非粮化"趋势日益明显。安吉县大力发展茶叶、竹林等产业，但随着安吉白茶种植面积的不断扩大，白茶的价格也在走低；竹林产业也随着下游产业的不景气，竹子价格大幅下降，2012—2017年，仅毛竹收入一项影响20余万竹农人均收入下降600元。近年来随着"五水共治、养殖污染治理"等工作的持续推进，不少生猪、家禽、温室龟鳖等传统养殖业减少和淘汰，原来低小散的养殖和经营状态正在逐步转变，但农民转产转业效应还未充分显现，影响了农民的生产经营收入。

2. 农村第二产业经营性收入增长不快

个体工业户减少，第二产业发展较慢，收入占比下降。安吉原有个体工业户，尤其是低小散的竹加工个体户，经营效益下滑，利润下降，大部分关停并转，对农村家庭经营性收入增长带来一定的影响。

3. 农村第三产业经营性收入增长缓慢

由于家庭经营从业人员少，起步晚、规模小，农民限于技术、资金短缺等原因，所从事行业并不太固定，乡村第三产业发展较为缓慢。目前，湖州市民宿经济和农村电商已经具有一定的规模和基础。但民宿发展过程中，存在建筑面积超标无法补办相关手续、相互之间打价格战等问题。休闲农业以发展农家乐为主，但综合性项目相对不足。全市农家乐3000余家，只有1300多家有证经营。且农家乐特色资源挖掘不够，各县区过夜游客仅占20%左右的份额。盈利模式基本趋同，对农民增收的促进作用有限。另外，农村电商大部分从事农产品营销，且基本上都是个体形式，人少量小，农产品配送体系不健全。

（三）农民持续增收的体制机制不够健全

1. 农业投入依然不足

近年来，尽管湖州市财政对农业的投入高于农业法规定的增长幅度，但与农业现代化发展的要求相比，仍有一定的差距，对农业的支持总量仍需进一步提高。对农业基本建设包括与农业直接相关的生产性投入比例仍然偏低，造成农村基础设施建设相对滞后，农业园区、水利设施的维护、更新、管理相对薄弱，农业综合生产能力提高缓慢。目前，对于生产性"三农"项目的投入，相当一部分部门在制定政策时，兼有"以奖代补""拼盘子"等政策，客观上对经济欠发达地区投向不利。农技推广经费和畜禽防疫经费投入也相对不足。农业投入资金渠道狭窄，企业、金融和民间资本投向农业的比重不高，长效融资机制尚未完善，农民"贷款难"问题仍然突出，很大程度上影响了现代农业和农村第二、第三产业的发展，影响了农民持续稳定增收。

2. 农业生产规模化、集约化的发展机制有待进一步健全

湖州市农业龙头企业数量少，真正能带动本市农民直接增收的更少，特别是以本地区农产品为主要原料的龙头企业比较缺乏，与农户紧密联系，有合约、风险共担的"公司+基地+农户"等发展机制有待进一步健全。政府对能带动本市农业产业化的龙头企业扶持力度有待加大。农合联会员资源的整合与配置功能不强，小农户与现代农业发展衔接度不够。设施用地难以落实，建设用地指标制约休闲农业的发展。

3. 激励农业实用科技人才帮扶农民增收的机制有待创新

农业持续增效增收，需要大批扎根农村的适用科技人才，并能在千家万户生根开花的"土专家""田状元"。但湖州市广大农村一方面是适用科技人才缺乏，面临培育难、挖掘难，尤其是扎根农村的农业科技拔尖人才十分缺乏；另一方面是现有农业科技人才作用的发挥，特别是鼓励涉农部门科技人员到"三农"一线去帮助农民持续增收的作用仍然不强。农民获取信息的渠道较窄，产品结构调整存在"跟着别人走、跟着感觉走、跟着昨天走"的现象。

第六章　乡村居民生活富裕多元实现的实践

4. 政府及相关部门协调不够

政府及相关部门对促进农民持续增收工作还存在重视不够、方法不多、配合不够、效果不明显等问题，在落实民生工程中仍存在地方配套资金难解决、配套工程难落实、部门协调配合不紧密、项目管理有待加强等困难。"三农"改革深入推进、一些改革试点扩面制约条件多，影响了农民持续增收。

三　促进农民增收的对策建议

全市农民增收工作总的考虑是：贯彻落实党的十九大及省市党代会精神，以习近平新时代中国特色社会主义思想为指引，坚持"绿水青山就是金山银山"重要理念，坚持城乡融合，坚持就业为本，紧紧围绕绿色农业发展强基础、新型业态兴旺育动能、农民就业创业拓渠道、农村改革赋权增活力、农村保障优化固基本五大重点，大力推进农业供给侧结构性改革集成，持续加大强农惠农富农力度，着力挖掘经营性收入增长潜力，稳定工资性收入增长势头，释放财产性收入增长红利，拓展转移性收入增长空间，形成新业态新动能引领、多点发力、多极增长的农民增收新格局，力争到2020年，农村居民人均可支配收入达到38000元，年均增长9%以上；城乡居民收入比保持缩小，达到1.70∶1左右；低收入农户人均可支配收入年均增长12%以上，为湖州打造实施乡村振兴战略先行示范区、实现"两高一超"目标做出更大贡献。重点实施"五大行动"。

（一）发展绿色农业促增收行动

发展绿色种养业，大力推进特色果蔬、花卉苗木、优质名茶等特色优势主导产业和畜禽绿色生态养殖业发展，推行生态循环、林下经济、"一亩田千斤粮万元钱"等高效生态种养模式，创新农作制度，推广轮作、套种、混养等方式，确保农民获得稳定、持续、较高的种养业收入。发展绿色渔业，着眼打响水产品太湖品牌，实施现代渔业绿色发展"2222"行动计划，立足现代渔业园区平台建设，调整优化品种结构，重点发展"青虾、河蟹、中华鳖、加州鲈鱼、黄颡鱼、鲌鱼"等名特优水产品种和"罗氏沼虾"苗种等优势种产业，运用新技术、新模式、新智能，加强重点园区、重点品牌、重点企业及重点项目建设。推进小农生产现代化和绿色农业科技支撑，深化"三位一体"改革，通过发挥农合联生产、供销和信用服务作用，带动更多农户参与现代农业生产发展，推进小农生产现代化。鼓励农业龙头企业建立产业联盟，建设一批深加工基地，与农业合作社、家庭农场、种养大户和农户结成利益共同体，通过"企业+合作社+农户""基地+农户+农贸市场""基地+农户+超市"等方式，加强资本、产业、基地、农户、市场之间的联合。加快农业科技创新，深化市校科技合作，加快推进农业科技园区、研发中心等创新平台建设，积极培育农业科技示范基地和农业科技型企业。

（二）培育新动能促增收行动

大力发展乡村休闲旅游业，运用好国际乡村旅游大会永久会址、中国乡村旅游第一市等品牌载体，积极探索美丽经济转化路径，深入推进国家级旅游业改革创新先行区建设，全面实施"十百千万"工程，打造10个旅游风情小镇、100个慢生活休闲旅游示范村（景区村庄）、1000个湖州人家（乡村民宿）、10000个特色农家乐。大力发展农村电商，出台并落实好《关于加快推进湖州市农村电子商务发展的实施意见》，推进农业领域"电商换市"，健全农村电商平台和网络，培育多种电商发展模式，把现代农业适度规模经营主体培育成农产品电子商务经营主体；以"返乡高校毕业生、回乡创业青年、大学生村干部、农村青年、巾帼致富带头人、退伍军人"等为重点对象培育一批农村电子商务创业带头人；引导鼓励农村居民通过参与农村电子商务经营增加收入。

（三）推进就业创业促增收行动

加强就业服务与指导，进一步完善覆盖城乡劳动者的就业扶持

第六章　乡村居民生活富裕多元实现的实践

政策体系，完善就业登记备案、失业登记等城乡一体化的就业服务制度，落实好城乡一体化就业政策，注重开发公益性岗位。推进农村"双创"建设，搭建农民大学生创新创业平台，探索形成一批农民创新创业产业带，根据产业区分组建农民大学生创业联盟、组建创新创业团队，推动农民大学生开展众创众筹，构建创业孵化空间。大力培育农村实用人才和新型职业农民，重点培养一批新农村带头人，培养一批农村技术推广人员，支持一批农民企业家，培养一批能工巧匠型农村实用人才和一支"双创"型领军人才队伍。

（四）深化农村改革促增收行动

着力盘活农村资产，推进承包地"三权分置"，完善农村土地承包经营权、农村集体建设用地、农村住房、村级集体资产等产权的确权，深化农村产权交易体系建设，积极探索、完善盘活农村产权的有效举措，加快农民财产性收入增长。加强农村金融创新，以建设全国绿色金融改革创新试验区为契机，以合作金融为重点，加快发展多元化的新型农村金融组织，丰富农村金融服务主体，切实发挥好农业银行、农商银行、村镇银行、邮储银行等金融服务"三农"的主力军作用。加大农民持股力度，通过组建土地股份合作制等多种途径，拓宽农民持股渠道，扩大持股农民队伍，促进农民持股增收，大力发展村级集体经济，积极引导、推进村股份经济合作社按照章程规定开展集体经济收益分配，让更多的成员获得分红收益。

（五）改善农村民生促增收行动

推进美丽乡村提档升级，着力推进村庄景区化和经营乡村，为有效发展美丽经济、拓展"两山"转化路径奠定坚实基础。推进农村社会事业发展和提升城乡社会保障水平，稳步提高转移净收入。出台并落实好《促进全市低收入农户全面发展政策意见》，强化"扶持产业帮扶一批、促进就业帮扶一批、社会保障帮扶一批、社会力量帮扶一批"，不断提升低收入农户发展能力和社会保障水平，加快全市低收入农户持续增收及全面发展。

第二节 村集体经济发展的实践与思考

发展壮大村级集体经济是促进农村经济社会发展，实现农民共同富裕，加快农业和农村现代化建设的重要内容。村级集体经济的发展，可以直接为农民提供就业机会，增加农民收入。一些村级集体经营性资产较多的村，通过股份制改革，农民还能够从集体资产的经营收益中得到分红。调查显示，村级集体经济发达的村，农民收入普遍较高，而村级集体经济薄弱的村，农民收入相应较低。

一 村级集体经济发展的实践与探索

近年来，湖州市深入践行"两山"理念，以美丽乡村建设为总抓手，加强政策引导，创新发展模式，不断深化农村综合改革，大力推进产村融合发展村级集体经济发展取得明显成效。经过多年的探索实践，湖州市村级集体经济不断发展壮大取得了明显成效。截至2017年年底，湖州市集体经济总收入达到100万元以上的村占总村数一半以上，共有549个，其中500万元以上的村有39个；村均总收入为157.6万元，村均经营性收入50.8万元；年经营性收入10万元以下的欠发达村实现"造血"项目立项全覆盖。德清县和长兴县在村级集体经济建设方面取得了长足的进步，本节基于德清县[1]和长兴县[2]的调研，提出有效推动村级集体经济健康、持续发展的思路和努力方向。

（一）村级集体经济总体收入水平不断提升

2016年德清县村级集体经济总收入23173.4万元，村均总收入

---

[1] 调研课题组主要由德清县农办王国树、叶敏、章衡、沈洁蓝、沈丰平组成。
[2] 调研课题组主要由长兴县农办张建华、周慧组成。

第六章 乡村居民生活富裕多元实现的实践

153.5万元。在2016年总收入中,补助收入占比最高,达55.8%;经营性收入占比偏低,占比仅为25.9%,如表6-1所示。2016年,村级集体经济总收入300万元以上的村9个,200万—300万元的村21个,100万—200万元的村76个,50万—100万元的村39个,50万元以下的村6个;同期,村级经营性收入100万元以上的村9个,50万—100万元的村33个,30万—50万元的村23个,10万—30万元的村58个,10万元以下的村28个,如表6-2所示。

表6-1　　　2012—2016年德清县村级集体经济收入构成　　单位:万元

年份	集体经济总收入	经营性收入			补助收入	其他收入
		资产经营收入	发包及上交收入	投资收益		
2012	17151.5	1037.4	5702.4	99.0	6558.5	3754.3
2013	19756.7	1853.4	5010.2	131.1	9686.6	3075.4
2014	21518.3	1602.1	4152.1	261.5	12022.8	3479.8
2015	25123.3	2013.8	3995.9	89.6	14427.7	4596.2
2016	23173.4	1958.1	3922.8	118.9	12940.1	4233.5

表6-2　　　2012—2016年德清县村级集体经济收入分布　　单位:个

年份	总收入					经营性收入				
	300万元以上村数	200万—300万元村数	100万—200万元村数	50万—100万元村数	50万元以下村数	100万元以上村数	50万—100万元村数	30万—50万元村数	10万—30万元村数	10万元以下村数
2012	5	13	48	68	17	15	27	21	48	40
2013	5	12	74	48	12	18	20	29	52	32
2014	6	15	78	43	9	13	22	28	45	43
2015	10	22	85	32	2	10	29	20	60	32
2016	9	21	76	39	6	9	33	23	58	28

近年来,长兴县高度重视村级集体经济发展,2017年全县村级集体经济总收入达到3.61亿元,村均148万元,2012—2017年总

收入年均增长约 7.03%；经营性总收入达到 1.20 亿元，村均约 48 万元，2012—2017 年经营性总收入年均增长约 7.51%。与 2012 年相比，村集体经营性收入 20 万元以下的村数从 164 个减少到 65 个，20 万—50 万元的村数从 48 个增加到 115 个，50 万元以上的村数从 36 个增加到 64 个。

（二）强化农民增收政策

党的十八大之后，湖州市各县区都相继出台了《关于实施"五年强村计划"创新发展村级集体经济的若干意见》《集体经济薄弱村发展五年行动计划》等政策文件，通过五年计划的实施，进一步扩大政策享受覆盖面，扶持对象涉及薄弱村、一般村和具备特殊情况的富裕村（如矿山整治类、省级帮扶对象等），加强人力、资金、土地等要素供给，统筹推进村级集体经济发展。

一是加强组织领导。各县区建立健全县级领导、部门联系集体经济薄弱村建设机制，把发展壮大村级集体经济工作列入市党建工作项目。成立由县级领导任组长的领导小组，农业、国土、财政等相关部门老师责任，把发展壮大村级集体经济工作纳入对各镇（街道）的"三农"考核。向薄弱村全面派驻第一书记或农村工作指导员，加强软弱落后村党组织建设。

二是加大资金投入。各县区财政安排一定的专项资金用于集体经济薄弱村帮扶转化、村级集体经济创收项目建设。德清县每年安排 1000 万元专项资金用于帮扶经济薄弱村，县、镇（街道）分别给予薄弱村每年每村 5 万元的公用经费补助，提前完成薄弱村项目扶持全覆盖。自 2013 年以来，德清县共实施村级集体经济扶持项目 68 个，覆盖行政村 77 个，总投资 2.04 亿元，争取省级以上财政支持 4800 万元。目前，共完成扶持项目 47 个，涉及的 48 个行政村，2016 年总收入 6809.4 万元，其中经营性收入 1412.9 万元，分别同比 2012 年增长 61.3% 和 2.8%。

三是实行竞争立项机制。长兴县每年组织项目申报并进行竞争

第六章 乡村居民生活富裕多元实现的实践

立项,筛选出一批较为成熟的村级集体经济项目,以项目为抓手促进村集体增收。五年来累计奖补123个项目,目前已建成的99个项目,每年产生收益1316万元,占项目所在村经营性总收入4135.13万元的31%。

四是落实政策支持。对利用村级集体土地兴办的村级物业项目,实施规费减免政策,按一定比例补助薄弱村物业经营上缴的税收;各金融机构特别是涉农金融机构对符合条件的集体经济发展项目提供信贷支持,并在利率上给予优惠;各项目审批部门对村级物业项目建立审批绿色通道,简化行政审批手续。德清县充分发挥县农业发展担保公司专业担保作用,目前累计办理涉农担保1641笔、11.12亿元。

(三)产村融合拓展增收渠道

一是村庄因地制宜发展创收项目,拓宽增收渠道。围绕"三产"物业、资源开发、有偿服务、理财投资等途径,不断拓宽村级集体经济增收渠道。长兴县大力发展龙山街道西峰坝村的物流码头项目、李家巷许家浜、章浜的标准厂房项目,每年收益超百万元;泗安镇上泗安村发挥历史文化村的资源优势,与杭州隐居乡宿投资管理有限公司合作发展中高端民宿,年收益达80万元;吕山村中水回用项目,每年收益85万元;和平村抱团发展模式等。

二是促进第一、第二、第三产业融合发展。大力发展都市型高效生态农业,深入推进现代农业综合体、休闲农业园区、农民合作经济组织建设,积极创新"生态+""旅游+""互联网+"等经营模式,形成了产业集聚发展、产业全链发展、功能融合发展的农业产业新格局。德清县洋家乐正式成为全国首个服务类生态原产地保护产品,各村利用山林、果园、旧厂房、仓库、办公用房等闲置资产,引进一批乡村旅游、文化产业及配套服务业项目,实现村集体存量资产合理流动和优化组合。德清县莫干山镇庙前村村集体出资65万元对村委大会堂进行装修改造,开发"剑瓷源"项目,年均增收10万元；勤劳村盘活闲置小学校舍，引进天真乐园旅游酒店项目，村集体年均增收16万元。

(四) 改革创新开启强村富民之路

一是大力度推进农村产权改革。近年来，湖州市农村产权制度改革有序推进，对农村土地承包经营权、宅基地用益物权、集体资产股权、农田水利设施所有权等进行确权。德清县承担农业供给侧结构性改革集成示范试点，通过确权，赋予集体经济组织成员对集体资产股份的六项权能，实现农村集体经营性建设用地与国有土地同等入市、同权同价，洛舍镇砂村村19.94亩农村集体经营性建设用地通过入市拍卖获得1150万元，村集体获得入市收益782万元，村经济合作社每股价值从5500元增至8000元，增幅达45%。五四村成立村级土地股份合作社，实现土地100%流转，成功打造国家级"美丽宜居示范村"和3A级村庄景区，村级集体经济收入达183万。创新推行农村土地承包经营权等19项农村综合产权抵押贷款，农村"三资"交易全部纳入县、镇（街道）、村、农户四级联动的产权交易平台。全县核实村集体总资产达23.02亿元，完成"农地入市"151宗，累计发放农村综合产权抵押贷款7.41亿元，农民和村集体收益超过2.21亿元。

二是创新"富裕村+薄弱村"合作模式。鼓励无资源、缺资金、区位优势不明显的薄弱村"走出去"，采取资金入股、异地投资等形式，与经济强村合股合作，实现资源互补、互利互赢。比如，在洛舍镇东衡村实施八村异地联建标准厂房项目，总投资约3200万元，与7个集体经济薄弱村通过分享租金收益，促进村集体经济每年增收200余万元。

三是引导工商资本参与村庄经营。依托城市稀缺的生态环境，吸引工商资本投资循环农业、乡村旅游等新产业新业态，村集体以"三资"作价入股的方式合作联营，共同打造"企业+村集体+农民"的"幸福圈"。德清县钟管镇沈家墩村结合美丽乡村精品示范村创建，成功吸引大型企业合作开发乡村旅游项目，村集体及村民占股51%，预计项目运营后每年可以创收3000万元，直接促进村集体和村民年均增收250万元，带动当地就业近百人。

四是探索村庄经营新模式。探索新型职业农民与新型农业经营主体融合培育模式，促进家庭农场、专业合作社、农业龙头企业与新农人、农创客、大中专毕业生从事现代农业联合创业经营，打造一支"爱农业、懂技术、善经营"的新型职业农民队伍，彰显新型职业农民与新型经营主体从事现代农业的新优势。比如，禹越镇三林村引入滋农游学创客团队，由其全程参与规划设计、施工配合、项目营运，全力打造产村融合的水乡型美丽乡村综合体，目前包括台湾文创在内的5家企业已入驻，村集体占股40%。

二 村级集体经济存在的主要问题及原因分析

（一）村级集体经济整体发展不平衡

村级集体经济贫富差距拉大。2016年，德清县村级集体经济经营性收入分布在0—660万元，其中100万元以上强村有9个，10万元以下的弱村有28个（其中4个村经营性收入为0）。这主要是因为强弱村产业基础差距导致的收入水平固化，尤其是部分村内生动力不足导致增收不稳定，始终徘徊于薄弱村边缘，甚至出现部分一般村返贫现象。截至2017年年底，长兴县村级集体经济年总收入低于50万元和年经营性收入低于20万元的村仍有65个，占总村数的比例为26.6%，依然还有一批"底子薄、缺资源（项目）、无优势、班子战斗力弱"的硬骨头村需要攻坚、帮扶、助推。村级集体经济贫富存在区域差异。由于各村地理环境、资源条件不同，导致村级集体经济发展差距拉大，不平衡现象较为突出。德清县村级集体经济收入100万元以上的村中，近70%是分布在洛舍、武康、乾元等镇街的传统强村；收入10万元以下的村中，超70%集聚在新安、下渚湖、新市、钟管等镇街，这既反映出区位发展、村庄体量等传统因素制约引起的区域发展固化，也深刻反映出村级集体经济产业结构单一，尤其是中东部区域村庄新兴动能亟待培育。

（二）村级集体经济收入增长动力不足

村级集体收入主要由经营性收入、补助收入、其他收入三部分组成，其中经营性收入（含发包及上交收入、投资收益）是集体经济内生动力强弱的决定性因素。一是经营性收入占比不高。2016年，长兴县村级集体经济总收入中经营性收入占30%左右，各类补助等其他收入占70%左右，2012—2016年经营性收入年均增幅仅为6.5%，低于7.37%的总收入年均增幅。2016年，德清县151个行政村的村均经营性收入为39.7万元，31个薄弱村的村均经营性收入为19万元，分别仅占其村均总收入的25.9%和16%。主要是村级集体经济组织弱化，既有因发展意识淡薄滋生的"等、靠、要"思想，也有因发展思路不清、封闭导致的经济转型困难、增长后劲不足问题。二是补助收入和其他收入占比过高。这既有因近几年乡村建设、生态整治等力度较大引起的上级补助高企现象，也有因部分村利息收入等列入其他收入导致的投资收益偏低情况。

（三）村级集体经济支出负担不断增加

支出多、负担重，是限制村集体经济发展的直接原因。一是支出攀升导致资金压力增大。据调查，目前村每年的日常开支约50万元，主要是经营支出、干部报酬等管理费用、农业发展支出、农村基础设施及公共服务设施投入、各项创建工程投入等支出较大。二是村级负债增加村级负担。负债现象较为普遍，2016年德清县村级负债总额达到50890.13万元，负债村158个，极大地增加了发展负担，限制村级组织的信用度，影响发展村级集体经济的融资渠道，制约了村级集体经济发展。

（四）体制机制不健全制约村级集体经济发展

村级集体资产属于一种公有产权，在公有产权制度下，其集体资产只能委托村委会管理。在这种委托—代理的关系中存在重资金轻资产资源管理现象，部分村干部对村集体资产管理规定认识不

第六章 乡村居民生活富裕多元实现的实践

够,重视不高,决策机制、监督机制以及财务制度、收益分配制度等管理体制不配套、不完善,特别是部分村对于集体存量资产如何保值增值,还没有建立起一套成熟的管理办法,导致村级集体资产在经营管理过程中出现较大漏洞,甚至出现流失现象,增加了村级集体资产保值增值的难度(对集体资源私占或低价出租等)。村级用地困难也限制后续发展,目前,有的村可供开发的土地资源十分有限,村留用地开发既受用地指标制约,又受土地利用总体规划等规划限制,从而出现项目难以落地。有的村在村小学撤并后留下的老校舍产权不清,虽然土地是村集体所有,但地面建筑物产权属县教育局,造成尴尬局面,无法合理开发。

三 发展壮大村级集体经济的对策建议

按照打造全省乡村振兴标杆县的要求,围绕农业供给侧结构性改革集成示范试点工作目标,并结合湖州市"五年强村计划",建议阶段性目标为:到2019年,村集体经济经营性收入普遍超过30万元,总收入100万元以上村占行政村总数90%以上;到2022年,村级集体经济再上新台阶,总收入1000万元以上的强村比例达到10%,总收入500万元以上的富裕村比例达到20%,经营性收入50万元以上的行政村比例达到50%以上。

(一)加大组织保障,确保政策严格执行

发展村级集体经济,既需要资金和项目,但更需要村干部队伍的支撑。可以说,有一个品行好、素质高、能力强的带头人和一个团结、有战斗力的村班子,是发展壮大村级集体经济的核心要素。要选优配强村级组织班子,特别是选准、选好村支部书记,着力把政治上过硬、敢担当、打胜仗、懂经济、能带富、会服务、善治理的优秀人才选拔到村干部岗位。重点是健全完善三项制度:一是完善村"两委"会民主选举制度,按照新时代下"大众创业、万众创新"的要求,加强以村党组织为核心的村级组织建设,在创业创新能人中培养党员干部,把党员干部培育成创业创新带头人。二是健全推广"第一书记"选派制度，特别是针对薄弱村，选拔优秀年轻干部、优秀村支部书记担任"第一书记"或"联村书记"。三是建立村级集体经营管理型人才，特别是股改后股份合作社、股份有限公司董事长、监事长、经理及其后备人才的教育培训制度，并将其列入农村实用人才队伍建设规划，利用各级党校平台开展集中轮训，依托农民学院举办专题研修，不断提高村主职干部综合素质。

强化考核激励，将发展壮大村级集体经济工作纳入对镇街、部门综合考核体系，对经营性收入稳定增长的行政村以及对促进农民就业增收贡献突出的农村劳务合作社进行考核奖励，并将考核业绩与村干部报酬、奖金挂钩，严格执行考评制度，充分调动工作积极性主动性。在现有村干部报酬管理体制下，工作上主要靠村干部的责任心和奉献精神，缺乏与经营管理相适应的物质利益激励机制。建议探索推行"基本报酬+绩效考核+集体经济发展创收奖励"的村干部结构性补贴制度，激发村干部发展经营的积极性。

贯彻《浙江省农村集体资产管理条例》，规范村级集体资产和财务管理，完善村级"三资"管理。落实村级重大事项"党员群众建议、村党组织提议、村务联席会议商议、党员大会审议、村民（代表）会议决议，表决结果公开、实施情况公开"的决策程序，加强民主理财、民主监督。杜绝村级非生产性开支，做好村级集体经济审计，加快化解村级债务，通过农村产权交易市场规范交易村级经营性资产，充分发挥集体资产资源效益。

（二）完善薄弱村帮扶机制

村级集体经济发展的制约因素很多，涉及方方面面，如资源、市场、人才、资金、环保、土地、规划等，薄弱村往往在某些方面存在短板。建议进一步健全现有领导挂钩、部门结对、干部联村、村企共建等合力帮扶机制。建立市、县（区）政府部门领导联系薄弱村机制，着力发挥政府部门的职能作用和资源优势，建立健全帮扶长效机制，实现从"输血式"扶持到"造血式"扶持的转变。积

第六章 乡村居民生活富裕多元实现的实践

极开展"老板牵手老乡、合作共奔小康"活动，引导推动企业承担社会责任，通过鼓励企业为村提供创收项目引进、资金赞助、信贷担保、技术服务、信息咨询等，帮助村发展壮大集体经济。

市、县（区）财政每年安排一定的专项资金用于经营性收入30万元以下村的帮扶转化以及村级集体经济创收项目建设；加大对村级组织运转、村级公共事业和基础设施建设转移支付力度，建立健全美丽乡村、村庄景区化建设"以奖代补"机制，把长效增收列入其重要考核内容。

做好行政村合理撤并，将人口相对较少、资源相对贫乏、经济相对薄弱、班子涣散的村，根据中心村布局优化和城镇建设需要，科学合理进行撤并，通过合理撤并，降低人员行政支出，进一步推动资源整合，减少重复建设。

（三）整合资源，保障集体经济发展

发展壮大村级集体经济，破解生产要素制约是基础。要进一步强化财政、用地、金融、税费、"三资"管理等政策的支持，让资金、资源、资产等生产要素转化为生产力。

加大用地保障，结合各村实际需求和有利条件，加快编制村土地利用规划，并以此为基础大力推进全域土地综合整治项目，盘活闲置资源、优化农村土地空间，并引导有条件的地方利用低丘缓坡资源发展乡村旅游。坚持优先、适量、兼顾的原则，优先落实经营性收入30万元以下村发展所需建设用地指标，加大项目扶持用地保障力度。优化使用土地指标，结合"三改一拆"等工作，鼓励整合零星、分散的土地指标，深入推进农村集体经营性建设用地就地入市和异地入市，依托小微企业众创园建设计划，以土地入股等各种方式参与全域建设发展，可以使各村获得固定物业收益。鼓励行政村以土地入股企业，不参加企业经营，以保底分红的形式，获得稳定的集体经济来源。

加强金融支持，完善金融激活农村资源有效机制，引导金融机构以提升信用贷款比重和降低信贷成本为突破口，深入推进农村综合产权抵押贷款增量扩面等工作，对农村集体经济组织经营或参股的项目提供优质金融服务，在简化审批手续、贷款利率方面加大支持力度；完善"三位一体"农合联运作体系，推进信用合作，规范发展农村资金互助会、扶贫资金互助会等新型农村金融组织。

做好村庄联建物业。部分村庄之间已经开始联合起来谋发展，联建物业就是好的开端，长兴县和平村、德清县洛舍镇东衡村等村庄已经取得很好的经验。可以借鉴其经验，对原来闲置建设用地，如办公用房、老校舍、仓库、老宅基、老沟塘等要地，以复垦置换地，进入工业园区或集镇，以"联建、联办、联设、联购"抱团发展为主要模式发展"联建物业"，进一步推动村集体经济发展。如对位置较偏或缺乏发展空间的村，整合帮扶资金，在城镇区域、工业园区和专业市场等区位优势明显、产业基础较好的地段，联建（联购）物业；如对土地（山林）资源丰富的区域，依托龙头企业联办产业基地或配建物业；引导乡镇（街道、园区）、村共同筹资，合理分担，设立农村集体经济发展基金，基金主要用于投放政府融资平台，各村按股分红，获得稳定收益。

(四) 减轻村级集体经济负担

一是节约支出。调研中部分村反映创建工作和各项考核对村级经济带来很多负担，如创建过程中台账资料多、宣传资料多，个别创建对场地提出明确要求，造成村级投入大。如党建方面，制度上墙要求越来越高，一个村级创建先进或示范党组织就要投入近10万元，造成村级经济负担过重。建议在新农村建设方面要结合实际，适当减轻村级集体经济负担。

二是减免税费，落实税费优惠。以村股份经济合作社兴办的物业或联建项目，对征地管理费、土地登记费、房屋登记费、人防工程易地建设费等项目，除省以上规定不能免收的情况外，原则上免收。免征在农村集体产权制度改革中因村级集体经济组织名称变

第六章 乡村居民生活富裕多元实现的实践

更、资产产权变更登记涉及的契税，免征签订产权转移书据涉及的印花税，免收确权变更中的土地、房屋等不动产登记涉及的登记费和工本费。加大税费统筹力度，对于村级集体、村级股份经济合作社入股组建的以发展壮大村级集体经济为目的的公司，出租集体资产，购买社会存量土地、厂房、商业用房等所产生的税收，村集体缴纳税费县留存部分，县级每年安排一定的资金补充到县级专项扶持资金。

三是强化财政对村级组织经费保障的同时，有计划地消除一批负债村，减轻村因债务引起的负担，上级有关部门要提高补助标准和减少村级配套资金，切实减轻村级负担。同时要积极做好现有涉农资金项目梳理整合、已有政策落实或扩大受益面（村级留用地政策）、村级三资情况进行核查、清理、登记等工作。

（五）拓展发展渠道，培育集体经济发展新动能

发展壮大村级集体经济，拓宽发展渠道是重点。因地制宜通过村庄经营、资源开发、服务经济、村庄建设等途径，全方面拓展村级集体经收入来源。

一是大力开展村庄经营。拓宽美丽乡村向美丽经济的成果转化通道，结合农业"两区"建设，在依法、自愿、有偿的前提下开展土地规模流转，加大村级选商引资力度，引入现代农业项目，建立完善土地、森林、山塘、水库、矿产等资源资产的有偿使用机制；结合美丽乡村建设，借乡村旅游、民宿等品牌效应，依托名山、湿地、古镇等自然资源基础，建设以农民合作社为主要载体，集循环农业、创意农业、农事体验于一体的田园综合体，连片发展各具特色的乡村旅游项目。

二是创新资源开发。积极支持利用村级留用地、存量建设用地兴办集体物业项目，鼓励村集体凭借留用地补偿金、农村集体经营性建设用地入市净收益等投资县发展基金或购买政府债券；对一些偏远或受规划限制、村内资源匮乏、发展空间较小的村，由县

（区）、乡镇统筹，若干个村联合，在区位条件较好、产业集聚度较高的区域，异地兴建或购置商铺店面、农贸市场、仓储设施、职工宿舍、标准厂房、写字楼等物业。

三是积极发展服务经济。牵头组建劳务合作社、劳务队等服务组织，为政府、企业、农民专业合作组织、家庭农场、种养大户等提供社区服务、镇村公路绿化或养护、道路河道保洁等服务项目；借力村股份合作社的组织优势和区位优势，发展农产品线上互动交易平台、线下"淘宝村"等网络交易服务中心，集聚政府、平台服务商、农业经营主体等各种资源，打通农产品销售渠道，为村集体增收。

第三节 农民返乡创业的实践与探索

一 农民返乡创业概述

农民返乡创业对促进农村发展、农民增收具有重要作用。积累了一定资金和工作经验的农民返乡创业，可以在很大程度上解决农村发展亟须的资金、技术和人才，在提升自身收入的同时，也带动周边农民的共同富裕。

支持农民工等人员返乡创业也是党中央国务院作出的重要决策部署。2015年以来，国务院先后印发了《关于支持农民工等人员返乡创业的意见》《关于支持返乡下乡人员创业创新 促进农村第一、第二、第三产业融合发展的意见》，明确了支持返乡创业的指导思想、目标任务、政策措施。2016年开始，国家发展和改革委员会会同有关部门分三批在全国组织了341个县市区开展了支持农民工等人员返乡创业的试点工作。三年多来341个试点地区返乡创业人员的总量已经达到161.8万人，同比增长28.6%，带动就业人数已经达到580万人，同比增长26.5%。这些返乡创业人员累计创办市场

第六章 乡村居民生活富裕多元实现的实践

主体148万个,同比增长34%,平均每名返乡创业者能带动四名左右新的就业人员。[①]

本节基于德清县莫干山镇返乡农民创业情况的调研,总结经验,分析问题,并提出相应对策建议,为其他地区提供借鉴参考。[②]

二 德清县莫干山镇农民返乡创业的实践及经验

近年来,德清县认真践行"两山"理念,开展"四边三化""三改一拆""五水共治"等保护生态环境的前瞻性工作,取得了良好的成效。从2005年就开始启动实施生态补偿机制,县财政每年安排4000万元,对莫干山镇等补偿范围内生态修复、企业关停、污染治理等进行专项补助。莫干山镇在3年时间关停了所有涉水排污企业、生猪畜禽养殖场,切实保护了莫干山区域生态环境,让生态得以休养生息,成功创建了国家级生态乡镇。随着整个莫干山区域生态环境质量得到显著提高和有效保护,莫干山区域的生态宜居水平进一步提高,这为莫干山区域的民宿业发展提供了良好的基础条件。因此,原本就近在工业企业就业和创业的农村劳动力逐渐转移到民宿产业,莫干山镇的产业持续兴旺发展,促进了农民收入水平不断提高。调研组根据全村返乡创业开办民宿农户数量,将莫干山镇17个行政村分为高中低三组,分别从每组选取2个村,共选取6个村,为了进行对比,其中包括返乡创业、返乡未创业和未返乡三类,每个村共选取12户。

(一) 德清县莫干山镇农村劳动力就业现状

目前莫干山镇农村劳动力以非农就业为主,自主创业比例不高。为了详细了解农村劳动力从业情况,本书除了将就业去向分为第一、第二和第三产业之外,还将自主创业和处于不完全就业两种情

---

① 《我国返乡创业人数初步统计达到740万》,人民网(http://finance.people.com.cn/n1/2018/0725/c1004-30169547.html)。

② 调研课题组由德清县农办王国树、郑伟雄、何汀源、沈丰平和湖州师范学院农村发展研究院周克组成。

况单独列出。调研到的17个行政村共有人口2.88万人，其中农村劳动力（18周岁以上农村居民）有2.49万人，按不同年龄段统计的农村劳动力就业情况如表6-3所示。

表6-3　德清县莫干山镇农村不同年龄段农村劳动力就业去向

指标	第一产业	第二产业	第三产业	自主创业	其他
19—30岁（%）	1.06	29.08	17.77	17.80	9.06
31—55岁（%）	35.22	49.59	51.53	67.03	22.78
56—65岁（%）	37.45	13.38	17.52	12.46	14.31
66岁以上（%）	26.26	7.95	13.18	2.71	53.86
合计（%）	100	100	100	100	100
人数（人）	4710	8983	6645	1180	3411

注：（1）就业去向类型"自主创业"是指从事第二、第三产业的创业人员；"其他"主要是指不充分就业、赋闲在家的人员。（2）由于四舍五入原因，合计有少量不等于100%，下同。

由表6-3可以看出，第一，莫干山镇农村劳动力以转移到第二产业的数量最多（8983人），占全镇农村劳动力总量的36.03%，其中年龄在19—55岁的人口，占第二产业从业人数的78.67%。第二，转移到第三产业就业，从业人数为6645人，占劳动力总量的26.66%，其中以年龄在31—55岁的人口为主，占第三产业从业人数的51.53%。第三，有4710人主要从事农业生产，占全镇劳动力数量的18.89%，从业人员主要分布在31—55岁，约占第一产业从业人员的72.68%。调研中发现，有一部分从业人员是返乡农民，通过转入土地进行适度规模经营。返乡投资农业生产的农民大多以经济作物种植为主。第四，有3411人处于不充分就业状态，约占劳动力总量的13.68%，其中超过一半（53.86%）是年龄在66岁以上、劳动能力较弱的老年人。第五，进行自主创业（从事第二、第三产业创业）的人数只有1180人，约占劳动力总量的4.73%，其

第六章 乡村居民生活富裕多元实现的实践

中超过 2/3（67.03%）是 31—55 岁人群。莫干山镇返乡农民创业以投资民宿从事第三产业创业为主。在自主创业的 1180 人中，有将近一半是返乡开办民宿，其余主要是在莫干山镇之外进行创业。

简言之，目前莫干山镇农村劳动力大部分（62.69%）已转移到第二、第三产业就业；仍有将近五分之一仍以农业生产为主；进行自主创业的比例较低，其中一半在莫干山镇之外进行第二、第三产业创业，另外将近一半主要是返乡创业开办民宿。

（二）农村劳动力返乡创业的实践

莫干山镇返乡农民创业以投资种植业和民宿为主，因此本书重点对返乡农民投资种植业和民宿业进行调研和分析。

1. 返乡农民投资种植业情况

调研表明，极少返乡农民投资种植粮食作物。目前，莫干山镇种植粮食作物的经营主体以小农户耕种自家承包地为主，例如，后坞村，现有 215 个种植粮食作物的经营主体，全部是本村农户经营自家承包地，规模都在 10 亩以下。在调研覆盖到的 17 个行政村中，只有 2 个返乡农民投资种植粮食作物的规模在 10—30 亩，3 个返乡农民投资种植粮食作物的规模在 100 亩以上；其他还有 4 个投资种植粮食作物规模在 30 亩以上的经营主体来自德清县外镇。另外，返乡农民投资种植经济作物的数量也很少。调研发现，目前大部分种植蔬菜的经营主体仍是小农户规模基本在 10 亩以下；规模在 10—30 亩和 100 亩以上、由返乡农民投资的蔬菜种植经营主体均仅有 3 个。

莫干山镇返乡农民投资种植业主要是经营果园和茶园。调研数据表明，目前规模在 10—30 亩的果园和茶园有 38 个，其中有 36 个由本村返乡农民投资；规模在 30—100 亩的果园和茶园有 15 个，全部由本村返乡农民投资；规模在 100 亩以上的果园和茶园有 7 个，其中有 6 个由返乡农民投资。

2. 农民投资民宿业情况

在外来资本的示范和带动作用下，莫干山镇农民返乡创业以开办民宿为主。莫干山区域民宿和乡村旅游最早可以追溯到十多年前年前当地村民开办的"农家乐"。由于特色不突出，莫干山镇的"农家乐"长期处于层次较低、数量较少、分布比较散的状态，在促进就业和拉动农民增收方面作用有限。自2007年开始，以"裸心谷"等为代表的外来资本开始在莫干山区域投资中高端民宿，并逐渐形成了莫干山民宿的知名品牌。在外来资本的成功示范影响下，莫干山镇返乡农民创业以开办民宿为主，并实现了快速发展。

由返乡农民创办的民宿发展迅速。莫干山民宿在2013年有110家，2014年增长到200多家，其中80%的经营主体来自德清县。2015年增长到400家，2016年年底达到550家，2017年仍有100多家在建，据统计（不包括民宿数量较少的筏头村、兰树坑村和高峰村），2017年8月底实际在营业的数量为538家。

3. 从宏观层面看莫干山镇返乡农民创办民宿主要具有以下特点

一是经营主体以返乡农民为主。莫干山区域的民宿经营主体以本镇返乡农民为主，绝大多数是由返乡农民在本村开办的民宿（仅有一户来自莫干山镇的返乡农民在外村创办民宿），占民宿总量的83.40%。返乡农民基本选择在本村创办民宿，主要是充分开发利用自家房屋可以降低成本，同时也由于地缘、血缘和业缘基础上的在本村的社会网络能够很大程度上降低经营成本。

二是返乡农民创办的民宿以中低端为主。返乡农民创办的民宿中，高中低端数量占比如表6-4所示：

返乡农民创办的民宿大多是中低端，如第一列所示：返乡农民创办的所有民宿中，高端的数量仅占26.14%，中低端占将近3/4（74.11%）。

第六章 乡村居民生活富裕多元实现的实践

表6-4 返乡农民创办的民宿数量占比 单位:%

返乡农民创办民宿 不同档次的数量	占返乡农民创办民宿 数量的比例	占所在档次民宿 数量的比例
高端数量	26.14	60.22
中端数量	30.46	92.70
低端数量	43.65	100

在整个莫干山民宿市场中，中低端也主要是返乡农民创办的民宿构成，虽然返乡农民创办的高端民宿数量占整个高端民宿的比例超过一半（60.22%），但是返乡农民创办的中端民宿数量占整个中端民宿的比例高达92.70%，以及所有低端民宿都是由返乡农民创办。

4. 从微观层面看，返乡农民创办的民宿具有以下特点

一是以主动创业为主。莫干山镇返乡农民以主动开办民宿为主，被动创业实现就业的比例较低。在调研的72户中，有46户开办民宿，其中有38户是主动返乡开办民宿，仅有8户是以实现就业为目的，主动返乡创办民宿的比例高达82.61%，这反映了莫干山镇农民大多数是主动返乡。主动返乡创业占主流，说明目前莫干山镇外出务工农民大多数并没有面临严峻的就业压力，这主要是因为德清县及周边地区工业企业较多，能够提供较多就近就业的机会；同时也反映了莫干山镇农民已普遍认识到民宿是很好的投资机会，因此大多数是主动返乡利用自家房屋开办民宿。

二是返乡开办民宿的农民大多数具有相关工作经验。在46户开办民宿的农户中，35户有相关工作经验，比例高达76.09%，甚至多达52.17%（合计24户）农户具有与民宿相关行业的创业经验。由于以往的工作经历，尤其是创业经历，能够帮助农民积累相关行业的知识和经验，并有助于加深对该行业的认知程度，从而识别该行业中创业机会的能力也随之提高；另外，随着经验

积累的增加，农民开展创业成功的概率也随之提高、开展创业的意愿也就越强。因此，莫干山镇主动返乡开办民宿的农民，大多具有从事服务业的工作经历，并且超过一半具有与服务业有关的投资经历。

三是经营规模固定。返乡农民都以自家房屋开展民宿投资与经营，并且在发展过程中大多数保持规模不变。调研到的46户返乡开办民宿的农户中，在开办民宿初期都是仅对自家房屋进行改造开办民宿，随后极少有农户（仅有2户租入其他农户的房屋扩大规模）扩大规模。这主要是由于民宿市场竞争的关键是服务质量，因此经营主体主要通过提高服务质量增强市场竞争力，这需要投入大量精力以提升管理水平，因此能够经营的民宿规模就存在一定的限度；另外，民宿规模扩大需要租下整座房屋并一次付清多年租金，需要的资金量较大，并且随着大量资本短期迅速投向莫干山民宿，民房租金快速上涨，大多数农民返乡创业时间不长，大多数还没有积累足够的资本扩大规模，因此目前绝大多数农户无力扩大规模。另外，不同农户的房屋由于宅基地面积、房屋构造差异和定位档次不同，客房数量和床位数量都差异较大：客房数量最少为3个/幢，最多为30个/幢，平均为9.52个/幢；床位数量最少为3个/幢，最多为55个/幢，平均为15.87个/幢。

四是档次以中低端为主。返乡农民开办的民宿大多数定位市场中低端。调研到的46户中，有40家正在营业，其中不同价格区间的标准间价格在淡季和旺季数量占比如表6-5所示：

表6-5　　　　不同价格区间的标准间价格（元/天）

在淡季和旺季数量占比　　　　　　　　单位：%

	500元以下	500—800元	801—1000元	1001—1200元	1200元以上
旺季占比	15.0	27.5	35.0	12.5	10.00
淡季占比	27.5	45.0	15.0	10.0	2.5

第六章 乡村居民生活富裕多元实现的实践

从表6-5中看出：标准间的旺季价格主要集中在500—1000元，淡季价格主要集中在800元以内。由于返乡农民在各方面的实力与外来资本相比存在较大差距，尤其是在运营管理和销售渠道等方面远弱于外来资本，因此返乡农民开办的民宿大多定位为中低端。

从整体看，返乡农民开办的民宿的全年入住率平均值为52.82%，但是淡季和旺季的差别非常大。调研中了解到，旺季一般是从5—8月，以及春节前后，旺季的入住率一般在90%以上，而淡季的周末入住率也可以达到70%以上，淡季的工作日入住率一般低于10%。

五是大多数独资经营。绝大多数农户是独资经营。调研中发现90%以上的农户是独资经营，但是这并不是因为投资数额低、农户自身能够承受的结果。恰恰相反，由于莫干山区域以高端民宿闻名，因此返乡农民投资的民宿大多参照中等档次的标准，仅有不到7%的农户投资额在50万元以内，75%以上的投资数额在100万元以上，其中有20%投资额在300万元以上。

大多数农户需要借贷进行投资，借贷来源主要是商业银行信用贷款和抵押贷款。仅有26.67%的农户完全依靠自有资金，另外将近3/4的农户需要从多个渠道筹措资金。其中来自商业银行的信用贷款、抵押贷款和来自亲朋好友的借款是最主要的渠道，平均从银行获得信用贷款数额为23.78万元，从银行进行抵押贷款的数额为13.11万元，从亲朋好友那里获得借款为15.36万元。所有返乡农民在创办民宿中都没有从民间借贷渠道进行高息融资。因此返乡农民创办民宿一般没有出现资金不足的问题。

（三）德清县莫干山镇农民返乡创业的经验

莫干山镇返乡农民的创业实践，是践行"两山"理念的生动体现，为农民持续增收、乡村繁荣振兴提供了可供借鉴的样本，其中的经验值得总结和推广。

1. 优良的生态环境是乡村振兴的物质基础和必要条件

德清县政府多年来坚持认真贯彻执行浙江省委省政府关于加强生态保护与建设的战略部署：启动西部山区生态补偿机制，并关闭搬迁工业企业、畜禽养殖场等污染源，有效进一步提升了西部山区的生态水平；同时全面深入推进美丽乡村建设，进一步改善了村庄人居环境。不仅改善了当地农村居民的生产和生活环境得到改善，还助推民宿业蓬勃发展，促进返乡农民通过创业实现就业和收入增加。

2. 鼓励和扶持返乡农民创业正当其时

在当前农产品供给侧出现结构性失衡的情况下，大量返乡农民成为从供给侧入手、有效增加市场供给的中坚力量。返乡农民凭借对乡村的熟悉和对农业生产的热情，以及从进城务工中积累的丰富经验、先进理念和资金，成为通过提高机械化水平和科技含量、促进农村第一、第二、第三产业融合的最主要依靠力量。这同时需要政策进行适当扶持返乡农民积极创业，通过鼓励适度规模经营，逐步提高农业现代化水平，为农业供给侧结构性改革提供支撑和动力。

3. 保护与开发并举的措施必不可少

莫干山镇在保护生态环境的同时，通过引入外来资本和扶持返乡农民创业的方式，适度鼓励民宿业发展，实现了保护与开发协调并进的良好局面。保护生态的目的不仅是为人类提供适宜的人居环境，更高的要求是在保护生态的同时实现生产的发展，使生产和生态保护实现良性互动、相互促进，是形成人与自然和谐发展的要求。这就要求各地结合自身实际情况，不能仅仅以保护生态为基本要求和目的，更要站在可持续发展的高度，推动形成绿色发展的生产方式和生活方式，协同推进实现农民富裕、农村美丽的乡村振兴。

三 农民返乡创业存在的问题

（一）农业生产层次低，生态优势无法体现

制约莫干山区域生态农业发展的内在因素主要是缺乏具有适度

第六章　乡村居民生活富裕多元实现的实践

规模的新型农业经营主体。发展生态农业，不仅要求经营主体具有较强的专业技术能力和资本实力，更重要的是具有较高的经营管理水平，尤其是能够有效解决销售难题，使生态农产品的消费和生产密切对接。对于大多数返乡农民而言，这些条件都有很大的挑战性。另外，农业生产的发展还面临政策约束等外部因素的影响。首先，农业适度规模化经营必须配套设施用地往往难以获批，因此，农业生产必须配套的管理用房、仓库、生态循环设施设备用地，以及为促进农业第一、第二、第三产业融合所必需的建设用地，都无法得到满足。另外，农业是弱势产业，尤其在发展初期需要一定的扶持，而目前农业保险、补贴等远不能满足培育经营主体发展生态农业的需要。

（二）中低端市场供给量大且同质化严重，不利于市场保持良性竞争态势

众多中低端民宿大多由返乡农民开办，这些中低端民宿的地段情况非常相近（地段最好的房屋基本由外来资本开发成高端民宿）；同时，由于资金实力和管理水平的局限性，这些民宿提供的服务种类较少且差异化较小，因而都面临较大的竞争压力。调研中了解到，最近几年随着民宿数量的增多，民宿价格基本保持不变，这说明目前已经到了供给与需求基本持平的状态，随着接下来大量同质化严重的中低端民宿供给不断增加，莫干山中低端民宿市场会受到不小的冲击。

（三）农村第一、第二、第三产业融合程度不够

调研发现，目前莫干山镇的农村第一、第二、第三产业缺乏融合。作为融合基础的农村一产规模化程度较低，不利于机械化和新技术的推广，也无法保证农产品质量安全，制约了农产品品牌的树立和销售渠道的拓展；同时，农产品加工企业的缺位，无法通过农产品加工企业引领农产品生产的规范化和标准化，不能通过提升农产品的附加值增加农民收入；这进而导致农村三产——民宿经营对

农村第一、第二产业的脱节，不能助力农村第一、第二产业发展，未能有效延长产业链。

四 促进农民返乡创业的对策建议

作为市场参与主体类型之一的返乡创业农民，由于存在自身无法克服的困难，需要政府的扶持以帮助其渡过创业"瓶颈"期，从而进入内生发展的良性轨道。

（一）通过政策引导促进生态农业发展

农业是弱势产业，生态农业更加需要大力扶持，帮助经营主体渡过发展的瓶颈期，进入自我内生良性发展。鼓励返乡农民通过土地流转、合作经营等方式，适度提高经营规模，为实现规模经济做必要的前提。加大补贴力度，鼓励提高机械化水平，引导推广普及有机肥、生物农药、生物综合防治等绿色农业技术，为生态农业发展提供必要的技术支撑，提高农业现代化水平。出台配套监管措施，通过加强对农产品质量的监控，引导农产品品质的提升和保持稳定。通过多种方式，引导开展生态特色农产品标准化生产示范，建设一批地理标志农产品和原产地保护基地，为生态农业在大范围推广提供可以模仿和借鉴的样板。

（二）成立创业平台，将众多返乡农民纳入

随着创业所需的资金、技术等门槛越来越高，返乡农民通过创业解决就业和增收面临的困难越来越大。因此有必要以政府为主导成立创业平台。为返乡创业农民提供一系列培训服务，包括生产技术、电子商务、政策法规等。作为返乡创业农民之间的联络平台，促进相互联系和协作，同时协调和规范其市场行为，避免恶性竞争。帮助返乡创业农民出面处理和协调各类关系，并协调与仲裁交易纠纷，维护经营主体的利益，降低单个主体的运作成本。

（三）推动农村第一、第二、第三产业融合

农村第一、第二、第三产业融合是推进农业供给侧结构性改革、促进消费升级的关键。但是通过市场自身的力量推动农村第一、第

第六章　乡村居民生活富裕多元实现的实践

二、第三产业融合，不仅过程非常缓慢，而且难免出现产业链中处于弱势地位的经营主体利益受损，不利于农业生产长期稳定发展。因此，需要政府推动和引导农村第一、第二、第三产业融合。这需要政府以构建现代农业产业体系、生产体系、经营体系为抓手，加快提升农业现代化、推进农村第一、第二、第三产业融合。

以培育新型农业经营体系为切入，通过政策引导鼓励土地适度规模连片流转，通过财政补贴等手段逐步形成以专业大户、家庭农场、农民合作社、农业龙头企业为骨干，其他组织形式为补充的新型农业经营体系，发展多种形式的农业生产适度规模经营、农业社会化服务，促进形成新的生产关系，为提升农业生产力奠定稳固的基础。

以经营主体为对象，持续加大农业投入力度，促进现代农业生产体系形成。通过加大对现代设施、装备、技术手段的补贴力度，大力引导发展绿色生产，提高机械化、科技化、信息化、标准化水平；同时注重加强生态环境保护与治理，通过政策的导向作用，控制农业用水总量，减少化肥农药使用量，实现畜禽粪便、农膜、秸秆基本资源化利用，还可以尝试推进耕地轮作休耕制度试点。

在现代经营体系、生产体系的共同支撑作用下，稳步促进现代农业产业体系的形成。因此在保证经营主体在市场竞争中自主决策的前提下，政府通过间接引导，推动规模化、产业化、产业集聚促进现代农业产业转型升级、产业结构调整与优化；政府要重点加大基础设施投资力度和对农业社会化服务补贴力度，通过增强农业社会化服务的多样化，促进产业链的融合和延长；还要在县域高度优化产业空间布局，以资源环境承载力为基准，引导各乡镇因地制宜发展适应性农业，提高农业产业发展与资源环境的匹配度；同时由政府有关部门对全县范围的旅游资源进行系统规划、布局和整合，在县域范围内整合形成若干条各具特色旅游线路，增强对游客向吸引力，促进消费升级；以美丽乡村建设的阶段性成就为依托，培育定制农业、创意农业、养生农业等新产业、新业态，推进农业与旅游、教育、文化等产业深度融合，创新利益联结机制，多维度拓宽农民增收渠道，实现乡村振兴和持续繁荣。

第四节　小农户融入现代农业的对策研究

一　小农户与现代农业有机衔接的意义

党的十九大做出实施乡村振兴战略的重大部署，明确提出要实现小农户和现代农业发展有机衔接。一方面，小规模的兼业农户占大多数且长期存在，仍将是我国农业生产经营的主要组织形式。小农生产在传承农耕文明、解决就业增收、促进社会和谐有序等方面都有不可替代作用。另一方面，全面建成小康社会，最艰巨最繁重的任务在农村特别是在贫困村和贫困户。农村贫困群众大多是小农户，大多生产方式落后。实现小农户和现代农业发展有机衔接，就是要增强他们的内生发展动力，变"输血"式扶贫为"造血"式扶贫，为打赢精准脱贫攻坚战做出积极贡献。

建设中国特色农业现代化的必然选择。农业现代化不仅是产业现代化，也是农民现代化。小农户大量且长期存在，既是中国的国情，也是中国与一般农业发达国家不同的地方。可以说，没有小农户的现代化就不可能有中国农业现代化。要实现农业和农民两道难题一起解，只有将小农户纳入现代农业发展的轨道上来，不断提升小农户整合资源要素、发展现代农业的能力，才能实现农民增收和产业发展齐头并进，推进农业现代化。

二　小农户融入现代农业的实践与探索

（一）小农户现状

2016 年，湖州市家庭承包经营的耕地面积 1661018 亩，家庭承包经营的农户数 488650 户。通过转包、出租等家庭承包耕地流转面积 1023689 亩，即还有 637329 亩耕地未流转，按户均 3.4 亩计算，

第六章 乡村居民生活富裕多元实现的实践

由187445户耕种。

1979年冬，原长兴县长城公社狄家斗二队的"包产到户"实践，拉开浙江省"家庭联产承包责任制"改革的序幕。据统计，1983年长兴县在册农户数为135579户，基本为纯小农户。截至2016年年底，长兴县在册农户数157189户，直接从事农业生产130381户，占总户数的82.95%；从事第二、第三产业或外迁26808户，仅占总户数的17.05%，农业仍然是农民主要从事的产业。在从事农业的农户中，纯小农户数为15841户，占总户数比10.08%；兼业小农户111708户，占比70.07%；规模大户为2832户，占比1.8%。在生产方式上，土地完全自己耕种的户数为75899户，占总户数比48.29%；耕种面积为251559亩，占耕地总面积的36%，户均3.31亩。

（二）积极引导小农户融入现代农业

1. 政策引导

科学编制发展规划，充分发挥规划在现代农业发展中的引领作用。坚持规划先行，按照"宜农则农、宜工则工、宜商则商"的原则，在编制总体规划时，明确农业发展的空间布局。长兴县为引导农户发展规模设施农业、区域特色农业和休闲观光农业，制定了"农业510工程规划"和"农业七大特色产业发展规划"，做大做强了七大特色产业；为引导农户集聚发展，编制了《长兴县农业特色产业发展与布局规划》，形成了"一乡一业、一村一品"的发展格局；为高标准建成一批现代农业园区，制定了《长兴县农业"两区"建设135行动计划》。2014年制定的《"农园新景"实验示范带建设总体规划》，规划面积2.5万亩，总投资2.19亿元，带动规划区内100多户普通农户发展现代农业，目前已经建成长兴版的田园综合体。

加大财政扶持力度，切实加强小农发展现代农业的政策保障。长兴县在农业投入上始终坚持只增不减的原则，在扶持对象上坚持抓大不放小，千方百计为小农发展现代农业提供政策支持。自1998年起，连续20年出台现代农业发展扶持政策，扶持资金从当初的500万元增加至目前的6500万元，并建立了稳定增长机制。据统计，近年来长兴县财政共投入现代农业专项资金近8亿元，累计整合农综开发、农田水利、标准农田建设等项目资金20亿元以上，撬动民间投资50亿元以上。创新农村信贷担保体系，加大信贷支农力度。到2016年，长兴县农民信用贷款32915户、21.01亿元，"三权"抵押贷款余额达2.16亿元，农村承包土地经营权抵押贷款余额达2.11亿元，为现代农业发展提供了有力的资金保障。

2. 创新引领

全面推进改革创新，不断增强小农发展现代农业新动能。推动产权制度改革，不断激活农村各类要素，实现"产权到人、权跟人走"。截至2016年年底，完成了农村宅基地使用权和农村住房所有权确权登记发证工作，并稳步推进农村土地承包经营权确权登记发证。推动大众创新创业，进一步激发农民群众的创造力与活力，充分发挥农民群众的主体作用，形成大众创业、万众创新的浓厚氛围。目前，长兴县共创建省级农业研发中心和科技企业20多家，申请涉农专利50多项；组织实施现代农业重大科技攻关和成果转化项目10多项，科技创新对现代农业发展的贡献度不断提高。如红梅产业带头人吴晓红，通过"青梅嫁接红梅"这一理念上的创新，催生长兴县极具特色的红梅产业。

推动体制机制创新。不断拓宽工作思路，创新工作机制，用制度推动落实，以落实促进发展。长兴县形成了"一月一节"农事节庆活动机制，进一步扩大农事节庆品牌的影响力，促进农产品销售，提高农民收入。同时，长兴县以浙江大学（长兴）国家级农业科技园为引领，健全完善"1+1+N"农技推广联盟体系，建成10个产业分联盟，引进推广各类新成果、新技术和新品种100多个，合作项目达到50余项。

第六章 乡村居民生活富裕多元实现的实践

3. 联结带动

不断提高组织化程度,增强带动小农发展现代农业的示范作用。在发展现代农业过程中,注重发挥能人效应,产业能人能带动一方百姓,发展一方产业,通过组建龙头企业、合作社等新型农业经营主体,将农户组织起来,实行抱团发展。不断推广普及"基地+农户""合作社+农户""龙头企业+合作社+基地+农户"等经营模式,为小农发展现代农业提供了产前、产中、产后全方位的服务。长兴县604家合作社,入社成员1.64万户、占纯农户的32.45%,带动农户3.83万户,核心基地面积达到18.4万亩,联结生产基地40.21万亩。150家农业龙头企业带动农户10.8万户,联结种养基地38.5万亩。长兴许长蔬菜专业合作社,创新统一流转土地,统一种植品种,统一投入品管理,统一生产标准,统一品牌营销,统一产品销售,分配大棚到户的"六统一分"经营管理模式,带领当地100多户普通农户发展大棚芦笋种植面积近3000亩,每亩收入达到10000元,广大农户依靠发展现代农业实现增收致富。

2005年,习近平在担任浙江省委书记期间,亲自指导了瑞安市进行生产合作、供销合作、信用合作"三位一体"农村改革试验,2006年,习近平在当年全省农村工作会议上提出生产、供销、信用"三位一体"农村新型合作服务体系的战略构想。"三位一体"综合合作体系模式普遍适用于小农户为主的农业经营模式,可以为小农户提供全方位生产生活服务,有效破解小农户面临的各种难题。2016年12月,湖州市完成市、县区、乡镇三级农合联组建,累计建成市级农合联1个、区(县)级5个、乡(镇)级60个,共发展会员4293个,其中农民合作经济组织会员2802个。一年多来,湖州市"三位一体"农合联以产业兴旺、农民增收为突破口,逐步建立起以生产、供销、信用服务功能为基础,为农民提供生产生活综合服务功能的立体式复合型现代农业经营服务体系,特别是为小农户多方位的服务。长兴县农合联在成功创办了首家特色产业农合联——长兴巨丰葡萄产业农合联后，又组建了长兴县芦笋产业农合联和长兴县大闸蟹产业农合联。吴兴区农合联推动农业社会化服务，尹家圩农机植保专业合作社作为全国培育新型农业主体现场会参观点，成为全国的样板。

三 促进小农户融入现代农业的对策建议

(一) 加大精准扶持

要深入调研、查补短板、精准施策，使政策进一步向下倾斜，加快小农发展。特别是小农中的低收入群体，要采取"一户一策"，切实加大帮扶力度，确保全面建设高水平小康社会道路上不落一人。要统筹使用省级及以上农业项目资金，适当向小农户倾斜。

(二) 加快基础建设

按照"现代农业发展到哪里，基础设施建设就配套到哪里"的理念，加强基础设施建设。对部分仍保留小农生产的区块，要加强农田水利设施、道路交通设施等建设，要将基础设施建设向薄弱区块倾斜，不断夯实小农发展的基础保障。

(三) 提升组织水平

针对小农户自给自足、分散经营、组织化程度较低、享受社会化服务比例低的现状，要进一步增强新型农业经营主体的示范带动效应，完善利益联结机制，依托"三位一体"改革不断提升农业社会化服务水平和覆盖面，为小农生产和发展营造良好的环境。

(四) 强化培训引导

关注小农发展，扶持小农生产的最终目的是鼓励和引导小农转变传统生产方式，走上专业化、规模化、市场化的产业发展之路，要重点加大宣传引导力度，积极开展形式多样、针对性较强的教育培训工作，促进小农进一步转变思想观念，提高发展技能。

附录

《湖州市打造实施乡村振兴战略示范区行动方案》

湖委发〔2018〕1号

湖州市打造实施乡村振兴战略示范区行动方案

为深入贯彻党的十九大、《中共中央国务院关于实施乡村振兴战略的意见》和省、市党代会精神，按照省委省政府行动计划的部署，大力实施乡村振兴战略、加快推进农业农村现代化步伐、更高水平实现城乡融合发展，从而为全省全国实现乡村振兴积累经验、作出样板、提供示范，特制定本方案。

一 目标要求

（一）总体思路

全面贯彻党的十九大精神，以习近平新时代中国特色社会主义思想为指导，深入践行新发展理念，落实高质量发展要求，坚持走"绿水青山就是金山银山"之路，坚持把解决好"三农"问题作为党委政府工作重中之重，坚持农业农村优先发展，按照产业兴旺、生态宜居、乡风文明、治理有效、生活富裕总要求，以实施乡村振兴战略为指引，以率先实现农业农村现代化为目标，以全面推进农业供给侧结构性改革集成为动力，大力实施"六大行动"，即绿色引领、融合发展的乡村产业提升行动，全域覆盖、生态宜居的新时代美丽乡村建设行动，乡风文明、素质全面的人文乡村发展行动，"三治结合"、治理有效的善治乡村推进行动，共建共富、全民共享的乡村民生优化行动,城乡融合、活力迸发的制度完善行动,全力建设农业全面现代化、环境全域美丽、生活全民幸福、要素全效流动的乡村振兴示范区,为湖州加快赶超、实现"两高",奋力当好践行"两山"理念样板地、模范生作出更大贡献。

(二)主要目标及战略安排

到2020年,乡村振兴制度框架和政策体系基本形成,产业绿色提升、环境生态宜居、城乡发展均衡、社会文明和谐等优势继续强化,乡村振兴取得重要进展、引领全省全国,全市高水平全面建成小康社会。

到2022年,乡村振兴进一步推进、建设成效明显。产业绿色兴旺,农业现代化水平综合评价持续领先全省:农业增加值年均增长2%,绿色高效农业占据农业生产主导地位,主要农产品中无公害、绿色、有机食品认证比例达75%以上,美丽经济发展风生水起,国家现代农业示范区和林业示范市建设成效彰显。生态宜居乐游,美丽乡村品牌持续唱响全国:农村山清水秀、村村优美,村庄建设和山水林田湖草一体建设成效显著,县级国家森林城市、省美丽乡村示范县、市级美丽乡村、A级景区村庄建设全覆盖,建成乡村振兴精品村100个,森林覆盖率49%,县控以上地表水监测断面Ⅲ类及以上水质比例稳定保持在100%,"四好农村路"行政村全覆盖,全市农村成为令人向往的"大花园"。文明风尚盛行,农村精神文明建设持续引领全国:乡村文化不断繁荣,各类人才有序集聚,社会氛围积极向上,健康文明的生产生活方式深入人心,70%的村建成市级以上文明村,100%的乡镇建成市级以上文明乡镇,文化礼堂覆盖率达90%以上,精神文明与物质文明更好协调发展。农村和谐有序,社会安全感和群众满意度持续居全省前列:乡村治理机制进一步完善,农民主人翁意识进一步增强,平安乡村建设全面推进,形成较高水平的共建共治共享社会治理格局,善治示范村创建率85%以上,村均集体经营性收入达90万元。农民生活美满,城乡均

◆附录

衡发展水平持续成为全国最好地区之一：农村居民人均可支配收入达45000元，农民区域间、群体间差距不断减小，城乡居民收入比进一步缩小，农村"幼有所育、学有所教、劳有所得、病有所医、老有所养、住有所居、弱有所扶"全面优化。制度不断完善，改革创新持续示范全国：厚植改革创新优势，全面强化完善"重农""护农""强农""惠农"和推进城乡共促互进的各项机制，城乡融合的体制机制进一步建立健全，为乡村振兴提供有力保障。

到2035年前，乡村振兴取得决定性进展、全面实现振兴目标，各项体制机制更加完善，农民群众共同富裕走在前列，率先实现农业农村现代化。

到2050年前，乡村全面振兴、高水平实现振兴目标，农村保持高质量全域美丽，农民群众高标准实现共同富裕，高水平农业农村现代化全面实现。

二 重点任务

（一）实施绿色引领、融合发展的乡村产业提升行动。围绕打造"现代经济新高地"，聚焦农业绿化，把增加绿色优质农产品供给放在突出位置，注重农业功能拓展与产业链延伸，加快构建绿色产业体系，不断健全现代经营体系，着力推进"高质量、高水平"的绿色高效农业发展，切实强化第一、第二、第三产业深度融合，全面提升农业市场竞争力。

1. 推进农业生态发展。建立完善现代生态循环农业可持续发展长效机制，实现全产业链绿色化发展。大力推进绿色渔业发展，全面推行渔业养殖尾水治理、完成60万亩，渔业经营性收入年均增长10%以上。发展绿色畜牧业，全面实施生猪减点控量。加强农业面源污染防治，大力推广应用新型种养模式和统防统治、绿色防控、健康养殖等技术，持续推进化肥、农药使用减量化。加快推进畜禽排泄物、农作物秸秆、农业废弃物包装物资源化利用，病死动物无害化处理率、农作物秸秆综合利用率分别达100%、95%以上。

2. 推进主导产业优化。深化"依山、傍湖、沿路"三大绿色高效农业产业带发展，着力创建一批国家现代农业产业园、国家农村产业融合发展示范园、特色农产品优势区，打造省农业"12188"工程示范样板。持续稳定粮油产业，粮食年播种面积、总产量稳定在179万亩、80万吨左右；推进畜牧业、渔业、笋竹、花卉苗木产业转型升级，提升蔬菜、水果、茶叶、蚕桑产业发展质量，重点做优做强绿色渔业、特色果蔬、优质名茶等主导产业，发展中药材、食用菌、蜜蜂等健康产业，做大做强现代种业。全市主导产业集聚度明显提升，产值占比达85%以上。

3. 推进科技品牌强农。以农业部基层农技推广体系改革创新试点市建设为契机，深入实施农业技术研发与推广体制机制创新，完善"1+1+N"农推联盟，推进农技人员激励机制创新；深化湖州国家农业科技园区等建设，实现省级农业科技园区县区全覆盖，加大众创田园（星创天地）等农业科技平台的建设力度。深入推进国家农产品质量安全市创建，加强"三品"基地建设，培育农产品区域公用品牌10个，新增省级以上农业品牌50个。推动高附加值特色农产品出口，积极支持农业走出去。

4. 推进主体培优育强。鼓励支持种养大户发展成家庭农场，家庭农场以土地等要素参加农民专业合作社。引导工商资本参与农业产业化，扶持一批带动能力强的农业龙头企业，支持农业龙头企业进入资本市场。发展多样化的联合与合作，培育发展一批带农作用突出的农业产业化联合体，引导、带领小农生产进入现代农业发展轨道。亿千以上农业龙头企业达80家，其中上市企业20家，省级示范性农民专业合作社、家庭农场分别达100家、300家。完善"三位一体"农合联组织体系，加强现代农业、城乡商贸、农村信用和乡村环境服务体系建设，大力发展生产性服务经济。

5. 推进三次产业融合。运用好国际乡村旅游大会永久会址、中国乡村旅游第一市等品牌和美丽乡村精品村、森林人家特色村等载体，深入实施"生态+"行动，推进农林业与旅游、文化、健康等产业深度融合，培育新业态，推进村庄经营，加快推动"美丽资源"向"美丽经济"转变。全市农家乐休闲旅游接待游客数突破5000万人次，直接营业收入87亿元以上；休闲农业收入年均增长20%以上。加强农产品加工技术创新，大力发展现代食品工业。大力推进农业物联网应用模式，发展农村电子商务，全市农产品网络销售额80亿元。推进乡村共享经济发展。

（二）实施全域覆盖、生态宜居的新时代美丽乡村建设行动。围绕打造"美丽湖州新高地"，聚焦农村美化，深入开展美丽乡村四级联创，着力健全城乡一体的规划体系、建设机制和环境提升机制，进一步丰富"美"的内涵、拓展"美"的范围、提升"美"的层级，大力建设具有诗画江南韵味的美丽城乡，打造全省"大花园"中的湖州"大景区"。

1. 强化规划全域融合。加强全域村庄规划与土地利用、城镇体系、基础设施、产业发展等规划有机衔接，促进城乡空间布局合理、功能配套完善、产业集聚发展，完成三县两区全域乡村建设规划编制。完善市域总体规划，完善市—县区—中心镇—中心村规划体系，实现城乡空间布局、土地利用、生态建设、社会事业及公共服务发展等规划的统一，完成全市域乡镇总体规划编制。推动德清、安吉"多规合一"试点出成效。认真执行城乡规划编制审批、实施和监督检查等管理制度。推进美丽乡村建设管理地方立法和乡村振兴指标体系研究。

2. 强化农村生态建设。把山水林田湖草作为一个生命共同体，全面落实"大气十条""水十条""土十条"等措施。强化三条控制线的划定与执行，强化湿地保护与修复。深入推进生态创建，开展"811"美丽湖州建设行动，健全生态保护补偿机制，建成一批国家生态文明建设示范村镇，确保生态环境质量公众满意度继续走在全省前列。以实施"林长制"为抓手，深入推进绿化造林，持续提高森林覆盖率，在全国率先实现县级国家森林城市全覆盖。落实最严格的水资源管理制度，大力实施水利基础设施建设，全面推行水利标准化管理，深入挖掘湖州特色的治太、溇港、防风等水文化，基本形成洪涝可控、灌排高效、标化管理、良性经营的现代化水利设施体系。

3. 强化镇村建设提升。以小城镇环境综合整治和特色小镇打造为抓手，着力推进小城市培育和中心镇发展，打造一批绿色、智慧、人文的美丽城镇。持续推进美丽乡村建设"四级联创"，全域建设美丽乡村，建成精品村、3A级景区村庄120个左右，提升建设22条示范带。推进"浙北民居"示范建设，每个县区每年至少启动1个项目。

4. 强化环境治理优化。推进生活垃圾分类处理，垃圾源头分类的村实现全覆盖。完善推广"一把扫帚扫到底""一家企业管到底"环卫管理模式，健全城乡生活污水治理长效机制。深入推进"四边三化""打造整洁田园建设美丽农业"行动等，巩固河长制，基本形成水清岸绿、生态良好、文景共融的河湖生态系统。统筹抓好治土、治固废等。巩固提升卫生县城和卫生村镇创建成果，深入推进"厕所革命"，推进农贸市场改造升级、背街小巷及乡村结合部环境卫生治理。

（三）实施乡风文明、素质全面的人文乡村发展行动。围绕打造"先进文化新高地"，聚焦新农人培育，以培育和践行社会主义核心价值观为重点，实施"乡风文明培育、移风易俗弘扬时代新风、乡村文化兴盛、农村志愿服务推进、小城镇文明"五大行动，打造"生态引领、全域创建、成风化俗、和谐发展"的农村精神文明建设"湖州模式"。

1. 提升思想道德建设。全面推进党的十九大精神主题宣讲。依托百姓宣讲"153"村镇网络等渠道，深入解读党和政府各项政策措施，凝聚农民群众的精气神。积极培育和践行社会主义核心价值观，开展"传家训、立家规、扬家风、圆家梦"等系列主题活动。强化农村未成年人思想道德建设，深入实施"春泥计划"，"乡村学校少年宫"建设全覆盖。开展农村志愿服务推进行动，建立健全农村志愿服务体系。

2. 提升农村文化建设。以农村文化礼堂为主阵地，进一步整合农村宣传文化、科普教育、体育健身等各类资源，推进基层"六文"阵地建设。积极开展"种文化""送文化"等活动，提升"文化走亲"等品牌影响力。大力开展历史文化村落保护建设。加快特色文化开发利用和产业转换，培育壮大乡创文化经济新业态。弘扬本土乡贤文化，积极培育新乡贤。

3. 提升精神文明建设。建立农村群众性精神文明创建评估机制，巩固提升全市农村精神文明建设水平。组织争创全国首批农村精神文明建设先进县，开展文明示范村镇评选，县级以上文明村建成率95%以上，打造农村文明示范带。深化文明家庭建设，选树"美丽庭院""新时代新农民"等农民群众身边榜样。着力推进移风易俗，抵制封建迷信活动，常态化开展"垃圾不落地、出行讲秩序、办酒不铺张、邻里讲和谐"等活动，集中解决在思想观念、生活习惯和社会风气方面的突出问题。

4. 提升人才集聚水平。加快完善农村人才培育体系，建立自主培养和人才引进相结合的农村人力资源开发机制，完善城乡、区域、校地之间人才培养合作与交流机制，建立医生、教师、科技、文化人员等定期服务乡村机制。发挥湖州农民学院和县区农民学校等体系作用，加快推进农民素质提升工程和新型职业农民培育工程，实施乡村振兴领军人才和农业职业经理人培养计划。实施农村归雁计划，支持科技人员、工商业主、高校毕业生、退役士兵等下乡返乡创业创新。鼓励城市专业人员参与投身乡村振兴事业。全市农村实用人才总量力争达到15万人，农村领军人才、新型职业农民占比分别超过6%、12%。

（四）实施"三治结合"、治理有效的善治乡村推进行动。围绕打造"政治生态新高地"和"民主法治新高地",聚焦农村和谐,按照全面依法治国和从严治党要求,把加强基层党建放在核心地位,不断完善党委领导、政府负责、社会协同、公众参与、法治保障的社会治理体制,综合运用好自治法治德治,建设"清廉乡村",不断提升乡村治理现代化水平。

1. 加强基层党建。严格落实各级党委抓农村基层党建工作责任制,旗帜鲜明加强农村党组织对农村各类组织、各项事务的领导。实施新一轮"百村示范、千村晋位"行动,整乡提升先行乡镇(街道)党委和先锋示范村党组织,打造100个左右在全省有示范性的农村党建精品村。选优配强乡镇领导班子尤其是党委书记,深化"领头雁"队伍建设,加大在优秀青年农民中发展党员力度,持续加大后进村党组织整转力度。抓好"第一书记"和农村工作指导员选派管理工作。创新"党建＋"工作方式,大力推进村级党群服务中心建设。深化农村集体产权制度改革,推进集体非经营性资产股份化改革;以实施新一轮薄弱村帮扶行动为重点,进一步创新发展模式、运行机制,进一步强化政策和财力支持,不断增强"造血"功能,到2020年消除村级集体经济总收入50万元、经营性收入20万元以下的村。积极化解村级债务。

2. 加强民主管理。积极创新乡村治理机制,探索村民自治有效实现形式。稳步推进基层协商民主,推广乡贤参事会、"两山"议事会、社区共建理事会等做法,充分发挥村规民约在乡村治理中的作用。加强社区治理体系建设,着力构建社区党组织、业委会、物业公司"三位一体"的治理机制,完善社区服务中心和幸福邻里中心建设管理。总结推广"余村经验",高水平构建新时代民主法治村(社区)建设体系;实施《美丽乡村民主法治建设规范》市级地方标准,建成市级美丽乡村民主法治标准化建设示范村50个,抓好德清县农村土地民主管理试点。积极推进"清廉乡村"建设,继承发展"后陈经验",全面落实"五议两公开"决策程序,推行村级事务清单制度,加强对村干部行使权力的监督制约,将"小微权力"关到笼子里,着力打造一批各具特色的"清廉乡村"示范村、示范带、示范群,构建一整套清廉乡村建设标准体系。

3. 加强乡村治理。深化"网格化管理、组团式服务"工作方式,创新发展"枫桥经验",完善乡村综治工作、市场监管、综合执法、便民服务"四个平台"建设,推动"雪亮工程"村级示范点建设,构建以信息化为支撑的立体化治安防控体系升级版,健全公共安全体系,推进重点人、事、物、场所、行业管理信息系统建设。发展壮大平安志愿者、社区工作者、社会工作者、群防群治队伍等专业化、职业化、社会化力量,每个农村社区配备1名社会工作者。深化农村"最多跑一次"改革,全面推行村社干部集中办公。高水平建设公共法律服务体系,实现市县乡村四级实体平台从"有形覆盖"向"有效覆盖"转变。广泛开展群众性法治文化活动,打造以"八个一"为重点的农村基层民主法治阵地,加强社会心理服务体系建设。推进安吉县全国农村社区治理实验区、德清县全国社区治理和服务创新实验区创建,树立社会治理品牌。深化户籍制度改革。

(五)实施共建共富、全民共享的乡村民生优化行动。围绕打造"幸福民生新高地",聚焦农民增收,把实现好、维护好、发展好广大农村居民的根本利益作为出发点和落脚点,不断健全城乡一体社会保障制度、城乡一体社会事业发展体系,促进农民增收和全面发展。

1. 促进农民持续增收。坚持创新驱动,丰富双创平台载体,大力建设各类众创空间,着力开创农民就业的第三空间,完善和健全覆盖城乡的就业创业公共服务体系,推进农民创业就业,不断增加农民创业就业收入。把股份合作制普遍运用到各类经营主体的要素组合和生产、加工、流通等环节的产业联结,探索多种让农民参股、持股的办法与途径，不断壮大农村"股民"队伍，让农民平等参与到产业发展中去，稳定获得经营性收入和分红收入。完善市、县区、乡镇农村产权综合交易平台建设，进一步拓展交易种类、丰富交易形式，促进农民资产资本化，不断增加财产性收入。高度关注、着力解决农民增收中的区域性不平衡问题。实施新一轮促进低收入农户全面发展行动，健全扶贫帮困数据共享平台，让各项政策措施最大程度惠及全体低收入农户，确保低收入农户收入增幅快于面上农民。全市农村居民人均可支配收入年均增长9%以上。

2. 促进社会保障不断完善。实施全民参保计划，完善城乡一体社会保险制度和社会保险关系转移接续政策，建立健全"覆盖全民、城乡统筹、权责清晰、保障适度、可持续"的多层次社会保障体系。健全最低生活保障标准确定及动态调整机制，推动最低生活保障从满足生存需求转向满足基本生活需求，推动由县域城乡统一向全市城乡统一最低生活保障标准转变。持续提高农村社会救助水平，完善不同救助间的衔接机制，加快形成规范、便捷、可持续的社会救助体系，逐步建立普惠制社会福利体系。

3. 促进社会事业加快发展。加大农村基础设施项目建设的扶持力度，加快城乡一体的公路、公交、电力、供水、邮政、信息、电信、广电等设施的网络化建设，加快推进城市基础设施向农村延伸覆盖。加强农村气象建设，气象防灾减灾标准化村建成率比全省平均高出10个百分点。大力推进农村光伏小康工程实施，到2020年建成2万户。以推进城乡义务教育一体化和加快学前教育发展为重点，完善教师城乡交流机制，促进学校办学条件、办学经费和师资力量的合理配置，实现城乡义务教育优质均衡、各类教育协调发展，保障所有适龄儿童、少年享有平等受教育的权利，建立终身教育体系，持续提高教育质量。全面推进健康湖州建设，健全公共卫生、医疗服务、计划生育、全民健身服务体系，实施健康教育和健康促进行动，全市居民健康素养水平达到26%。推进医养结合，加快发展老龄事业和产业，所有乡镇（街道）都具有具备全托、助餐等服务功能的社区照料中心。

（六）实施城乡融合、活力迸发的制度完善行动。聚焦重农强农，不断深化城乡综合配套改革，探索建立山水林田湖草及美丽乡村建设基础设施等资源资产的作价入股机制，不断健全土地管理使用制度、财政金融支持服务体系、合作共建机制，着力推进城乡融合，培育、激发、强化乡村振兴新动能。

1. 完善农村土地管理使用制度。落实加强耕地保护和改进占补平衡的政策。推进承包地"三权分置"，实现省市县三级联网、信息化管理。推进经营权有序流转，鼓励发展适度规模经营。探索建立承包权在自愿前提下退出、转让机制。健全林权管理、交易、评估机构，完善林权流转管理制度，促进集体林权规范流转。在德清完成农村集体经营性建设用地入市流转试点基础上，积极争取授权在全市有序推开；建立城乡统一的经营性建设用地出让、租赁、转让、抵押、入股等公开交易平台，实行"统一登记管理、统一项目准入、统一批后监管、统一收益分配"的管理制度。农村宅基地实行"三权分置"，创新流转办法，完善退出机制，改革农民住宅用地取得方式，适度放活农民房屋使用权，盘活利用空闲农房和宅基地，严格实行土地用途管制。稳妥推进农村土地征收制度改革，建立兼顾国家、集体、个人的土地增值收益分配机制。落实好村级留用地政策。实施乡村全域土地综合整治，推进"坡地村镇"建设用地试点，鼓励有条件的地方利用低丘缓坡资源开展村庄建设、发展乡村旅游、建设美丽乡村。完善农业农村发展用地政策，积极推行差别化用地，保障现代农业发展、农村新产业新业态发展、民生基础设施项目等。除占用永久基本农田外，对符合农村道路建设标准的游步道（栈道）可纳入农村道路使用管理；把农产品小型冷链烘干、初加工、休闲采摘等设施在不占用永久基本农田的前提下纳入设施农业用地范围。

2. 完善财政投入稳定增长机制。优先保障财政对"三农"的投入，推动各项政策集成落地，确保财政投入稳定增长，确保财政投入与乡村振兴示范区打造的目标任务相适应。切实加大对市本级"三农"的财政投入力度；推进县级资金整合使用，提高资金使用效益。创新财政资金投入方式，推进财政补助改购买服务、改基金、改担保、改贴息等改革，通过政府与社会资本合作、政府购买服务、担保贴息、以奖代补、民办公助、风险补偿等措施，带动金融和社会资本投向"三农"。

3. 完善农村金融服务体制。以建设国家绿色金融改革创新试验区为契机，加快发展多元化的新型农村金融组织。针对乡村振兴的要求，深化"金融创新与美丽乡村升级互促共进示范点"建设经验，积极主动创新绿色金融产品、服务。加大农村综合产权抵押贷款创新力度，完善农村住房、土地承包权等物权抵押试点，对确权登记后的农民住房、农村集体非农建设用地、农村土地承包权，在市域范围内进行抵押借款、抵押贷款；扩大农村有效担保物范围，推进水利资产、大型农机具等抵押融资机制建设。引导、鼓励开展"三农"融资担保业务，发展政府支持的"三农"融资担保和再担保机构，完善银担合作机制。推动保险模式创新，积极探索推广市场价格指数、气象指数等保险模式；支持保险机构依托基层单位，加快健全乡、村两级保险服务体系；鼓励、支持保险机构创新发展农村小额信贷保险、农房保险、农机保险、农业基础设施保险、低收入农户健康补充保险等业务。

4. 完善合作共建机制。深化市校合作、地校合作，实施好第三轮"1381行动计划"和五大工程，进一步提高站位、整合资源、集成创新，不断巩固现有合作领域、拓展新的合作领域、提升扩大合作成效，培育形成新的标志性合作成果。协同推进村企结对、军民共建、省部联建等工作，进一步形成合作共建示范区的"大合唱"。

以上所提目标任务，未明确年限的，皆到2022年。

三　加强组织领导

（一）强化领导体系。坚持"三农"工作重中之重地位不动摇，把农业农村优先发展的要求落实到政策制定、干部配备、要素配置、财力投放等各个方面。完善党委统一领导、政府负责、党委农村工作部门统筹协调、相关部门各司其职的农村工作领导体制。把"三农"工作作为"一把手"工程，主要领导懂"三农"工作、会抓"三农"工作，分管领导真正成为"三农"工作行家里手；四级书记抓乡村振兴，县区委书记当好"一线总指挥"。加强各级党委农村工作部门建设，做好机构设置和人员配置工作，充分发挥决策参谋、政策指导、综合协调、检查督导等职能。大力培养"懂农业、爱农村、爱农民"的"三农"工作队伍，树优导向铸"三农"铁军。推进乡镇干部队伍专业化，提高乡村干部本土化率。把到农村一线锻炼作为培养干部的重要途径，注重提拔使用实绩优秀的干部，形成人才向农村基层一线流动的用人导向。

（二）强化推进机制。成立湖州市打造实施乡村振兴战略示范区领导小组，由市委、市政府主要领导任组长，统筹协调规划、政策、项目等重大问题，部署乡村振兴全局、重要工作；领导小组下设六个工作组，分别负责六大行动的具体实施；领导小组下设办公室，负责方案任务安排、考核督察及其他日常事务。各县区建立相应的组织协调机构，负责本区域工作的推进、落实。根据本方案确定的目标任务，市级各责任单位、各县区明确时间表、任务书、路线图，制定切实可行的具体措施抓好细化落实。加强对县区党政领导班子和领导干部推进乡村振兴的实绩考核，市将打造实施乡村振兴战略示范区工作纳入综合考核内容，各县区党委、政府每年向市委报告落实本行动方案的进展情况。

（三）强化氛围营造。充分发挥主流媒体作用，运用好新媒体，多角度、多渠道、多形式广泛宣传湖州打造实施乡村振兴战略示范区的目的、做法、成效等，形成共建共享的浓厚氛围。通过选树乡村振兴带头人等活动，更好地凝聚全市上下共同推进乡村振兴事业的共识、心气、力量。发挥各级各类智库作用，举办与实施乡村振兴战略密切相关的各领域高层次交流合作活动，不断提升湖州"三农"工作的影响力。

湖州市"三农"基本数据

表1　　　　　　　　　　湖州市基本市情（2017年）

指标名称	单位	2017年
1. 行政村数	个	975
2. 户籍总人口	万人	266.14
其中：农村户籍人口	万人	141.28
3. 农户总数	万户	62.75
4. 常住人口	万人	299.50
5. 劳动力总数	万人	188.93
其中：第一产业劳动力	万人	21.04
第二产业劳动力	万人	95.94
第三产业劳动力	万人	66.88
6. 生产总值（GDP）	亿元	2476.13
其中：第一产业增加值	亿元	127.35
第二产业增加值	亿元	1173.65
第三产业增加值	亿元	1175.13
7. 农业总产值（亿元）	亿元	221.72
8. 财政总收入	亿元	408.90

表2　浙江省设区市基本情况（2017年）

指标名称	单位	杭州市	宁波市	温州市	嘉兴市	湖州市	绍兴市	金华市	衢州市	舟山市	台州市	丽水市
常住人口	万人	946.8	800.5	921.5	465.6	299.5	501	556.4	218.5	116.8	611.8	218.6
生产总值	亿元	12556.2	9846.9	5453.2	4355.2	2476.1	5108.0	3870.2	1380.0	1219.0	4388.2	1298.2
第一产业增加值	亿元	311.67	314.11	144.08	134.67	127.35	207	145.84	87.4	142.75	268.26	99.45
第二产业增加值	亿元	4387.19	5105.48	2149.22	2309.3	1173.65	2491.43	1656.41	622.74	444.68	1938.37	556.96
第三产业增加值	亿元	7857.3	4427.35	3159.87	1911.27	1175.13	2409.61	2067.97	669.86	631.52	2181.59	641.79
财政总收入	亿元	2921.3	2415.61	778.26	769.31	408.89	705.53	601.18	174.48	187.22	656.97	180.46
地方一般公共预算收入	亿元	1567.4	1245.1	465.4	443.8	237.4	431.4	357.7	111.3	125.8	382.8	112.9
地方一般公共预算支出	亿元	1540.9	1410.6	761.6	494.7	325.0	469.8	536.7	300.5	258.6	563.1	378.6
城镇居民人均可支配收入	元	56276	55656	51866	53057	49934	54445	50653	39577	52516	51374	38996
农村居民人均可支配收入	元	30397	30871	25154	31436	28999	30331	23922	20225	30791	25369	18072
城乡居民收入比	—	1.85:1	1.80:1	2.06:1	1.69:1	1.72:1	1.80:1	2.12:1	1.96:1	1.71:1	2.03:1	2.16:1

附录

表3　　　　湖州市城乡居民收入情况（2015—2017年）

指标名称	单位	2015年	2016年	2017年
1.城镇居民人均可支配收入	元	42238	45794	49934
1.1 工资性收入		23273	25224	23709
1.2 经营净收入		8949	9310	8855
1.3 财产净收入		4085	4511	3196
1.4 转移净收入		5931	6750	4942
2.农村常住居民人均纯收入		24410	26508	28999
2.1 工资性收入		15950	17376	18976
2.2 经营净收入		6455	6848	7364
2.3 财产净收入		821	913	982
2.4 转移净收入		1184	1370	1677
3.城乡居民收入比	—	1.73∶1	1.73∶1	1.72∶1

表4　湖州市城乡居民人均消费性支出与恩格尔系数（1995—2017年）

年份	城镇居民 人均消费性支出（元）	城镇居民 恩格尔系数	农村居民 人均消费性支出（元）	农村居民 恩格尔系数
1995			2358	0.56
1996			2418	0.57
1997			2551	0.55
1998			2516	0.55
1999			2398	0.54
2000			2677	0.49
2001			2898	0.47
2002			3226	0.44
2003			3696	0.43
2004			4212	0.41
2005	11051	0.35	4821	0.38
2006	11685	0.34	5327	0.37
2007	12304	0.37	6172	0.35

续表

年份	城镇居民 人均消费性支出(元)	恩格尔系数	农村居民 人均消费性支出(元)	恩格尔系数
2008	13404	0.36	7046	0.35
2009	14602	0.34	8058	0.33
2010	16034	0.35	9139	0.33
2011	18166	0.38	10093	0.33
2012	19898	0.37	11077	0.32
2013	23196	0.29	12440	0.30
2014	24875	0.31	14836	0.31
2015	26815	0.30	16112	0.31
2016	27731	0.31	17609	0.31
2017	28962	0.31	18655	0.31

表5　　　　　　　　湖州市农业生产情况（2017年）

指标名称	单位	2017年
1. 农林牧渔总产值	亿元	220.1
其中：农业产值	亿元	98.5
林业产值	亿元	22.7
牧业产值	亿元	26.7
渔业产值	亿元	60.6
2. 农作物播种面积	万亩	249.7
3. 粮食播种面积	万亩	133.0
4. 粮食总产量	万吨	62.5
5. 粮食亩产	公斤/亩	469.9

表6　　　　湖州市农业主导产业产值（2015—2017年）

指标	单位	2015年	2016年	2017年
粮食产值	亿元	19.197	18.322	18.581
油料产值		1.293	1.141	1.182
蔬菜产值		23.52	25.4	25.05
茶叶产值		19	19.51	20.44
水果产值		9.96	9.32	9.64
畜牧产值		31.77	34.26	24.36
蚕茧产值		2.37	2.36	2.24
渔业产值		50.51	54.15	58.92

表7　　　　湖州市农作物播种面积及产量（2015—2017年）

类别	项目	单位	2015年	2016年	2017年
粮油	粮食面积	万亩	142.31	134.46	132.97
	油菜籽面积	万亩	14.63	12.35	11.99
蔬菜（含果用瓜）	播种面积	万亩	56.39	55.91	56.8
	总产量	万吨	84.56	87.3	91.24
蚕桑	桑园面积	万亩	24.68	23.82	23.33
	饲养量	万张	15.68	14.13	11.25
	总产量	万吨	0.79	0.73	0.58
茶叶	种植面积	万亩	34.07	34.81	36.81
	总产量	万吨	1.06	1.05	1.08
水果	种植面积	万亩	15.92	15.95	15.4
	总产量	万吨	26.03	24.28	24
畜牧	生猪饲养量	万头	151.47	121.65	66.6
	羊饲养量	万只	77.9	78.59	74.12
	家禽饲养量	万羽	5119.8	4725.33	3409.83
水产	养殖面积	万亩	76.79	78	73.74
	其中：特种水产	万亩	48.63	46.58	52.54
花卉苗木		万亩	31.81	33.88	34.55

表8　　湖州市农业现代化建设重要指标一览（2015—2017年）

指标名称	单位	2015年	2016年	2017年
农村居民人均可支配收入	元	24410	26508	28999
单位农业劳动力农业产出	元/人	51804	61192	7500
单位耕地面积种植业增加值	元/亩	2634	2840	2900
标准农田一等田比重	%	60.81	63.45	64
农作物耕种收综合机械化率	%	77.93	81.49	86.13
生猪适度规模经营比重	%	90.06	95.2	92.75
粮食适度规模经营比重	%	24.5	33.3	33.8
农业主导产业产值比重	%	69.78	70.89	70
农业产业化组织带动农户比重	%	82.43	89.62	85.5
单位农业增加值财政支农投入	%	31.15	29.92	31

表9　　农业综合生产能力（2015—2017年）

项目名称	单位	2015年	2016年	2017年
粮食总产量	万吨	66.95	62.97	62.54
水产品总产量	万吨	36.06	38.31	42.18
肉类总产量	万吨	12.98	13.44	8.83
禽蛋总产量	万吨	4.26	4.21	3.43
高效农业设施面积	万亩	41.48	44.54	45.92

表10　　农业产业竞争能力（2015—2017年）

项目名称	单位	2015年	2016年	2017年
年销售100万元以上农业龙头企业	家	1558	1589	1615
其中市级以上农业龙头企业	家	239	229	255
其中上市、挂牌农业企业	家	6	8	10
示范性农民专业合作社	家	125	123	141
示范性家庭农场	家	54	121	183
有效"三品"生产基地面积	万亩	140	140	140
农产品质量安全抽检总体合格率	%	98.5	99.4	99.4

表 11　　　农业科技支撑能力（2015—2017 年）

项目名称	单位	2015 年	2016 年	2017 年
主导品种覆盖率	%	95 以上	95 以上	95 以上
主推技术覆盖率	%	90 以上	90 以上	90 以上
农业机械总动力	万千瓦	168.47	168.25	151.44
主要农作物耕种收综合机械化水平	%	80.39	81.49	85.89
农田灌溉水有效利用系数	—	0.624	0.626	0.627

表 12　　　农业可持续发展能力（2015—2017 年）

项目名称	单位	2015 年	2016 年	2017 年
农村清洁能源利用率	%	74.2	75.13	82.86
氮肥使用量	万吨	9.59	8.91	8.42
农药使用量	万吨	0.53	0.42	0.38
规模畜禽养殖场排泄物资源化利用率	%	97	98.77	96.57
主要农产品农药残留合格率	%	>98.5	>98.5	>98.5

表 13　　　绿色农业发展情况（2015—2017 年）

项目名称	单位	2015 年	2016 年	2017 年
主要食用农产品"三品"认证率	%	60	62	64
农产品质量安全抽检合格率	%	98.5	99.4	99.4
农村清洁能源利用率	%	74.2	75.13	82.86
农作物秸秆综合利用率	%	92.67	93.01	95.81
畜禽粪便资源化利用率	%	97	98.77	96.57
建成5亿元以上农业全产业链	条	—	7	10

表 14　　　休闲农业与乡村旅游发展情况（2015—2017 年）

项目名称	单位	2015 年	2016 年	2017 年
休闲农业与乡村旅游接待量	万人次	2000	3339	4213
休闲农业与乡村旅游收入	亿元	45	64	82

表15　　　　湖州市美丽乡村环境整治情况（2017年）

项目名称	单位	湖州市	吴兴区	南浔区	德清县	长兴县	安吉县
农村生活垃圾无害化处理率	%	100	100	100	100	100	100
农村生活污水处理农户覆盖率	%	85.89	90.8	91	91	80	82
村内主干道路面硬化的行政村数	个	1003	150	220	188	224	221
集中供水的行政村数	个	865	151	213	96	184	221
有水冲式公厕的行政村数	个	908	148	213	188	138	221

表16　　　　湖州市乡村文化建设情况（2017年）

项目名称	单位	湖州市	吴兴区	南浔区	德清县	长兴县	安吉县
有文化礼堂或文化广场的行政村数	个	411	86	86	91	70	78
有图书室的行政村数	个	939	149	220	169	180	221
农村九年义务教育巩固率	%	100	100	100	100	100	100
使用宽带的农户数	万户	17.6477	3.13	4.04	2.692	4.2112	3.5785

表17　　　　湖州市乡村治理情况（2017年）

项目名称	单位	湖州市	吴兴区	南浔区	德清县	长兴县	安吉县
农村治安案件发生率（按常住人口，3年平均）	起/万人	90	89	86	101	85	90
农村刑事案件发生率（按常住人口，3年平均）	起/万人	38	39	35	32	49	28
民事纠纷发生率（按常住人口，3年平均）	‰	11.13	9.71	16.56	12.91	11.93	5.07
村民对村务公开满意度	%	96	93	94	93.7	96.2	94.6
村委会选举村民参选率	%	95.7	96.2	97.6	90.7	96.9	97

表 18　　　　湖州市乡村公共服务情况（2017 年）

项目名称	单位	湖州市	吴兴区	南浔区	德清县	长兴县	安吉县
有客运站点的行政村数	个	1003	150	220	188	224	221
有大于60平方米卫生室的行政村数	个	953	133	183	132	138	367
有"儿童之家"的行政村数	个	1059	82	265	188	303	221
有基本养老服务的行政村数	个	994	148	213	188	224	221
有避灾安置场所的行政村数	个	1031	182	272	202	171	204